U0886029

全国高等院校物流专业“十四五”精品规划系列教材

采购管理学

主　编　叶春森　陈　欣
副主编　张　腾　汪传雷

中国财富出版社有限公司

图书在版编目（CIP）数据

采购管理学／叶春森，陈欣主编．—北京：中国财富出版社有限公司，2021.11（2025.8重印）

（全国高等院校物流专业“十四五”精品规划系列教材）

ISBN 978－7－5047－7594－8

Ⅰ.①采… Ⅱ.①叶… ②陈… Ⅲ.①采购管理学－高等学校－教材 Ⅳ.①F253

中国版本图书馆CIP数据核字（2021）第241371号

策划编辑	黄正丽	责任编辑	黄正丽	版权编辑	李　洋
责任印制	尚立业	责任校对	杨小静	责任发行	敬　东

出版发行	中国财富出版社有限公司		
社　址	北京市丰台区南四环西路188号5区20楼	邮政编码	100070
电　话	010－52227588转2098（发行部）		010－52227588转321（总编室）
	010－52227566（24小时读者服务）		010－52227588转305（质检部）
网　址	http://www.cfpress.com.cn	排　版	宝蕾元
经　销	新华书店	印　刷	北京九州迅驰传媒文化有限公司
书　号	ISBN 978－7－5047－7594－8/F·3371		
开　本	787mm×1092mm　1/16	版　次	2022年12月第1版
印　张	13.75	印　次	2025年8月第3次印刷
字　数	317千字	定　价	45.00元

前　言

采购管理学是描述个人与组织采购活动一般规律的应用性学科，全面综合了当前的人文、艺术、社会、数理与工程技术学科。在不同的历史时期和自然环境中，采购管理有不同的特征。在全球化和新发展格局背景下，特别是高质量发展和双循环发展双重驱动下，采购管理学是以社会交换、组织学习、资源集聚和动态能力为基础的一项管理学科，直接作为物流学、工商管理学和组织决策学的重要分支。全书共有十章：采购管理概述、采购战略管理、供应商管理、采购成本控制分析、采购谈判与合同、采购信息管理系统、采购风险管理、政府采购管理、采购库存控制与管理、采购管理相关法规。整体内容融入了编者多年从事采购管理课程教学的认识与感悟，积极吸纳相关学科前沿理论，并结合相关典型管理案例，为产业链、供应链、采购现代化水平提升奠定课程知识基础。

本书系国家级物流管理与工程类一流本科专业建设点的重要建设内容之一。全书以新时代、新理论、新技术、新体系为目标，努力实现从理论够用到理论实用，从同行技术到共性技术，力求从完整体系到完备体系，可供高等教育下研究生教育和本科教育中采购管理、物流管理、物流工程、供应链管理、管理科学、工商管理、工业工程、电子商务、国际贸易等相关专业的学生使用，也可供企业界、学术界、政府相关人员使用。

安徽大学物流管理科学与工程系和安徽大学物流与供应链研究中心负责本书策划工作，教材编写组集体负责标准制定、大纲设计、内容分解、结构协调。编写人员的具体分工如下：第 1 章由叶春森、陈欣编写，第 2 章由叶春森、张腾编写，第 3 章由叶春森编写，第 4 章由叶春森、刘宏伟、陈欣编写，第 5 章由陈欣、刘宏伟编写，第 6 章由陈欣、张腾编写，第 7 章由叶春森、李晓翔编写，第 8 章由叶春森、汪传雷、王冠雄编写，第 9 章由叶春森、梁雯编写，第 10 章由陈欣、李忠萍、蔡克元编写。与此同时，陈宸、吕秉、周文强等研究生也参与资料收集、录入、校对等工作，在此表示衷心感谢。

特别感谢中国物流与采购联合会、中国物流学会、安徽省交通运输厅、安徽省商务厅、安徽合肥公共资源交易中心、安徽省进出口商会、中国外运华东物流有限公司、合肥凌达压缩机有限公司、安徽慧联运科技有限公司、中国科学技术大学、安徽大学等单位对调研的配合并提供相关资料。

在本书编写过程中，直接或间接参考和借鉴了国内外物流学、管理学、经济学、数学、工程学、法学等方面的大量素材，在此向有关作者表示衷心的感谢。

由于编者水平有限，加之时间和资源约束，书中难免会挂一漏万，不足之处敬请广大读者批评指正。

编　者

2021 年 4 月

目　录

1 采购管理概述

采购活动伴随人类文明的进步而持续发展，无论是个人或家庭、市场企业或社会组织，还是国家机构，都与采购管理有着千丝万缕的关系。学习采购管理有助于人们理解消费与采购心理、把握采购和生产规律、发展采购事业和提升商务竞争力。本章是对采购管理所涉及内容的概括性介绍，目的是让读者了解采购管理的理念，理解采购管理在企业管理、家庭消费和国家职能转变中的地位和重要意义，掌握企业采购管理的目标、原则和基本要素，熟悉采购管理相关概念及其相关理论之间的联系与区别，为学习后续的内容做好准备。

1.1 采购管理的起源与发展

1.1.1 采购管理的演变

采购活动紧跟社会变革、工业革命生态文明的演进步伐而变化。在原始社会，市场的力量很小，采购活动是单调和朴素的基本活动。随着社会的发展，采购管理分工得到较快发展。当前比较一致的看法是采购的专业化发展萌芽于农业社会后期，成长于工业社会，发展于信息社会。近 200 年来，采购活动可以分为五大阶段。

（1）第一阶段：早期的“物料人”（1830—1899 年）

在现存文献中，英国发明家查尔斯·巴贝奇指出，“物料人”的独立能提高机械制造的效率。“物料人”的出现和职业发展标志着采购职能的诞生。在制造过程中，生产、财务或销售部门负责采购，把产能、质量和产品功能等联系在一起。

伴随铁路公司的发展，采购逐渐从生产领域向其他方面拓展。1866 年，宾夕法尼亚铁路公司成立供应部，负责组织内部的零部件采购与库存管理。1887 年，芝加哥和西北铁路局就采购功能出版书籍，讨论铁路物资的购买和处置。铁路行业的发展及其对其他行业的主导过程，也是采购活动的萌芽过程。

（2）第二阶段：采购部门的发展（1900—1949 年）

伴随采购活动的发展，经验性的采购管理方法逐步向定性和定量相结合的采购管理模式转型。一些媒体开始传播采购知识。1905 年 F. W. Harris 的经济订货批量模型推动了采购管理的定量认知与发展。其后，*The Book on Buying* 一书出版，专门论述了采购的原则、企业的采购组织、可操作的采购形式和程序。

到 1933 年，美国已有 9 所院校开设采购管理课程。1945 年，开设采购管理课程的院校已经达到 49 所。企业和国家两个层面都认识到了采购管理职业化、专业化和标准化发展的重要性，订购请求单、支付程序和供应商管理过程逐步规范化。供应源管理、采购计划、库存管理和物料分配策略成为采购管理的重要内容。

（3）第三阶段：和平年代的采购与经济合作（1950—1999 年）

在第一次和第二次世界大战之后，社会各界开始关注合作和发展。与此同时，与管理学密切相关的物流学、运筹学、价值工程学相继发展。这些学科的发展及其在采购中的应用，使得采购管理学迎来重要契机。这一时期的采购对于许多公司来说，会不可避免地产生经营成本。控制采购成本并提高效率是公司面临的重要挑战。如何更好地将采购纳入企业管理成为一个重要课题。福特汽车公司的流水线实践为破解采购与生产的集成提供了指导性的方案和方向。采购部门需要和财务、生产部门建立高效的沟通机制。制造业的规模性和范围性运营逻辑推进了采购管理的职能发展。

短暂的和平促进了采购的发展，但世界的两大阵营也加剧了采购的分化。在企业基于响应速度提升竞争能力的过程中，采购在获得稳定的、丰富的物质方面的作用进一步凸显，采购部门与相关部门的合作被认为是采购成功的关键。例如，物资价格上涨和材料供应的压力加大，“短缺”和“禁运”成为必须关注的问题，在这种背景下，采购风险的实践和理论构建逐渐成为采购部门所要特殊对待的工作。

（4）第四阶段：全球化时代的采购（2000—2019 年）

在经济的全球化发展环境下，信息技术为采购发展提供了重要技术支撑。国际政府采购协议、国际采购与全球化生产、跨国电子商务平台等合作创新举措为采购管理的发展提供了广阔的空间。标准化物料、大规模定制化生产、全球供应链集成化体系都给采购的全球化布局提出新的要求。

在全球供应链体系中，参股供应商、采购联盟组织构成全球化采购的主要商业环境。专业化的采购公司、外贸公司、供应链公司、电子商务公司为个人采购和企业采购带来效率和价值。全球化的资源配置和采购资源重构是全球化采购的主题，全球化采购要与全球化经济特征相一致、相适应。

（5）第五阶段：采购创新管理（2020 年之后）

现在的采购管理已是组织的战略单元，是组织整体战略的重要节点，是职能战略创新的突破口。采购在新兴经济中的角色正在重塑，其功能被进一步泛化，正从成本、效率和产品导向向服务、价值和竞争力导向转变。采购与物流、人力资源、金融的时空关系更加密切。

以中国的采购实践为例，在国家经济制度体系的渐进式市场化、技术创新的持续化、全球信息资源的数字化背景下，采购管理体系与计划能力、改革机制、市场驱动、科学转型的关系日趋复杂。采购管理学的人治性、法治性、跨界性、战略性发展全面提升。智能采购和智慧管理把采购推向了组织学习、公共资源交易、科技创新和人本价值导向的新阶段。

1.1.2　采购管理概念体系

采购的发展与经济环境、商业生态、管理技术紧密相连，这种动态发展特征使得采购及其管理的内涵比较难界定。采购的概念自诞生以来，内涵不断丰富，外延一直在拓展。当前的采购正处在快速演变、与产业链和供应链运行全面融合的阶段，人们对采购的内涵的认识还很难统一。学界和业界对采购的理解有宏观与微观认知层级，有学术、学科与学习多层内涵，还有基于主体、资源、时代的广义与狭义概念之分。综合地理解和掌握采购管理过程需要在社会认知、知识管理和运营操作等层面进行一体化实践。

狭义的采购就是指在生产与生活中由买卖过程驱动的“一手交钱和一手交货”的行为，常以货币换取物资的方式实现个人与组织的生存需要。因此，在狭义的采购概念之下，买方一定要具备支付能力，也就是说有钱的交易主体，才能获得卖方物资的使用权、产权。通用电气公司前 CEO（首席执行官）杰克·韦尔奇曾指出，采购和销售是公司唯一能“挣钱”的部门，其他任何部门发生的都是管理费用。这也充分说明了狭义采购围绕收益而展开的基本内核。

广义的采购从购买对象、方式和职能等方面进行拓展，还包括以购买之外的方式享有物品和服务的使用权，以达到满足需求或提升竞争力目的的活动。简单地说，狭义的采购是以日常采购和常规品采购为主；广义的采购是对狭义采购的拓展，从形式和内容上看，还包括公共服务、期货采购、拍卖、股票交易、企业并购、国际贸易和投资等。广义的采购更加关注生产、成本、效率、创新、消费与价值创造等。因此，广义的采购是一切商务活动的外延。

ISO 20400 - 2017《可持续采购指南》指出，采购是从供应商处获得商品与服务的活动总称。其中的活动涉及商品与服务的全生命周期，例如商品的废弃处理，商品、服务的寻源、规划与交易等。

（1）采购的概念

综上所述，采购（Purchasing/Procurement）包含商品与服务“采”集的选择与“购”置的主体管理。其核心要点为：采购是从资源市场获得资源的过程；采购的实现需具备一定的条件；采购的过程是一个选择的过程；采购是商流和物流以及信息流过程的统一；采购是一种经济活动。因此，采购是以需求为驱动，以支付能力为前提，以特定的时间和区域为基础，以商业信息为依托的经济性活动。这些要点有助于区分采购与战争掠夺、礼仪赠送、违法获取等活动。

考虑到采购一词在日常使用中的便捷性，本教材将与采购类似或可替换的概念及活动定义为供应（Supply）、寻源（Sourcing）、买办（Buying）、并购（Merger）、订购（Ordering)、收购（Acquisition)、补偿贸易（Compensation Trade)、回购（Buy – back）等。除此之外，笼统的采购是“Purchasing”，日常正式采购为“Procurement”，采购外包为“Outsourcing”或“Purchasing Out – services”。同时，考虑到采购管理的需要，把供应商样品认证（Supplier Selection)、采购量分配（Allocation)、采购成本降低（Cost Down）和并发采购（Concurrent Sourcing）也都纳入采购的概念体系中。

（2）采购管理的定义

结合采购概念和管理学理论，将采购管理定义为采购活动及其过程的计划、组织、协调、控制和创新的总体过程。采购管理有内部和外部两个方面，内部着眼于组织内部流程优化和产品创新，外部着眼于加强组织与供应商之间构建持续的采购关系。

为保障采购过程的顺利实施，组织必须重视采购管理。采购管理的主要任务包括以下几个方面。一是通过采购管理，保证企业所需物资的正常供应；二是通过采购管理，从市场上获取支持企业进行物资采购和生产经营决策的相关信息；三是与供应商建立长期友好的关系，推动企业稳定的资源供应基地的建立。

1.1.3 采购管理分类方法

因为管理没有精准的分类，所以采购管理也很难精准分类。一般都是采用常见的采购活动特征和属性来进行类型介绍，通过对属性的划分和活动的聚类，采购管理的分类方法与结果主要有以下两个方面。

（1）按照采购主体的组织属性分类

采购主体也称为买方，即采购的发起者，是承担具体采购任务的人员或组织。按采购主体的组织属性差异，将采购活动分为个人与家庭采购、企业采购和政府采购。这种采购也常常表现为消费采购、生产采购和公共服务采购。

①个人与家庭采购。个人与家庭采购是指个人与家庭根据消费需求为满足自身需要而发生的购买行为。如购买生活必需品、耐用品、奢侈品等，实质上是一种通过购买参与社会的行为方式。购买对象主要为生活资料，其特点为花自己的钱，买自己想买的商品或服务，采购的计划性不强，采购决策过程相对简单，采购程序多由卖方设定。

在信息社会里，个人与家庭采购逐渐由原来的线下采购转向网购。商场促销、社区团购、网络直播购物成为个人与家庭采购的主要场景。在特定的生活习惯和工作环境中，采购行为会出现较大的差异。例如，在工作压力较大、收入较高的人群中，一些所谓的成功人士会有疯狂购物的倾向；还有就是青年群体中出现的“剁手族”。

②企业采购。企业采购是采购管理的重要场景之一。企业采购一般分为生产企业采购和流通企业采购。

生产企业是大批量产品生产的主体，为了实现大批量产品的生产，就需要大批量采购。在现代分工体系下，生产企业的生产是以采购为前提条件的。没有采购，生产就不能顺利进行。生产企业采购，不但采购数量多、采购市场范围大，而且对采购活动的流程也有特定的限制。只有对生产企业的需求品种、需求量、需求规律进行深入研究，对国内、国外众多的供应厂商进行分析，对采购过程各个环节进行深入研究和科学操作，才能顺利完成采购任务，保证生产所需的各种物资得以适时供应。

流通企业采购是为了销售而采购，采购对象为生活资料。常见的组织形式有物流采购代理企业、外贸流通企业、供应链采购集成商等。

现代采购研究的重点是生产企业的采购管理，即原材料、零部件、生产设备及其保养产品等的采购管理。大型企业采购部门常常通过集中采购和分散采购来实现采购成本和采购效率的均衡。一些行业，也常常成立采购联盟来维持商品价格的稳定和市场的持续发展。

③政府采购。政府采购是指各级国家机关、事业单位或团体组织，使用财政性资金采购依法制定的集中采购目录以内的或者采购限额标准以上的货物、工程和服务的行为。从政府采购的职能来看，有维持政府日常运行的日常品采购和公共服务采购两类。

政府采购的演变体现了政府职能的转变。近年来，随着政府、社会、市场关系的变化，我国政府采购量出现逐渐增长的良好态势。

（2）按照采购矩阵分类

采购活动有多个维度，选取采购性质中比较重要的两个采购维度，组成一种基于 2×2 形式的矩阵。这种分类最早出现在 1983 年卡拉杰克提出的分类体系中，后来得到较好的应用与发展。常见的采购维度分别是采购物品对本公司的重要性和供应风险。依据不同采购物品对本公司的重要性和供应风险，可将采购管理分为战略采购、瓶颈采购、杠杆采购和一般采购。

①战略采购的物品具有价值比例高、生产要求高，同时又只能依靠个别供应商供应或者供应难以确保的特点。比如汽车厂需要采购的发动机和变速器，电子产品生产厂采购的芯片等。

②瓶颈采购的物品指的是价值比例虽不算高，但供应保障不力的物品。这类物品处于生产流程的瓶颈环节，要采用多采购频率、适当让利供应商的做法来保证采购过程顺畅。例如油漆厂用的色粉、鞋厂用的鞋带等。

③杠杆采购中的杠杆是买家的利润杠杆，买家针对市场价格的波动，常采取目标定价，实施一揽子采购协议，然后处理分订单。集中采购或固定的供应商协议采购是杠杆采购的主要方式。例如工业企业中化工产品的原材料或标准零部件的采购。

④一般采购是针对办公用品、一般维修备件、标准件的采购。这类物品具有稳定的价格和丰富的供应源，采购过程追求成本最小和合理的采购数量。负责采购任务的人员也多是一线员工。

1.2 采购管理的地位与作用

1.2.1 采购管理的角色与地位

采购管理的角色是领导角色理论、社会角色理论等在采购管理中的应用，一般体现在组织内和组织间的采购部门与其他部门或组织所形成的社交关系上。采购部门内的组织单元和相关主体所承担的职责和义务构成角色的主要内容。在采购过程中，各种角色相互合作的基础与导向体现了采购部门的地位。在企业组织中，采购部门、财务部门、生产部门、销售部门是传统的部门，采购活动对这些部门的影响就形成了采购的组织地位。采购管理的角色与采购管理的地位两者存在一些差异，采购管理的角色是组织功能设定的结果表现，是形式主义；采购管理的地位是采购管理的角色内涵，是采购部门创造的形象和价值。综合采购管理的角色和采购管理的地位的互动关系，可将采购管理的地位整理为以下三点。

（1）采购管理的质量价值地位

质量、品牌、信息、风险都是企业价值的载体，采购的设备、原材料直接与产品和服务的质量相关。要积极引入价值工程工具分析采购过程，保证质量和成本的均衡。质量不合格产品极大浪费了各种生产物资，在召回、维修和补偿过程中也需占用大量消费渠道与设施；特别是一些不合格产品引发的人身、财产和公共安全事件，更是造成了社会的恐慌和危机。

采购管理的质量价值地位要求采购管理的价值创造和价值传递要围绕质量展开，一方面通过采购保障技术质量、服务质量和体验质量；另一方面也要通过采购开拓全新的质量提升的循环路径。价值导向是采购的重要理念之一，与供应商、客户建立合作共赢的关系是价值生态的重要支持手段。采购人员和采购部门的存在就是一种价值，其服务于生产和销售的本领是使用价值，采购支付的货币是名义价值，企业的购销比体现采购的实际价值。

（2）采购管理的资源战略地位

节约和合理利用物质资源是当今社会一个很重要的问题。采购工作过程中也需要通过更好的工作方式来达到组织资源的高效整合效果。采购是一种重要的资源获取方式，充当对企业核心资源的补充、对边缘资源的吸附的角色。在具体的采购项目中，精准采购、动态匹配是保障资源流动效率的重要手段。

在企业的高层管理机制中，也要设置相应的渠道让采购业务主管部门得以汇报采购所积累的企业资源，加强采购决策在组织发展中的地位。在具体规划中，采购管理的资源战略地位还体现在战略采购方面，采购人员对价值高、风险大的产品和服务要善于制订需求计划，在保障战略优势的过程中形成资源聚集效应，完善基于采购差异的企业资源体系。

（3）采购管理的创新源头地位

一次成功的采购经历也是一次难得的学习机会和知识获取过程。采购具有源头驱动的引擎地位，与项目的研发密切相关。没有采购的支持，项目研发方案的成功率会大大降低。研发人员经常会因为采购不到某种物料或辅料，或者受到某种加工工艺的限制，使得设计方案难以实现；或者设计人员费尽心思所得到的研发样品在功能上与同行业相差甚远，这些结果都与采购部门的配合密切度有关。

采购过程影响着新产品的周转速度。采购人员必须把握好采购活动的时间和采购的数量。如果采购工作运行的时点与把握的量度同企业其他环节的活动达到了适度结合，就可以加快商品周转速度，进而加快资金周转，为企业带来切实的利益。反之，就会造成商品积压、商品周转速度减缓、商品库存费用增加，以致不得不运用大量人力、物力去处理积压商品，甚至导致资金紧张，企业资金链断裂或破产。

1.2.2 采购管理的作用

（1）采购管理能稳定供应与生产过程

科学的采购管理能缩短采购提前期与生产周期、提高生产效率、减少库存、增强对市场的应变力。企业在生产中经常出现这样的情况，即使有99%的物料已经到位，而有1%的物料因各种原因不能按照计划到货，也将迫使生产中断。有时，当所有的零部件都已经组装完毕，但因为一个零部件的质量问题导致整个产品功能失效，必须重新找到问题所在，并进行替换。严重的物料采购问题大大降低生产劳动效率，有时可能使整个生产活动前功尽弃。所以，批量采购的稳定性是影响正常生产的重要因素之一。

（2）采购管理关系着项目和企业经济效益

企业的采购活动对项目和企业的经济效益影响很大。采购成本占企业总成本的比例大体为30%~90%，平均水平在60%以上。材料采购价格每降低2%，净资产回报率通常可增加15%。商品采购时间、地点、方式、数量、品种等的确定，都要充分考虑企业对有关市场机会的利用问题。为了提高企业的经济效益，项目管理者要注重分析市场趋势，寻求可能的经营机会，防止采购工作的盲目性。重视企业采购，控制采购成本，是企业现代化管理的必然要求。

（3）采购管理可以洞察市场的变化趋势

在市场经济的大环境下，企业根据采购渠道、市场供求关系变化及其发展趋势，改变投资项目方向，调整产业结构，确定经营目标、经营方向和经营策略。采购活动始终伴随市场信息收集活动，以市场经营过程为导向。采购工作可以巩固现有经济体系，开拓新的渠道、新的领域，丰富经济体系的内容，如开展除采购以外的技术、资金、科研等方面的合作。

（4）采购管理促进科学采购体系的建立

科学采购体系以科学采购为基本框架，在一定程度上可以规避经验行为误差，例如，能规避“货比三家”的尴尬。很多企业的管理者认为采购只要保证“货比三家”就行了，这种"询价采购"或"选购"过于简单，科学的实施过程首先要厘清中间的代理商，充分管理好采购档案，实施大数据挖掘与机器学习，跨越信息鸿沟。灵活招标，但必须加强公平、透明管理。"一招就灵"在实践中比较少，原因在于采购活动缺乏信任的环境，采购代理人和委托人之间存在利益冲突。在信息社会中，学习采购管理的知识管理技术能促进科学采购体系的建立。

1.3 采购管理的原则与流程

1.3.1 采购管理的原则

企业应该从总价值、总成本的角度考察企业的经营效果，而不是片面地追求诸如采购、生产和分销等单个功能的优化。采购管理的目的，是通过采购及其供应管理活动与供应链各个环节的协调运作，实现最佳业务绩效，从而增强整个公司业务的竞争力。在企业的总价值体系中，物料采购的基本原则，即以适当的时间（Right Time）、适当的质量（Right Quality）、适当的数量（Right Quantity）、适当的价格（Right Price）、适当的地点（Right Place）从供应商手中购买到生产所需要的材料（也称"5R"理念）。

"5R"理念看似简单，但在实际工作中，采购环境是复杂多变的，需要采购人员通过不断学习、锻炼，积累经验，进行统筹考虑。只有这样，才能将这五项原则贯穿到采购整个工作过程之中。

（1）适当的时间

采购时间不宜太早或太晚。太早则造成存货积压，占用仓库空间和资金；太晚则导致缺乏原料，引起生产中断，势必造成重大损失。精准的采购时间要和销售周期、生产周期和产品生命周期相一致，通过"零库存"观念、准时制采购理论和概率销售模式，实现适时采购与及时交货。

（2）适当的质量

产品质量过高，购入成本就偏高，若没有充分应用，则会造成闲置或浪费。如购买最高时速超过道路速度限制很多的汽车、购买产能超过需求量很多的机器。反之，质量太差，将无法达到使用目的，并增加使用上的困难。如买入风量不够的空调、买入损耗率太高的原料等。

（3）适当的数量

采购的数量决策受到多种因素影响，一般不宜太多或太少，应避免"过犹不及"，以实现成本最小等目标为宜。采购的数量太多，虽然可能获得价格折扣，但会占用采购资金，若企业产品需求下降，将会产生呆料。采购的数量太少，可能会影响生产供应，也会因采购次数的增加而增加作业费用。采购数量一般可按经济订货批量来确定，或者根据经验和实验结果来确定。

（4）适当的价格

采购行为既要符合规模经济，又要符合公平关切的要求。如果采购价格太高，就会增加生产成本，影响企业产品的市场竞争力。反之，若采购价格太低，所谓“一分价钱一分货”，卖方可能会偷工减料或降低后期服务水平；另外若卖方无利可图，交易意愿降低，买方就可能少了一个供应来源。

（5）适当的地点

越来越多的企业在建厂之初就开始考虑“群聚效应”，即在周边地区能否找到企业所需的大部分供应商，这对企业的长期发展有着不可估量的作用。这样沟通更方便，处理事务更快捷，也可以降低物流成本。当然，选择供应商也不是距离越近越好，还要综合考虑采购成本、战略合作能力等其他因素，这也是近些年来跨国采购、全球采购得以迅速发展的原因之一。

除此之外，采购人员也应遵守相应的一些原则。例如，要廉洁自律，监督供应商选择、评价过程，处理好与供应商的关系，不接受供应商礼金、礼品和宴请。严格遵守采购规范流程，按流程办事，能及时按质、按量地采购到所需物品，在满足公司需求的基础上最大限度降低采购成本。加强采购的计划和监督管理，凡具有共同特性的批量物品，尽最大可能集中采购，不得随意变更供应商，要科学、客观、系统地进行收货检查等。

1.3.2 采购管理的流程

采购管理的流程会因采购的对象与来源、采购方式及环境等的不同，在作业细节上有若干差异，但就其要素与流程的内在关联来看大同小异。从要素来看，需求、交付、价格、质量、技术、绩效、风险等是核心要素；从流程的内在关联来看，有并行的活动，有串行的活动，还有倒逼的活动。在流程的持续改进与优化中，采购管理的流程优化与重组比较表如表 1－1 所示。

表 1－1　采购管理的流程优化与重组比较表

	采购管理的流程优化	采购管理的流程重组
基础假设	采购质量与技术等要素简化和形式优化	采购支付活动嵌入、重置和关系重组
规划对象	作业操作和目标分解	商务谈判和系统转型
实施期望	量的分析和积累	值的改变和创新
控制结构	中心化、指挥型	分布式、协同型
本质属性	问题导向，采购风险、成本、质量等存在问题	价值导向，采购效率、采购创新、采购战略的调整等

续表

	采购管理的流程优化	采购管理的流程重组
基本方法	采购绩效的定量检测	采购单元定性归纳
选择原则	采购目标驱动与效率提升	采购资源分析与价值融合

综上所述，可以总结出一种代表性的采购管理流程，即采购组织构建，采购需求管理，供应商开发、选择和订单分配，采购谈判与合同管理，采购绩效评估与提升。

（1）采购组织构建

企业建立采购部门，亦称为内部组织的部门化，也就是将采购部门负责的各项功能整合起来，促进分工与合作。常见采购组织有“集中型组织”“分散型组织”和“复合型组织”等。采购组织设计、建立和运行，需要同物流管理和供应链管理结合起来构建跨职能组织。推动采购制度建设和文化发展，用制度规范采购程序、采购人员行为，使采购运行机制标准化、科学化、合理化。

（2）采购需求管理

在进行采购活动之前，要确认采购需求，即确定买哪些物料、买多少、何时买、由谁决定等。确认需求之后，对需求的细节，如品质、包装、售后服务、运输及检验方式等，加以明确说明，以便推进供应商选择和价格谈判等作业环节。采购需求管理还包括采购需求的时间、数量和空间的预测，了解产品的工程技术和经济特征等。

（3）供应商开发、选择和订单分配

能够就需求说明和市场供求态势制定供应商管理方案，即从原有供应商数据库中选取业绩良好的厂商，或通过分析市场供应格局找到应该开发的新供应商，在样品测试合格的基础上获取报价信息，对信息中的成本、利润、质量、规格进行分析并选择合适的供应商后，科学制定采购订单分配的可行方案。

（4）采购谈判与合同管理

确定可能的供应商后，进行价格谈判或招标，以确定适宜的价格。这一环节具体包括谈判准备、谈判磋商、形成共识、签订合同、执行合同。按照合同内容督促厂商按规定交货，并进行严格检验，开具发票，做到货款两清，根据国家法定标准或合约规定灵活处理退货。

（5）采购绩效评估与提升

就采购质量、成本、风险等要素，供应过程的准确性、稳定性和高效性等属性，采购部门发展等方面开展采购绩效评估与提升工作。通过记录与档案维护、开发信息系统等方式，建立可追踪的采购绩效链条；在评估中科学对待计划及计划执行过程，从工作短板、关系维护、创新驱动等角度提出改进采购管理的建议。

1.4 采购管理学的基本理论

1.4.1 采购管理学理论基础

采购管理的对象、方法和过程决定了采购管理学具有经济学、社会学、政治学、管理学、工学等多学科交叉属性。采购管理学是一门应用型、综合型和集成型的新兴学科。在二级学科体系中，采购管理学从横向上关涉采购管理方法论、工程采购系统论、采购行为伦理与规范、采购经济理论与应用、公共服务采购职能体系等。在物流与工程类本科、专科专业目录中，采购管理已是独立专业，与物流管理、物流工程、供应链管理、工业工程、质量管理等专业相互关联。根据这些学科属性和专业分布，本教材归纳的采购管理学理论基础包括以下四大体系。

（1）学习型组织理论

世界级的成功企业早已将优化采购活动视为提升组织核心竞争力的途径之一。沃尔玛的全球化采购与天天低价零售秘诀、国家电网的数字化采购转型、京瓷“买一升”模式都是组织通过采购提升核心竞争力的实践案例。采购管理过程也是组织内部学习和向外部组织借鉴的过程。

彼得·圣吉开创了学习型组织理论。学习型组织理论研究以系统动力学为基础，对组织学习、创造科学等理论进行融合。其中，《第五项修炼——学习型组织的艺术与实践》指出，现代企业所欠缺的就是系统思考的能力和一种整体动态的组织搭配能力。面对组织分工、责任制的组织切割，当不需要为自己的行动结果负责时，人们就不会去修正其行为，也就无法有效地学习。采购管理跨越组织时空边界，改变了组织学习的过程，促进了思考、创新、团队学习和知识管理的实践。

（2）交易成本理论

所谓交易成本，就是在一定的社会关系中，人们自愿交往、彼此合作达成交易所支付的成本，即人－人关系成本。它与一般的生产成本（人－自然界关系成本）是对应概念。从本质上说，有人类交往互换活动，就会有交易成本，它是人类社会生活中一个不可分割的组成部分。

当前比较流行和公认的科斯定理认为，只要财产权是明确的，并且交易成本为零或者交易成本很低的时候，无论在开始时将财产权赋予谁，市场均衡的最终结果都是有效率的，能够实现资源配置的帕累托最优。奥利弗·威廉姆森教授则认为交易成本发生的根本原因，来自人性因素与交易环境因素交互影响下所产生的市场失灵现象。有限理性、投机行为、不确定性和复杂性情境、信息搜索不对称等都是交易成本发生的原因，这些在采购管理中都有体现。如“买者没有卖者精”“投机倒把、哄抬物价”和专属性设备的采购等。

（3）企业资源观理论

杰恩·巴尼教授在 1991 年发表的《企业资源与可持续竞争优势》一文中明确指出，超常的租金值在一定程度上可以通过价值性、稀缺性、难以模仿性和不可替代性资源来获得。这就是企业资源观的核心，具有这些属性的资源是组织绩效差异的根本原因。市场资源空间、临时资源拼凑、长期资源沉淀、组织资源边界、领导资源编排等都是组织资源创造价值的有效策略。

采购管理就是要对这些资源的获取方式进行计划、控制和协调。采购管理从最初的资源剥离、资源获取到资源整合，每一个阶段的采购管理特征都与企业的核心资源密切相关。在采购过程中，供应商选择、新产品零部件采购、客户消费行为管理为企业获取资源和整合资源提供必要的方向和策略。制造业关键零部件的采购就是获取资源、定位资源边界的过程；零售企业畅销产品的供销也是资源的匹配过程。采购供应链中的信息共享、知识共创和价值共生是资源关联外界的直接体现。

（4）电子商务平台理论

随着电子商务平台的发展，企业的平台化战略成为组织发展的重要阶段。一个好的平台聚集了关键资源或瓶颈资源，平台的动态匹配和自动化组织过程，为企业带来高效的资源整合体系。平台化战略集中优势资源，拓展传统制造、销售和交付的时空范围，从产品与服务的制造与运营平台，到企业平台化和平台化生态系统，每一次跃升都为采购管理提供了新机遇。

电子商务平台是采购管理的新场景，从电子交易、网络交易到数字化交易，平台的多边交易定价理论和垄断性特征使得采购技术得到空前发展。数字经济环境下，平台采购具有操作便捷、选择灵活、相对安全的特征。伴随双渠道、社交电子商务平台发展，采购所关联的关系更加复杂，采购数据和采购流程更加精准，采购的价值转移过程、采购学习能力提升策略、采购资源空间拓展路径也都将更加科学。

另外，价值链、全球供应链、国际贸易、质量管理体系等理论也都在一定程度上促进了采购管理的发展。例如，企业采购职能转变、跨境采购、可视化溯源也都在相应的环节和活动中完善了采购管理体系。再如，在采购支付货币选择中，欧元之父罗伯特·蒙代尔强调地税、宽松政策促进经济增长，倡导通过紧缩工具抑制通货膨胀。这些理论不但对政府采购有指导意义，对个人和企业采购也有特定意义。

1.4.2 采购管理的教学策略与要求

采购管理的教学要以理论联系实际为基本原则，坚持价值导向、团队学习、案例研究和学以致用的原则，通过基本概念讲解、课程设计训练、仿真模拟或采购项目设计与谈判实践等活动，提升学习者对采购管理理论的认识水平和实战指导能力。通过本课程的学习，帮助学习者完成“更高的视野、更准的选择、更妙的信念”的修炼。

（1）案例学习

以大企业、大场景下的大宗物品与服务为对象，通过剖析采购这些对象的典型过程，正确认识采购与物流等业务之间的关系，并且能够做到举一反三。采购管理人员要能够掌握客户或生产过程的准确需求和市场供给状况，了解不同供应商，掌握采购过程的质量控制技术、价值创造方法及其理念推广与应用技巧。

（2）职业与事业相结合的研究性学习导向

紧跟课程改革趋势，注重采购职业道德修养，坚持立德树人。从事采购管理的工作人员，必须有良好的职业道德风范，既要有良好的专业素养，也要有良好的个人修养。其中，良好的专业素养包括了解所购物品的性质、性能、运输条件要求等基本知识，防止商业回扣等行为对正常采购过程的干扰。同时，采购人员必须有良好的个人修养，对市场中的不规范行为坚决打击，做到防微杜渐。同时可结合大学生科技创新赛事，开展研究性学习，以高阶性、创新性和挑战性为目标，提高学习过程的项目式管理能力、研究性学习能力、对前沿理论的传播能力。

（3）采购管理课程的综合评估与创新

自我学习与自我评估相结合，持续提升采购管理学习与创新能力。在采购管理课程的综合评估与创新过程中，按照相关规定统筹细节知识点和宏观要点，以改进学习过程和教学方法为目标，进行综合测试。兼顾过程绩效和目标结果，综合考虑网络课堂、线下课堂、社会实践课堂、虚拟仿真课堂所授知识的特点，以开放式问题为主，以定量计算和推理题目为辅。通过采购管理课程学习与评估，培养“买国货”的激情、“留发票”的习惯和“贵和对”的习性；面向学习采购管理理论与实践知识的新需求，适时应用新兴信息技术，提高综合评估与考核水平，促进采购管理课程教学模式创新。

复习思考题

1. 讲述你亲身经历过的采购故事，理解什么是采购，什么是采购管理。
2. 采购管理可以分成几类？每一类的特征和发展过程是什么？
3. 你认为目前国内企业采购工作中存在哪些问题？
4. 采购管理的地位和作用有何联系与差异？
5. 采购管理的原则有哪些？
6. 如何选择、优化和重组企业的采购管理流程？
7. 和你的学习伙伴组成学习团队，收集采购管理相关数据与资料，整理采购事件，从经济学、管理学、社会学、心理学的角度分析采购管理的规律。
8. 比较世界500强企业的采购模式，分析其采购模式产生的背景、演化的过程、发展的方向、未来的风险与管理对策。

综合材料分析

材料1：中国采购与招标网。

中国采购与招标网是一个典型的采购平台，致力于为会员单位提供招标机构（招标代理机构、咨询机构、建设单位、设计单位）、供应商、承包商、采购商以及海内外机构的招标采购信息服务。中国采购与招标网每天及时更新招标投标、询比价、拟在建项目、建设工程等商业信息，以高质量的数据检索、优质的服务体系、现代化的信息技术服务于每位客户。

随着我国社会主义市场经济的不断发展，招标投标制度和体系日趋成熟和完善。《中华人民共和国招标投标法》（以下简称《招标投标法》）的正式实施，标志着我国正式确立了招标投标的法律制度。招标投标专业法律规范不断健全和完善。专业法律规范是指专门规范招标投标活动的法律、规章及有关政策性文件。如《招标投标法》、《中华人民共和国政府采购法》（以下简称《政府采购法》）、《中华人民共和国招标投标法实施条例》等。伴随着互联网的飞速发展，招标投标呈现出平台化、生态化、数据化、互联网化、服务化等发展趋势，该平台应运而生。

该平台采购项目信息涉及房屋建筑、市政工程、环保、交通、煤炭、电力、化工等领域，可提供的项目信息包括各类土木工程、建筑工程、设备安装工程及装修工程项目的勘察、设计、施工、监理以及与工程建设有关的重要设备、材料采购等招标信息，技术改造项目的施工及设备、材料采购的招标信息，审计、保险、转让等各服务类项目的招标信息。

为了便于行业各成员开展业务联系和交流，进一步加强行业的横向联系，中国采购与招标网为广大会员开通了项目高级检索、电话人工客服、在线人工客服、邮件订阅、微信订阅、短信提醒、微信公众号、项目收藏、中标监测、业主通信录等众多增值服务。

在采购发展的道路上，该采购平台开拓创新，立足市场求发展，用心服务客户。通过“互联网+”模式发展采购，利用信息通信技术以及互联网平台，让互联网与招标采购行业进行深度融合。经过几年的探索、研究，强化了网站服务功能，完善了服务体系，增加了软硬件设施，优化了数据库结构。以“创新、协调、绿色、开放、共享”发展理念为指导，继续促进“互联网+招标”发展，发挥信息服务化的绝对优势，只为客户有更好的价值体验。

材料2：采购经理人指数。

采购经理人指数（Purchasing Managers' Index，PMI）是一个综合指数，旨在衡量一个国家制造业的“体检表”和运营“晴雨表”，主要针对制造业在生产、新订单、商品价格、存货等多个方面的状况进行评判。

PMI是经济先行指标中一项非常重要的附属指标，最早是美国供应管理协会（ISM）商业报告中关于制造业的一个主要参数。PMI与采购需求指标密切相关，因而能被看作采购需求增长率变化的有效指标。PMI 受欢迎的一个基本原因是相对于发布后经常修正的官方经济数据，经济学家和金融分析家使用 PMI 更容易识别经济发展趋势。究其原因，是因为在 PMI 的调查中，过滤了琐碎的干扰因素，使得经济发展趋势得以显现，同时，主要的经济单位和公司都参与了数据调查，使获得的数据具有很好的代表性和可靠性。

PMI 是五项指标（新订单指标、生产指标、供应商交货指标、库存指标以及就业指标）的一个综合性加权指数。加权指数在某种程度上具有代表意义，显示出变化的趋势和程度大小，从而得出每一家企业在每一个指标处于上升、下降和不变的结果，通过计算每一个指标所占比例后，得出这五个指标的扩散指数。PMI 以百分比来测量，一般以 50% 作为经济强弱的分界点。当 PMI 高于 50% 时，则被解释为经济扩张的信号；当 PMI 低于 50%，尤其是非常接近 40% 时，则预示着存在经济萧条的可能，常会引起社会的忧虑与不安。一般 PMI 在 40% ~50% 时，说明制造业处于衰退阶段，但整体经济还在扩张，经济发展结构的变化需要持续关注。

我国的 PMI 由中国物流与采购联合会、国家统计局服务业调查中心联合发布。调查范围涉及《国民经济行业分类》（GB/T 4754—2017）中制造业的 31 个行业大类，3000 家调查样本。制造业采购经理调查采用 PPS（Probability Proportional to Size，概率比例规模抽样）法，以制造业行业大类为层，行业样本量按其增加值占全部制造业增加值的比重分配，层内样本使用与企业主营业务收入成比例的概率抽取。主要的分类指数包括生产指数、新订单指数、新出口订单指数、在手订单指数、产成品库存指数、采购量指数、进口指数、主要原材料购进价格指数、出厂价格指数、原材料库存指数、从业人员指数、供应商配送时间指数、生产经营活动预期指数。分类指数采用扩散指数计算方法，即正向回答的企业占比加上回答不变的企业占比。由于非制造业没有合成指数，国际上通常用商务活动指数反映非制造业经济发展的总体变化情况。加权计算过程具体包括：新订单指数，权数为 30%；生产指数，权数为 25%；从业人员指数，权数为 20%；供应商配送时间指数，权数为 15%；原材料库存指数，权数为 10%。其中，供应商配送时间指数为逆指数，在合成制造业 PMI 指数时进行反向运算。采购经理调查是一项月度调查，受季节因素影响，数据波动较大。现发布的指数均为季节调整后的数据。

根据以上材料，讨论采购活动的重要性、采购管理学的实践基础，并思考采购管理实践如何促进采购管理学的发展和创新。

2 采购战略管理

采购管理的核心在采购决策环节，分析采购战略环境、设计采购组织解决方案、制定采购预算、执行采购决策、调整与保障采购过程的核心要素并承担相关责任是采购管理人员工作的基本内容。本章从采购需求与供应市场分析入手，讲授自制与外包采购的理论与方法、采购组织构建与采购方式设计、采购计划、采购预算执行与调整流程等内容，旨在实现采购职能、采购组织、采购框架战略与战术的融合，以促进采购管理人员的成长、保障采购企业的运营和国家采购安全。

2.1 采购需求与供应市场分析

2.1.1 采购需求分析

采购需求是采购与供应链管理的触发器。采购需求过程发生在生产经营、项目建设和日常消耗过程中，在旧的需求不断得到满足的同时，新的需求相继产生，需求与采购之间有序衔接促成企业运营螺旋式成长。采购需求分析是通过对组织的采购需求资源进行有效整合与优化配置，提高采购需求的标准化管理水平，发挥需求端资源的拉动优势，提高采购工作绩效。

采购需求分析是收益管理的基础，是降低供应链总成本的关键。种类繁多、易耗难管、牛鞭效应是采购需求分析过程中主要的特征。通常，在公共服务采购中，公共服务采购需求的合理性和科学性离不开公开征求意见、专家论证、第三方专业机构论证环节。在公共服务采购需求论证中，现有采购绩效的评估结果是发现新需求的重要渠道，供应商参与需求论证是重要保障。采购部门的创新能力体现了采购需求管理体系中内在激励的作用和地位。

（1）采购需求影响因素

宏观需求的影响因素一般包括需求的互补与替代性、消费者偏好与预期、政府消费与定价政策三个方面。显然，这三个因素也是采购需求的外部影响因素。国家的定价标准、公平优惠政策、竞争与垄断现状等也是需要考虑的因素。

这种外部影响因素分析可以采用常见的 SWOT 分析和 PEST 分析模型来描述。例如，信息化、数字化系统采购需求的外部影响因素分析就要充分考虑国家政策、经济产业、社会意识与基础以及供应技术与创新等要素的优势、劣势、机会和威胁等。在网络时代，要把信息化和数字化看成政府提升执政能力和企业提高效率的出发点，以改善社会公共服务治理困境及企业规模与效益的协调关系。针对供应链内的外包、贴牌等运营特点，要以数据为中心，进行生产线和服务平台的改造，理顺采购需求管理流程。信息服务和产品的采购需求以测量标准和交易规则为重点，完善采购需求管理原则。在选择采购方式时，要自觉接受相关条件约束，提高需求的有效性，激发潜在需求，引导合理需求，规范实用需求，推进需求管理过程与外界供应市场及发展趋势的高效融合。

同时，采购主体不同，采购需求分析过程也不同。其主要原因是主体的组织属性、采购行为和采购资金的差异带来不同的需求分析目标。在采购系统中，需求侧、供给侧和采购侧都是影响采购需求的重要因素。

从需求侧来看，技术参数是采购需求中需要重点说明的内容，一般包括产品规格、材质标准等指标的详细说明。具体来说：首先是要有明确的技术参数，对于技术参数的取值采用区间法描述，以保障有多家供应商响应，避免投标的供应商仅针对同一品牌、同一型号产品需求进行投标，其次是产品要有准确的物理特性，例如，考虑到产品置放空间的限制，要从产品的外形和尺寸上进行参数描述；最后是要兼顾售后服务需求，售后服务也是采购需求的重要组成部分，缺乏售后服务的采购需求是不完整的，售后服务采购需求与产品的接收、验收息息相关，也和后期的产品质保、维护、升级等活动紧密相连，例如，售后的质保问题，包括质保期内产品的退还、故障响应和处理、设备和零部件替换、技术人员的培训与进修等。

从供给侧来看，采购需求管理重点在于需求的标准化管理。采购需求管理需要以国家标准、行业标准、团体标准和企业标准为基础，对采购货物、服务、工程的质量、数量、物流环节等进行标准化管理。不同的标准对产品的验收过程有不同的要求，只有达到标准才能做到安全、可靠验收，实现可持续采购。

从采购侧来看，采购需求在不同的部门之间要有充分的沟通与论证才能形成一致的采购需求清单，常见的采购侧因素如图 2 – 1 所示。

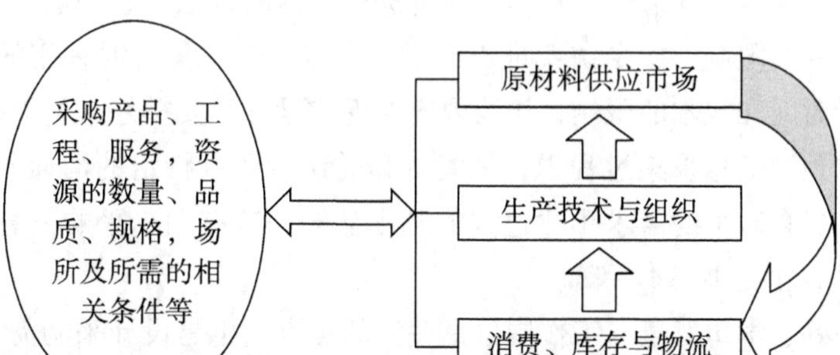

图 2 – 1　常见的采购侧因素

（2）采购需求预测

采购需求预测以生产数据、市场信息和管理知识的收集与整理为基础，常用的采购需求预测信息的收集与整理的方法有六种。

①现场作业观察。通过现场参加采购、生产与物流活动来了解采购业务活动的情况。这种方法可以比较准确地理解采购需求内容与信息，获得第一手信息，但比较耗费时间。

②开展调查研讨会。组织相关部门和人员，通过座谈来了解采购活动情况及收集用户需求信息。座谈时，参与者之间可以相互启发，获得一致的采购信息。

③请专人介绍。一般请采购人员、市场咨询公司负责人来进行交流和研讨，探讨市场的新特点和新趋势，以及采购过程中可能出现的新需求。

④直接询问采购商。对某些确定的、简单的问题，可以通过电话、网络等即时通信方式进行直接询问，获得采购需求的相关数据。

⑤调查表收集数据。调查表收集数据是一种常见且有效的方法，通常很容易被用户采纳，但其后要对相关填写人和填写单位等信息进行合理的统计处理，以获得可靠性的一手采购需求资料。

⑥查阅记录。即采用查询或搜索手段查阅有关的采购数据记录，包括采购的原始单据、账簿、台账、报表等，例如运输服务采购业务中的单证。

当前，多媒体成为了访谈的科学平台和传播载体，我们能经常在财经类节目看到一些市场采购专家和学者、著名企业的CXO（首席惊喜官）分析采购产业影响力和发展态势。

访谈法是指通过一问一答的交谈形式，在口头信息沟通过程中采集物流信息的方法。此方法主要以获取定性的、宏观的采购方式与策略的信息为主，依据与受访者接触的不同方式，又可分为面对面访谈和电话访谈两种形式。

面对面访谈又可分为结构式访谈和无结构式访谈两种。结构式访谈又称为控制式访谈，是采集者根据需求信息分析目标，事先撰写好谈话提纲，访谈时依次向受访者提出问题，让其逐一回答的过程。该过程组织得比较严密，条理清楚，采集者易于掌握整个谈话过程，所得的资料也比较系统。无结构式访谈也称自由式访谈，与结构式访谈相反，采集者不易掌握整个谈话过程，所以对采集者的访谈技巧要求也比较高。

电话访谈是借助电话等通信工具与受访者进行谈话的方法，它一般是在采集者与受访者之间存在空间距离限制，或受访者难于或不便直接面对采集者时采用的现代访谈方法。由于电话通信受时间和成本的限制，访谈内容要提前设计和安排好，尽量提高访谈效率。

在采购需求预测信息采集过程中，采集者和受访者要有特定的沟通基础，保持概念、风格的一致性，提高对采购需求预测过程的基本认知，这有助于采购信息的表达和传递，为访谈信息的可靠性提供基本保障。

受访者的爱好、学历背景、工作岗位是关注的焦点，也是设计采购需求预测信息的采集过程的主要因素。整个过程要综合应用结构式和无结构式访谈方法，灵活获取采购需求预测的核心信息和边缘信息，利用定性和定量方法整合这些信息，就采购需求的数量、质量、价值、支付意愿和演化态势给出描述和判断。

采购需求预测中常见的定性预测方法有流程图法、头脑风暴法、情景分析法和德尔菲法等。

流程图法是一种结构化的预测方法，借助于流程图的边、点、方向，了解采购需求的具体环节和要素。流程图是业务在一个系统中的信息流、资金流、指令流或部件流的图形代表的总称。在采购需求预测中，流程图主要用来说明采购过程的每一个具体环节的任务和职能。这个过程以生产线上的工艺流程为主线，通过信息流、物资流、金融流和劳动流的整合与协同，优化生产过程，促进生产、采购与销售的协同。通过分析采购需求的流程图，可以发现和识别采购需求可能发生在哪个环节或哪个地方，以及需要什么样的技术与商务支持。

头脑风暴法又称智力激励法、自由思考法。采购需求预测的头脑风暴法就是通过营造特定的气氛，以激发参与者尽可能多的设想，然后对预测方案和结果逐一质疑，分析采购需求计划在现实中的可行性。这种方法适用于创造性、发散性和经验性的采购需求预测。

情景分析法是在推测的基础上，对可能的未来情景加以描述，同时将一些有关联的预测结果通过加权的方式进行集成的综合预测方法。

德尔菲法是为了克服专家会议法的缺点而产生的一种专家预测方法。在预测过程中，专家彼此互不相识、互不往来，这就克服了在专家会议法中经常发生的专家们不能充分发表意见、权威人物的意见左右其他人的意见等弊病，使得各位专家能真正充分地发表自己的预测意见。德尔菲法综合情景分析法、头脑风暴法的优点，结合专家知识优势和情境需要，通过匿名发表意见，经过反复征询、归纳、修改形成一致的预测趋势与结果。这种方法具有广泛的代表性，较为可靠，可以根据实践信息与数据的属性，嵌入一定的规则，推动定性方法的科学化发展。

另外，采购需求预测方法还有一些定量预测方法。常见的定量预测方法包括平均数法、指数平滑法、回归分析法、灰色预测法、人工神经网络推演法和大数据深度机器学习法等。定量预测方法常常以定性预测方法为基础，根据定性分析的结果进行量化，形成数理、模拟和事例的预测系统。预测结果也常常带有置信条件，在使用的过程中需要随着环境的变化而改变。这些定量预测方法与定性预测方法相比，在操作过程中需要更多的数据支撑，需要较大的数据量来进行模型的训练和参数的推导，算法的收敛性和数据自身的可靠性对预测的实效性有较大的影响。因此，在实践中常常需要把定性和定量预测方法结合起来使用。

2.1.2 供应市场分析

采购需求提出之后就要对供应市场进行分析，以匹配采购需求。供应市场分析是在采购需求框架下，针对采购标的，系统地对原料产能、加工技术、运输与保险、供应商、供应价格、供应量、供应风险等基础现状和发展趋势数据进行调研、收集、整理和归纳，从中挖掘出所有相关要素以提高采购的效率。伴随市场的周期性变化，供应市场分析也出现周期性与持续性更新。一般情况下，供应市场分析步骤包括确定目标、进行成本效益及可行性分析、制定分析计划的方案、方案的实施、撰写总结报告等。一般认为，供应市场分析包括供应商所在国家或地区的宏观经济规模与技术基础分析、供应行业规模及其市场竞争的中观经济分析和供应商产能或供应网络稳定性的微观经济分析。

（1）市场供应能力的影响因素

市场的技术创新动态和产业生命周期。无论是生产性企业还是非生产性企业，为保持竞争力必须致力于产品的创新和质量的改善。当出现新技术时，企业在制定自制或外包采购的决策中就需要对最终供应商的选择进行大量研究。供应市场分析中，产业的生命周期及其产业转移是很重要的内容。总体上，传统的制造业已由原来的发达国家转移到发展中国家布局，新兴产业如信息技术产业等则被发达国家所控制。这种社会变迁反映了制造业的区域化调整，体现了不同产业的发展阶段，即产业的生命周期，也会相应地导致供应市场结构的改变。

供应市场的不断变化和汇率的变动。国际供应市场处在不断变化之中，例如，国家间的政治协定会突然限制一些出口贸易；供应商会因为突然破产而消失，或被竞争对手收购，价格水平和供应的持续性都会受到影响。此时，需求也会出现变化，如对某一产品的需求会急剧上升，从而导致紧缺状况的发生。因此，采购者必须预测某一产品供需状况可能发生的变化，并由此更好地理解自己的产品价格动态。主要币种汇率的不断变化对国际采购者带来了新的挑战。许多国家的高通货膨胀率、巨额的政府预算赤字、汇率的迅速变化都要求采购者对其原料需求的重新分配作出快速反应。

产业转移和技术进步。产业转移、技术进步不仅改变了供应市场的分布格局，在整体上降低了制造成本，也对企业的战略制定、策略实施以及采购管理提出了新的要求。在产业转移过程中，资本密集型、劳动密集型、知识密集型的产业环境对供应市场有很大的区分作用，使得采购呈现出向购买组件、成品的方向发展。技术进步，特别是信息与通信技术的飞速发展，使得采购的全球化趋势日益增强，同时采购的本地化趋势也伴随着生产本地化的要求得以加强。在透明的供应市场中，技术发展使得许多公司必须完全依赖于供应商的伙伴关系。在新冠肺炎疫情和单边贸易主义下，技术依赖和自主创新能力也是影响供应过程的重要因素。这些特征在芯片产业链与供应市场中有较好的体现。

（2）市场供应格局分析

市场是供给和需求得以匹配的逻辑空间。供应商和采购商之间的均衡关系由供给曲线和需求曲线得到。供给曲线是一种向上倾斜的直线或曲线，反映了市场愿意支付的价格越高，厂商愿意提供的产品就越多。在短期内供应更多的产品将因投入增加而使成本上升，成本上升是因为短期内的生产受到边际收益递减规律的影响，此时，市场上产品价格越高，厂商的收入就越多。但最终的价格并不是仅由供给方决定的，而是由供求双方共同决定的。除产品本身的成本、价格变化外，其他条件的变化也将引起供给曲线的移动。这一点和需求曲线发生移动的原理是一样的。

供给曲线移动的影响因素有时间、进入策略、成本变化等。在短期内，供给量很难发生很大变化；在长期内，供给量是可以根据市场情况随时进行调整的。随着时间的变化，供给曲线可来回移动。通常，规模扩大、技术进步和经验学习意味着供给曲线右移。结果是与过去相比，以更低的价格提供了更多的产品。另外，如果有一些公司开始进入同一个行业，供给曲线将会右移，这与现有公司增加规模有相同的效果。然而，这意味着现有公司不得不和新进入者瓜分市场。成本变化也是一个影响因素。降低企业的生产成本可以使一个组织在同样的价格下供应更多的产品，供给曲线右移。有很多方面的原因会使成本下降，如削减工资、削减政府对不同商品或服务的征税等。同样，政府给予补贴，尤其是对于公共部门的补贴，也会产生同样的效果。市场供需关系图如图 2 – 2 所示。

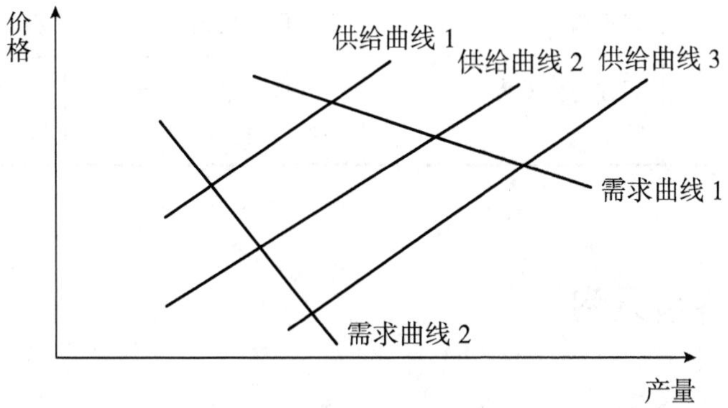

图 2 – 2　市场供需关系图

在供需均衡的过程中，市场存在卖方完全垄断市场、卖方垄断竞争市场、完全竞争市场、买方寡头垄断市场和独家采购垄断市场等系列演化格局。卖方完全垄断市场指市场上有一个供应商、多个购买者。完全垄断的分类有自然垄断、政府垄断和控制垄断。自然垄断往往来源于显著的规模经济，如飞机发动机的垄断等；政府垄断是基于政府给予的特许经营，如铁路及其他公用设施的垄断等；控制垄断包括拥有专利权，拥有专门的资源等而产生的垄断。卖方垄断竞争市场指卖方通过产品的差异性来区别其他的卖方，多数日用消费品、耐用消费品和工业产品的市场都属于此类。完全竞争市场指市场存在许多卖方和许多买方，所有的卖方和买方具有同等的重要性。大多数市场都不是完全竞争市场，但是可以像完全竞争市场那样高效地运作，价格的确定是由分享该市场的所有采购商和供应商共同确定的。买方寡头垄断市场指市场存在许多卖方和少量买方。例如，针对汽车工业中半成品和零部件的采购，一些汽车集团采用集中采购。独家采购垄断市场由买方控制价格，典型案例是火车的采购、军需物品的采购等。

不同的市场格局，采购商也有不同的采购方式与策略。当供应商的地位是完全垄断、寡头垄断、垄断竞争和完全竞争时，采购商依次采取的采购策略如下：从产品设计角度出发，尽量避免选择供应商完全垄断市场中的产品，如不得已，就要与供应商结成合作伙伴关系；采购商应最大可能地与供应商结成伙伴性的互利合作关系；采购商应尽可能优化已有的供应商，发展其成为伙伴型供应商；采购商应把供应商看作商业性的合作对象。综合来看，匹配买方和卖方的地位，可以形成如表 2－1 所示的供需匹配的市场格局类型。

表 2－1　　供需匹配的市场格局类型

卖方＼买方	一个（垄断）	很少（寡头）	很多（竞争）
一个（垄断）	双方垄断，战略采购联盟	卖方有限垄断，采购与供应协会	卖方完全垄断，技术或制度壁垒
很少（寡头）	双方有限垄断，产业联盟采购	双方寡头垄断，联合采购与集中采购	卖方寡头垄断，垄断性竞争
很多（竞争）	买方完全垄断，特供与定制	买方寡头垄断，部分特供与项目支持	完全竞争市场，日常采购

2.2　自制与外包采购

2.2.1　自制与外包采购决策的影响因素

制造企业在开发生产新产品或日常采购时，关于哪些产品或零部件自己制造、哪些需要外包采购的决策，要同公司的核心业务相适应，要同公司的经营生产战略相适应。自制部分必须是公司现有设施、能力所能承担完成的，而且具备质量和成本优势。一般来说，公司自制的产品或零部件都是具有本公司特色的、能体现本公司产品优势的核心部分。此外还要考虑投资方向、产品技术与工艺发展战略等因素。外包采购是向外采购或以外包的形式进行采购，一般简称为外购。在这样的思路下，自制与外包采购决策的主要影响因素如下。

（1）采购对象与企业业务性质的关系

企业要成功实施采购，必须选择正确的供应商，即要确定哪些业务适合外购，哪些业务必须自制。由于不同业务活动所需投入的资源不同，对企业竞争优势的重要程度也不同，因此，可以据此将企业从事的业务分为核心业务与非核心业务。核心业务是企业投入资源最多，对企业存亡具有关键性作用的业务，往往也是企业擅长的、能创造高收益、有发展潜力和市场前景的业务活动。而非核心业务对企业的重要性相对较低。例如，制造企业的财务活动、人力资源业务以及后勤业务等。理论上，业务的性质越复杂，对企业越重要，出现信息不对称的可能性也就越大，因此，企业会越倾向于将其内部化，而不是外购。

（2）产品制造技术、开发能力及工艺水平的关系

对于不影响产品核心性能的零部件应尽量采用通用件或标准件，以降低成本、提高专业化水平，相应地提高采购比例。如果本公司不具备相关零部件的技术开发与工艺生产条件，自然应该考虑外购。如果外购业务所包含的技术流程比较成熟，相对容易执行，那么企业可能就有大量的供应商可供选择。业务外购所必需的规范说明比较明确，外购过程相对较为简单。但是，当技术操作难度较大并且拥有这种技术的供应商数量有限时，也就是说，技术相对不成熟时，就不能完全依靠外购。对于不成熟的技术，企业就需要和供应商签订更为完备的合同，同时在实施阶段严格控制并持续地改进供应商的工作，促使供应商不断和同行切磋，以提高其技术水平。

（3）采购管理能力与合作关系质量

一般来说，是否采用外购要依赖于明确的采购目的。首先在获取资源与降低成本之间获得一致认知。目的不同，对外购与自制的决策依据也不同。当企业决定采用成本节约方案时，希望供应商低价也就不足为奇了。另外，还要有科学的评价体系来评价潜在的外购供应商，如可以从产品质量、成交价格、交货期限、技术能力、服务水平，以及满足程度等方面对潜在的外购供应商进行考核。质量保证体系、质量管理水平、过程质量控制能力、质量改进能力等能否满足产品中自制零部件的质量要求，是自制或外购决策必须考虑的重要因素。其中质量保证体系、质量管理水平、质量改进能力反映了公司主要产品的质量管理目标，相应的过程质量控制能力则是自制的主要保障。

（4）需求波动与产能关系

产能是确定自制或外购的重要因素之一。当企业在接到客户订单后，因产能限制，无法在规定时间内交货时，一般就通过外购解决问题。影响自制或外购决策的最终因素是成本。在考虑公司战略、技术水平、生产能力、质量与供应能力的同时，综合分析产品中零部件自制与外购的成本。计算和比较自制与外购的零部件价格、投资收益及综合效益等是自制与外购决策中关键的一步。对于需求随着季节等因素波动比较大的企业，它们拥有的设备和劳动力资源可能都不足以应对高峰时期的需求量。当需求处于低谷时，企业只需内部生产而不外购；当需求比较旺盛时，企业内部生产设备满负荷运转的同时还需从外部购买部分产品，以弥补产能与需求之间的差额。

（5）库存和物流因素

如果企业采取自制策略，那么供应部门就要采购相应的原材料、零部件及生产工具等以支持自制项目的运行。而如果企业直接采购该产品，那么供应部门接触的供应商数量就会减少，相应的收货部门、检验部门、存货管理部门、会计部门的工作量都会减少。如果采用供应商管理库存，企业的存货管理成本和存货投资都将大大降低。

综上可知，制造能力与市场体系是影响外购与自制的关键点。结合企业的发展需要，可以采用不同的策略进行分析，如图 2－3 所示。其中，策略 A 为分步外购，企业在发展初期，生产规模较小，产品未定型，供应链尚未形成，从采购原料及零部件到总装与测试

由企业分步外购实现，以应对市场需求波动与生产经营风险。策略 B 为部分外购，关键零部件自己加工，以装配为主，产品生产附加值得到提升。策略 C 为完全外购，所有零部件加工与组装业务外购，以实现生产运作信息化和自动化，促进外购与制造工艺的有效衔接，提高产品开发设计的核心竞争力。

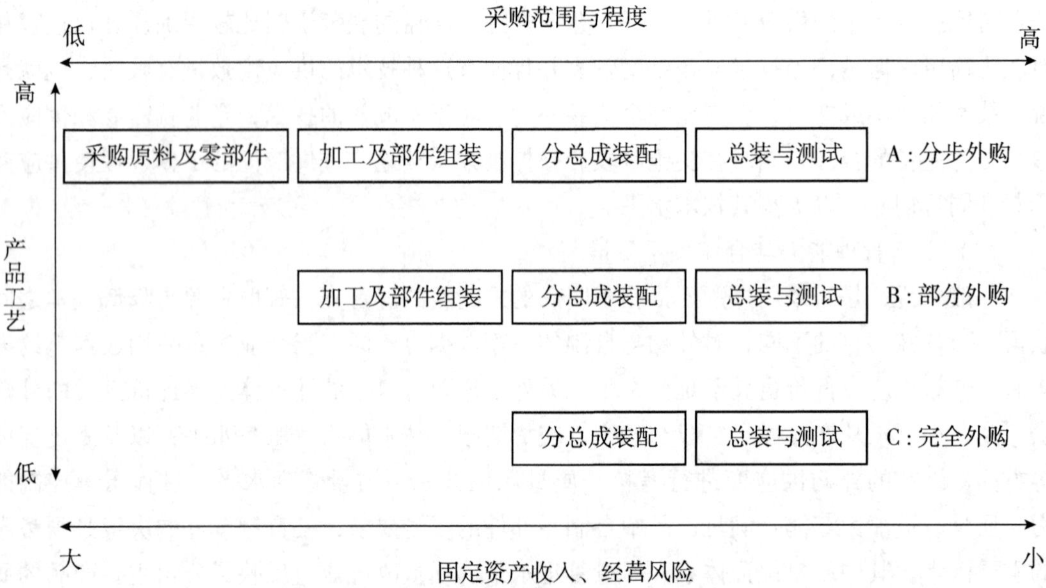

图 2－3　组织外购与自制因素分析示意图

2.2.2　自制与外包采购的决策方法

企业进行采购业务不外乎两种原因，一种是战术性的，企业希望通过采购在短期内达到特定效果，比如成本节约；另一种是战略性的，企业采购是为了获得资源互补优势，集中力量于那些真正把它们和竞争对手区别开来的核心竞争力上，而不仅仅是为了成本节约和应急采购等。企业进行自制与外包采购的决策方法主要有以下两种。

（1）成本分析法

常见的成本分析法有盈亏平衡分析法和数学规划法。盈亏平衡分析法也叫量本利分析法或保本分析法，它最初是通过分析生产成本、销售利润和产品数量这三者的关系来掌握盈亏变化的规律，指导企业选择能够以最低的成本生产最多的产品并可使企业获得最大利润的经营方案。如果企业自行生产某种产品，那么总成本 C 由两部分构成，一是固定成本 F，二是变动成本 VQ（V 是单位变动成本，Q 是产量）。如果企业生产该产品无须购买机器设备而只是利用原有生产设备的剩余生产能力，那么关于该部分生产设备的固定成本就不应该计入自制产品的固定成本中。因为不论企业决定自制还是外购，该生产设备相应的成本都会发生。其他固定成本的分析也是如此。如果企业制造该产品时，相应的设备、人员都要重新配置，那么相应的费用都要计入该产品的固定成本之中。

一般建立总成本函数 $C = F + VQ$。当产量 Q 为 0 时，企业也会产生固定成本 F，当产量逐渐增加，则每增加一个单位产量，要增加一个单位变动成本，此时变动成本为 VQ，总成本等于固定成本加上变动成本。当企业外购该产品时，企业不会发生固定成本，只会发生与采购数量、采购价格及采购频率有关的成本。在买方市场下，企业采购该产品的成本为 PQ（P 是单位产品价格）。盈亏平衡分析图如图 2－4 所示。

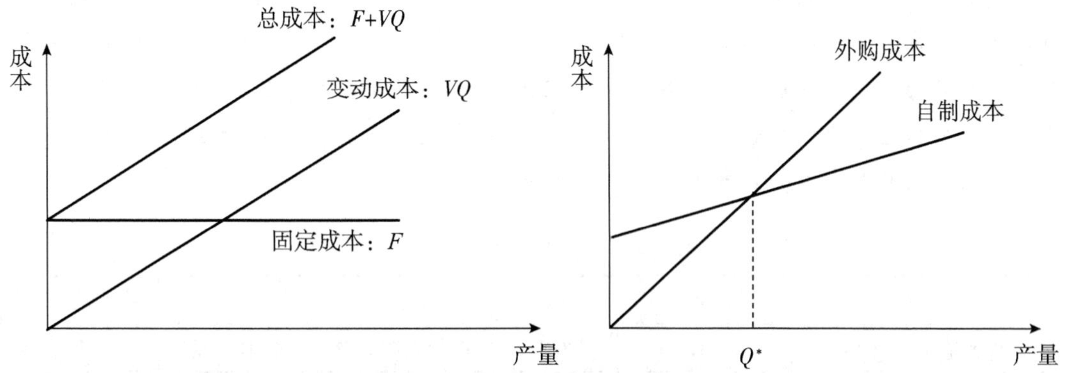

图 2－4　盈亏平衡分析图

当产量小于 Q^*（Q^* 为成本最小时的最优产量）时，无疑外购是比较经济的；而当产量大于 Q^* 时，自制又是比较有成本优势的。当产量等于 Q^* 时，自制与外购的成本相等，此时需要结合其他因素综合考虑。这种思路在特定成本函数中会有一些变化，具体分析过程如例 2－1 和例 2－2 所示。

例 2－1：某企业需要甲零部件，若自制，单位变动成本为 16 元，并需要另外增加一台专用工具，价值 10000 元；若外购，采购量大于或等于 2000 件，单价是 20 元，采购量小于 2000 件，单价 24 元。试问：该企业应如何决策。

解：设企业需要 x 件甲零部件。

平衡点 1：$16x + 10000 = 24x, x = 1250, x < 2000$；

平衡点 2：$16x + 10000 = 20x, x = 2500, x \geqslant 2000$；

初步决策结果如表 2－2 所示。

表 2－2　初步决策结果

采购量	小于 1250	1250～2000	2000～2500	大于 2500
采购方式	外购	自制	外购	自制

但是，在实际操作中，当采购量左向接近 1250 时，虽然成本比较低，但考虑到可控性和资产等问题，也可能采取自制。另外，特别是在采购量接近 2000 时，即便采购量没有达到 2000，可能仍会故意多采购一些，以获得低价。这种现象可用下列公式反映。

$16x + 10000 = 20 \times 2000, x = 1875$

最终决策结果如表2－3所示。

表2－3　　最终决策结果

采购量	小于1250	1250～1875	1875～2500	大于2500
采购方式	外购	自制	外购	自制

例2－2：公司面临外包协作、自行生产的问题。甲、乙、丙产品都需要经过铸造、机械加工和装配三道工序。铸造工序中的甲、乙产品可外包，亦可自产，丙产品必须自产，其余工序必须由本厂完成。各工序单位产品所耗工时及成本如表2－4所示。若甲、乙、丙产品的售价分别为23元、18元、16元，为获取最大利润，三种产品各生产多少件？甲、乙的铸件有多少由本公司铸造？有多少由外包协作？

表2－4　　各工序单位产品所耗工时及成本

类别	甲	乙	丙	工时约束	类别	甲	乙	丙
每件铸造工时（小时）	5	10	7	8000	自行生产铸造每件成本（元）	3	5	4
每件机械加工工时（小时）	6	4	8	12000	外包协作铸造每件成本（元）	5	6	—
每件装配工时（小时）	3	2	2	10000	机械加工每件成本（元）	2	1	3
—					装配每件成本（元）	3	2	2

解：设x_1，x_2，x_3分别为三道工序都由本公司加工的甲、乙、丙三种产品的件数，x_4，x_5分别为由外包协作铸造再由本公司机械加工和装配的甲、乙两种产品的件数。计算x_i（$i=1，2，3，4，5$）的单位利润（单位利润＝售价－单位总成本）。

单位产品甲全部自制的利润＝23－（3＋2＋3）＝15（元）；

单位产品甲外包协作铸造，其余工序自制的利润＝23－（5＋2＋3）＝13（元）；

单位产品乙全部自制的利润＝18－（5＋1＋2）＝10（元）；

单位产品乙外包协作铸造，其余工序自制的利润＝18－（6＋1＋2）＝9（元）；

单位产品丙全部自制的利润＝16－（4＋3＋2）＝7（元）；

可得到x_i（$i=1，2，3，4，5$）的单位利润分别为15元、10元、7元、13元、9元。

若P为利润，通过以上分析，可建立的数学模型如下。

$\max P=15x_1+10x_2+7x_3+13x_4+9x_5$（目标函数）

$5x_1+10x_2+7x_3\leqslant 8000$（铸造工时约束）

$6x_1+4x_2+8x_3+6x_4+4x_5\leqslant 12000$（机械加工工时约束）

$3x_1+2x_2+2x_3+3x_4+2x_5\leqslant 10000$（装配工时约束）

$x_1，x_2，x_3，x_4，x_5\geqslant 0$

这是一个典型的线性规划问题，可用单纯形法求解。但这里，可以通过分析得到结果。目标函数中的x_1，x_2，x_4，x_5是决策中的主要增长点，从约束条件中依次得到各未知数的最大值，最后统一考虑。

（2）矩阵分析法

自制与外包采购决策分析矩阵以比较法为基础，用一个 2×2 矩阵将决策空间分解为四个象限，分别表示适应型外包采购、战略型外包采购、失败型外包采购和陷阱型外包采购。在这种情况下影响外包采购与自制的主要因素是知识技能、产品特性、产业发展速度和供应商数量等。根据对知识技能和产品特性的掌握程度，企业外包采购可分为基于知识技能的外包采购和基于产品特性的外包采购。产品特征分析主要关注产品结构，关注其产品是集成化生产还是模块化生产。产业发展速度是产品所在产业的整体升级速度。供应商数量是指企业外包采购时可供选择的供应商数量。

整个决策分析分为两个阶段。第一个阶段，主要从知识技能和产品特性两个方面进行评判，如表 2－5 所示。第二个阶段，增加产业发展速度和供应商数量到决策分析表中，结果如表 2－6 所示。以陷阱型外包采购为例，如果产业发展速度慢而供应商数量又多时，可以认为企业外包采购的战略风险可化解；如果产业发展速度快而供应商数量又少时，企业外包采购将会失去对产品的控制，真正落入陷阱。

表 2－5　　基于知识技能与产品特性的分析矩阵

类别	基于知识技能的外包采购	基于产品特性的外包采购
外包采购部分是模块化生产	陷阱型外包采购 外包采购企业可能被合作伙伴替代，它们拥有的知识技能与其合作伙伴相当或拥有更多，其合作伙伴能获得的元件它们也能获得	战略型外包采购 外包采购企业了解外包采购部分的项目，可以将其运用到该企业的生产过程中，且供应源比较多，外包采购部分的项目并不具有竞争优势
外包采购部分是集成化生产	失败型外包采购 外包采购企业对要外包采购部分的项目及如何集成化并不了解，充满风险，集成化过程花费很多的精力，返工较多	适应型外包采购 外包采购企业了解整个外包采购部分的项目，所以即使其他企业涉足该领域，外包采购企业仍能保持竞争优势

表 2－6　　自制与外包采购决策分析矩阵

<table>
<tr><td></td><td colspan="4">基于知识技能的外包采购</td><td colspan="4">基于产品特性的外包采购</td></tr>
<tr><td rowspan="4">模块化生产</td><td colspan="2" rowspan="2">陷阱型外包采购</td><td colspan="2">产业发展速度</td><td colspan="2" rowspan="2">战略型外包采购</td><td colspan="2">产业发展速度</td></tr>
<tr><td>快</td><td>慢</td><td>快</td><td>慢</td></tr>
<tr><td rowspan="2">供应商数量</td><td>多</td><td>未知</td><td>可化解</td><td rowspan="2">供应商数量</td><td>多</td><td>风险小</td><td>无风险</td></tr>
<tr><td>少</td><td>完全陷阱</td><td>未知</td><td>少</td><td>有风险</td><td>风险小</td></tr>
</table>

续表

<table>
<tr><td></td><td colspan="4">基于知识技能的外包采购</td><td colspan="4">基于产品特性的外包采购</td></tr>
<tr><td rowspan="4">集成化生产</td><td colspan="2" rowspan="2">失败型外包采购</td><td colspan="2">产业发展速度</td><td colspan="2" rowspan="2">适应型外包采购</td><td colspan="2">产业发展速度</td></tr>
<tr><td>快</td><td>慢</td><td>快</td><td>慢</td></tr>
<tr><td rowspan="2">供应商数量</td><td>多</td><td>未知</td><td>可化解</td><td rowspan="2">供应商数量</td><td>多</td><td>无风险</td><td>无风险</td></tr>
<tr><td>少</td><td>整体失败</td><td>未知</td><td>少</td><td>风险小</td><td>未知</td></tr>
</table>

综合考虑，外包采购在给企业带来好处的同时也带来了风险。如果外包市场是完全可靠和有效的，那么企业可以将核心业务以外的所有活动外包出去以节约成本，降低经营风险，使自己的经营更加灵活，而且还能与供应商产生一种协同效应，用有限的资源撬动更多的资源，实现资源的杠杆效应。但是，大多数情况下的外包采购市场是不完美的。由于外包采购市场不完美，外包采购在创造许多新的战略机会的同时，也在技术、价格、质量、时间、谈判力量等方面带来了潜在的风险。如果潜在的风险成为现实，就会给企业带来致命的打击。因此，企业在自制与外包采购决策的过程中，必须对外包采购的可能效用和潜在风险有充分的认识。这对分析全球的半导体产业的风险与创新能力具有重要指导意义。

2.3 采购组织与采购方式

2.3.1 采购组织

采购组织，是指为了完成企业的采购任务，保证生产经营活动顺利进行，由采购人员按照一定的规则组建的一种采购团队。采购组织是一个基于整个企业的，负责为整个企业所有采购过程提供支持的中心组织，在企业中具有举足轻重的作用。无论生产企业还是流通商贸企业，都需要建立一支高效的采购团队，通过降低采购成本，保证企业生产经营活动的正常进行。采购组织的结构有三种模式，即机械型采购组织结构、有机型采购组织结构和网络型采购组织结构。三种模式在一定程度上分别对应单品类采购、多品类采购和交叉品类采购。

（1）采购组织的结构

机械型采购组织结构既能以职能为基础，也能以部门为基础。职能化的组织结构是根据完成组织机构基本任务的需要来引进职能的。这些引进的职能是专门化的，如研究和开发、生产、采购、市场营销、财务和人力资源管理。根据这些职能将组织机构划分成多个部门，每个部门由划分好权力和责任的经理管理。这种采购组织结构通常适用于大型的、高度分工的，且在不同国家或地区都有经营业务的组织机构。

机械型采购组织结构的优点是高层管理人员与所有基本职能部门直接接触，明确了主要职能领域的位置，每个职能部门内部易于交流和做决定，能简化职能专业人员的培训过程，使得高层管理人员能掌控企业的策略性采购。其缺点是采购职能与其他职能的协调难度加大，片面强调专业职能而忽略了企业的整体目标，可能造成部门间的冲突和对抗，内外部客户和供应商的满意度可能较低。

在迅速变化的环境中，对各个单独的工作任务不断重新调整和重新定义是必要的。动态环境促使工作职位和工作角色频繁变动，这就要求采购组织结构有高效的沟通渠道与方式。在此背景下，有机型采购组织结构应运而生。有机型采购组织结构首先进行职能型划分，然后根据业务项目和产品进行划分。有机型组织结构下的成员也同时归属某一特定职能，如采购人员也会是其他项目小组的成员，这类采购组织结构的特征是具有两条交叉的权利线。改造采购组织结构以响应动态环境的简单方式是在现有的职能型结构上安置以项目为基础的部门或小组。

有机型采购组织结构的优点是面对所涉及项目的所有事务有明确的核心组织单元，使得同时应对几个项目的需求成为可能，最大限度地利用有限的专业职能人员，确保专业职能人员对每个项目都具有同等服务机会，为经营多元化企业提供良好的培训条件。其缺点是违反统一指挥原则；主管的权利和义务互相重叠，造成单元间冲突进而增加实施的难度，以及应优先安排的事务被延迟；决策程序和效应行动迟缓，向小组成员做解释工作难度大。机械型采购组织结构和有机型采购组织结构的特征比较如表 2 - 7 所示。

表 2 - 7　　机械型采购组织结构和有机型采购组织结构的特征比较

特征	机械型采购组织结构	有机型采购组织结构
等级层次的数量	多	少
金字塔型或扁平化结构	金字塔型结构	扁平化结构
做出决策的集中化程度	高	低
分权的程度	低	高
正常规则的数量	多	少
目的和目标的专属性程度	高	低
管理控制的间距	小	大
交流的内容和流程	正式渠道的垂直流程	合作平台的横向流程
职位规范	刚性	柔性
基于知识的权威性	低	高
基于职位的权威性	高	低

网络可以是稳定的，也可以是动态的。在稳定的网络中，一个核心组织机构本身是根据职能或产品分割成多个部门的，又将某些职能承包给所选择的合作伙伴。这样，它能把

力量集中在自身能做得最好的工作上。而动态的网络是由一个中介组织机构先建立一个网络，在这个网络中，大部分工作是其他合作伙伴做的。这些合作伙伴随着时间和项目的变化而变化。稳定的网络型采购组织结构和动态的网络型采购组织结构如图2－5所示。

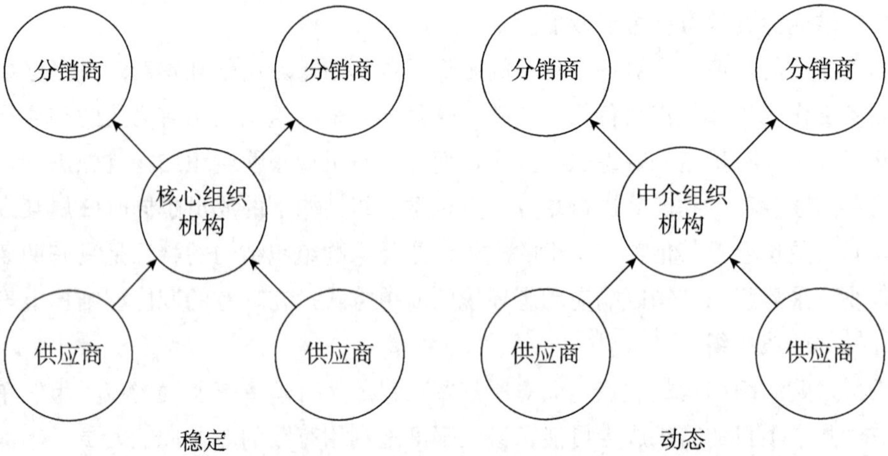

图2－5　稳定的网络型采购组织结构和动态的网络型采购组织结构

网络型采购组织结构具有垂直分散性、中介聚合性、市场驱动性和信息数字化等特征。在一个网络中，像产品设计、市场营销等方面的职能是由独立的组织机构完成的，它们又通过网络连在一起。中介组织机构通过承包、特许或合资协议等将不同的职能连在一起。因此，中介组织机构协调、管理、控制和监督所规定的目标、项目或合同完成的情况。市场机制是指利用市场的力量而不是利用形式上的结构将各方捆绑在一起。因此，合同的执行情况取决于工作的表现和任务的完成情况。当这方面低于所要求的水准时，中介组织机构会不再执行原先的安排，而去组建新的联盟。精心设计的信息系统是不同的网络参与者连接到一起的媒介。因此，组织的增值贡献是互惠的，而且可以及时验证和转移。

网络型采购组织结构的优点是网络结构使得组织机构能专于它们所长，发挥相应特色；网络结构能够让职能化结构的技术专业化作用充分显示出来，能够让部门型的组织机构的市场影响力充分显示出来，能够让矩阵型的组织机构的各方均衡的特点充分显示出来；网络中合作伙伴的合作是一个协同过程，能够产生整合功效，利于新产品的开发和质量循环改进。网络型采购组织结构的缺点是网络结构缺少对运作的控制管理，即使微不足道的误解也可能导致产品不符合规范；网络型采购组织结构中，如果有一个合作伙伴生意失败或者脱离原来的业务，整个网络就瓦解了。

（2）采购组织的形式

采购组织的本质是跨职能团队，其形式包括采购委员会、商品管理团队、有供应商参与的团队、供应商委员会、采购联合会等。

跨职能团队一般由三个以上不同部门的员工组成，他们合作完成与采购或物料相关的决策制定。

采购委员会是这种团队类型的常见形式。采购委员会一般由公司的高级采购人员组成，其建立的初衷就是为了协调事业部、公司与工厂之间的关系。许多公司把采购委员会作为在各分权单位间共享信息的一种方式，或是作为牵涉许多采购团队的某个特定问题的协调方式。采购委员会的目标就是要适当地管理采购者和供应商有关部门，以促进其稳步前进。哈雷戴维森贸易有限公司成功地应用了跨职能团队来进行融资和产品开发，不同的跨职能团队负责不同的摩托车制造生产线。每个跨职能团队都有一个项目管理员，他们一般来自设计团队、生产团队、采购团队或营销团队。一旦跨职能团队根据资源制定设计方案和确定摩托车的类型，这项工作就立即移交公司所设的专业策划中心。这个专业策划中心本身也是一个跨职能团队。它由采购专业人员、策划工程师、供应商代表和其他相关人员组成，一起努力将所有设计部分整合成一种高效优质的设计方案。一旦这种设计方案被采用，跨职能团队就负责把生产出来的产品销售给顾客，同时，收集和分析区域报告，调查顾客对产品的满意度，收集市场信息。

商品管理团队。当经费居高不下，商品交易越来越复杂，并对公司的成功产生重要影响时，商品管理团队便被组建起来。这种团队通常是永久性的，它们能够提供很多的专业知识，促进部门之间的协调和沟通，加强产品质量控制，加强同供应商的交流。商品管理团队能够制定和实施旨在使所有权成本最低的策略。这种团队要从事很多活动，包括统一产品要求、供应商质量认证、管理货物发送、处理好与供应商的关系等。商品管理团队的主要职责是确保每个成员参与和奉献，保持团队重心与方向，处理组织内部冲突，确保获得组织资源，阻止某个职能部门在团队中居于特权地位，处理组织所遇到的内部与外部障碍，协调多项任务，明确每个成员的作用，向成员提供绩效反馈。

有供应商参与的团队和供应商委员会。是否将供应商纳入跨职能团队取决于任务的性质。例如，明智的做法是指派有供应商参与的团队去开发老供应商与提高老供应商的能力，而不是指派有供应商参与的团队去评估并挑选新的供应商。在产品设计阶段，让供应商加入跨职能团队能够大大提高利润，这种情况在单一的商品生产工业中也是很普遍的。波音 777 商用飞机的开发就充分地将供应商纳入跨职能团队中去，从而促成了历史上最成功的设计与生产。供应商参与的最大障碍就是保密性，尤其牵涉新产品设计时，一些公司要求供应商签署机密协议以减小这种障碍对团队效率的潜在影响。许多大公司，如通用汽车公司与波音公司，将供应商委员会作为一种管理它们与供应商关系的方式。供应商委员会通常由公司的供应商群中的 10～15 个高级主管，还有 6～8 个采购公司的高级管理人员组成。供应商委员会每年召开 2～4 次会议，会议的目标是发展与供应商的关系，就采购部门的采购事宜进行交流。供应商委员会允许供应商积极参加采购部门的采购管理活动，与关键采购者就策略问题进行有效讨论与交流，确定与供应商相关的问题，并在成本、质量、交货等方面达成具有竞争性的目标。

采购联合会。一个采购联合会是由两个或更多的独立组织正式或非正式地联合在一起的，通过一个独立的第三方将它们各自的物料、服务与资产的采购需求联合起来，以影响外部供应商的价格、服务、技术价值，其影响远远大于每个公司单独采购货物与服务产生的影响。采购联合会是一种合作采购组织形式，以较低总成本在较大范围内进行交付服务。

2.3.2 采购方式

不同的组织和情境要采取不同的采购方式。采购方式是采购组织在实践中形成的特定策略、形式和方法。从采购的时代局限性、技术支撑、形式体现和组织管理等方面来看，采购方式有以下三种关联方式，即传统采购与现代采购、集中采购与分散采购、联合采购与网络团购。

（1）传统采购与现代采购

严格意义来说，传统与现代是一个模糊概念，二者没有明确的界限。传统采购是采购管理学诞生以后形成的原则性、基础性和支撑性的采购方式；现代采购是传统采购的升级版，是结合现代社会、军事、技术、政治与文化对传统采购技术、管理体系和模式方法的改造与演化。一般来说，传统采购主要包括比价采购、询价采购和招标采购等；现代采购包括战略采购、电子招标采购、供应链采购等。在理念上，传统采购以成本和交易效率为中心；现代采购以技术创新和价值创造为中心。我国的传统采购是与计划经济紧密相连的采购。现代采购是以市场经济为基础，与中国特色经济相关联的采购。

从21世纪初开始，我国的个人、企业和政府的采购方式发生了重大变化。伴随信息经济、全球制造、数字转型、智慧社会和经济全球化的发展，个人的网购、企业的采购、国家的公共服务采购创新等领域出现了一系列的新现象和新特征。当企业采购总额的60%以上集中到采购部门负责时，采购工作就需要专业化技术来支持。以招标采购的信息化为例，我国的现代采购从传统的线下采购逐步过渡到了线下和线上相结合的采购方式。特别是伴随智慧终端的广泛应用，采购过程的信息发布、资格审核、交货与支付等环节发生了较大的变化。采购的触发因素变得越来越多，采购过程变得越来越专业。

（2）集中采购与分散采购

集中采购是指企业在核心管理层建立专门的采购机构，统一采购企业所需物品与服务的采购方式。跨国公司的全球采购部门的建设是集中采购的典型应用。它以组建内部采购部门的方式，来统一管理其分布于世界各地分支机构的采购业务，减少采购渠道，通过批量采购获得价格优惠。随着连锁经营、特许经营和外包制造模式的增加，集中采购更是体现了经营主体的权力、利益、意志、品质。集中采购是经营主体赢得市场，保护产权、技术和商业秘密，提高效率，取得最大利益的战略和制度安排。

实施集中采购的优势是有利于获得采购规模效益，降低进货成本和物流成本，争取主动权；易于稳定本企业与供应商之间的关系，得到供应商在技术开发、货款结算、售后服务等诸多方面的支持与合作；采取公开招标、集体决策的方式，可以有效地制止腐败；有利于采购决策中专业化分工和专业技能的发展，同时也有利于提高工作效率；通过标准化管理减少重复劳动。

分散采购与集中采购相对应。分散采购是由企业下属各单位（如子公司、分厂或分店）实施的满足自身生产经营需要的采购。分散采购是集中采购的完善和补充，有利于采购环节与存货、供料等环节的协调配合，有利于增强基层工作者的责任心，使基层工作富有弹性和成效。分散采购的特点是批量小，且价值低、开支少；采购过程短、手续精简、决策层次低；问题反馈快，针对性强，手法方便灵活；占用资金少，库存空间小，采购物料保管简单、方便。

分散采购的优势表现在对利润中心直接负责；对于内部用户有更强的顾客导向性；较少的官僚采购程序；与供应商直接沟通。其不足表现在缺乏规模经济；缺乏对供应商统一的态度；分散的市场调查在采购方面形成专业技能的可能性有限。

集中采购与分散采购也没有明显的优劣之分，集中采购的优势可能就是分散采购的劣势，分散采购的优点也可能正是集中采购的不足。在实际采购中要趋利避害，灵活地做出制度安排。在决定采购是集中或分散进行时，应该主要考虑采购需求的通用性、地理位置、供应价格与市场结构、专门技术四个方面的因素。①采购需求的通用性。经营单位对购买产品所要求的通用性越高，从集中的采购方法中得到的好处就越多。这就是大型公司中的原材料和包装材料的购买通常集中在一家供应商的原因。②地理位置。当经营单位位于不同的国家或地区时，距离就可能是极大的阻碍。例如，在欧洲某国家和美国之间的贸易和管理实践就存在较大的差异，甚至在欧洲范围内也存在着重大的文化差异。一些大型公司已经将全球的协作战略转为地区的协作战略。③供应价格与市场结构。有时公司会在它的一些供应市场上选择一个或几个大型供应商。在这种情况下，力量的分散肯定对供应商有利，而采用集中的采购方法则可以获得一个更好的谈判地位。相对于定制需求，如果物资价格对政治和经济的敏感程度很高，集中的采购方法就会受到偏爱。④专门技术。有时，有效的采购需要非常高的专业技术，例如对高技术半导体和微芯片的采购，大多数电子产品制造商已经集中采购这些产品。在购买软件和硬件时也是如此。当然，集中采购和分散采购并不是完全对立的，仅靠一种采购方式很难满足生产需要。大多数公司在两个极端之间进行平衡。在某个时候它们会采用集中采购，而在几年以后也许它们也会采用分散采购。

（3）联合采购与网络团购

联合采购是指多个企业之间的采购联盟行为，因此也可以认为联合采购是集中采购在外延上的进一步拓展。随着市场竞争的日益激烈，企业在采购过程中实施联合采购已经成为企业降低成本、提高效益的重要途径之一。

联合采购的优势主要体现在采购、仓储与运输等环节的综合成本方面。但联合采购也带来一些问题，例如，各企业采购内部与业务的协同与管理难度增大，采购应变能力变差等。以全球生产外包为例，由于国外采购周期比较长，器材的紧急需求难以满足。常见的联合采购形式有采购战略联盟的联合采购与通用材料的合并采购等。采购战略联盟的联合采购是自发的，非强制性的，联合各方仍保持各自公司采购的独立性和自主权，彼此依靠相互间达成的协议结成松散的整体。现代信息网络技术的发展，开辟了一个崭新的企业合作空间，企业间可通过网络保证采购信息的即时传递，使处于异地甚至异国的企业实施联合采购成为可能。国际上一些跨国公司为充分利用规模效益、降低采购成本、提高企业的经济效益，正在发展采购战略联盟。通用材料的合并采购常用于有竞争关系的企业之间，通过合并通用材料的采购数量和统一归口采购来获得大规模采购带来的低价优惠。在这种联合方式下，每一项采购业务都交给采购成本最低的一方去完成，使联合体的整体采购成本低于各方原来进行单独采购的成本之和，这是这些企业的联合准则。这种合作的组织策略主要分为虚拟运作策略和实体运作策略。虚拟运作策略的特点是组织成本低，可以不断强化合作各方最具优势的功能和弱化非优势功能。

随着 C2B（消费者到企业）电子商务的发展，网络团购的蓬勃发展再次唤醒集体采购的大流行。网络团购是指多位消费者将其相似或者相同的消费需求进行汇集，并在某些组织者的组织下，以集团消费名义与经营者讨价还价，从而获得价格或服务优惠的一种消费性采购方式。网络团购的主体一般有购买者、销售者、组织者三类。网络团购一般具有冲动性和网络口碑传染性。以当前的直播带货中的采购为例，通过真人表演和促销，实现信息充分共享，激发购买者购买欲望。网络社区同行的自由交流模式和主题论坛的持续更新机制，使得网络团购具有较强的口碑效应和网络溢出效应。网络团购过程一般持续的时间较长，是一种典型的长尾模式，采购订单瞬间爆发是其典型特征。

2.4 采购计划与采购预算

2.4.1 采购计划

采购计划是为了规范采购过程，在获取供应市场和确定采购需求的基础上，对在特定时期内采购目标、采购任务与采购保障的一种预先安排。按照采购计划所涉及的层面，可以将采购计划分为采购业务计划与战略采购计划两类。采购业务计划主要是对在何时购入多少某种材料的分析；战略采购计划是关涉采购目标、寻源规划、供应商认证、采购部门发展方向、职能演化等的前瞻性分析。

（1）采购业务计划

制订采购业务计划是整个采购管理业务运作的第一步，采购业务计划制订得是否合理、完善，直接关系到整个采购管理业务运作的成败。采购业务计划根据市场需求、企业的生产能力和采购环境容量等确定采购的时间、采购的数量以及如何进行采购作业。一般制造企业制订采购业务计划主要是为了指导采购部门的实际采购工作，保证产销活动的正常进行，以获取经营效益。因此，一项合理、完善的采购业务计划应达到以下目的。

①预估物料或商品的采购时间和数量，保证连续供应。在企业的生产活动中，生产所需的物料必须能够在需要的时候可以获得，而且能够满足需要。因此，采购业务计划必须根据企业的生产计划、采购环境等估算物流需用的时间，在恰当的时候进行采购，保证生产的连续进行。

②配合企业生产计划与资金调度。制造企业的采购活动与生产活动是紧密关联的，其采购活动是直接服务于生产活动的。因此，采购业务计划一般要依据生产计划来制订，确保采购适当的物料，满足生产的需要。

③避免物料储存过多，占用资金和存储空间。在实际的生产经营过程中，库存是不可避免的，有时还是十分必要的。库存实质上是一种闲置资源，不仅不会在生产经营中创造价值，反而还会因占用资金而增加产品的成本。也正因为如此，准时制生产（JIT）和零库存管理成为一种流行的生产运作和管理模式。在企业的总资产中，库存资产一般要占到20%~40%。物料储存过多会占用大量资金，影响资金的正常周转，同时还会增加市场风险，给企业经营带来负面影响。

④有利于采购部门事先准备，选择有利时机购入物料。在瞬息万变的市场上，要抓住有利的采购时机并不容易，只有事先制订完善、可行的采购业务计划，才能使采购人员做好充分的采购准备，在适当的时候购入物料。

⑤确立物料耗用标准，以便控制物料采购数量以及成本。通过以往经验及对市场的预测，采购业务计划能够较准确地确立所要物料的规格、数量、价格等标准，这样可以对采购成本、采购数量和采购质量进行控制。

采购业务计划的基础资料包括生产计划、用料清单和库存存量卡。采购业务计划的编制程序包括订单准备、订单评估、订单计算和制单四个主要环节。订单准备由确定市场需求、明确生产任务、准备订单物料、准备订单环境资料、制订订单计划说明书等环节构成。其中，准备订单环境资料是订单准备环节中一个非常重要的内容。订单环境资料主要包括订单物料的供应商消息、供应商订单分配比例信息、最小包装信息及订单周期信息。订单环境一般使用信息系统管理。订单管理人员根据生产需求的物料项目，从信息系统中查询该物料的采购环境参数及其描述。订单评估是采购业务计划中非常重要的一个环节，包括三个方面的内容，即分析市场需求、分析生产能力、订单执行计划。三个方面围绕两个重点展开，一个是确定有足够的能力完成订单；另一个是追求产能的利益最大化，不能出现产能闲置或错过涨价的机会等。根据对市场需求和对生产能力的分析结果，就可以确定订单需求。通常来讲，订单需求的内容是通过订单管理，在未来指定的时间内，将指定数量的合格物料采购入库。订单计算和制单两个环节可以根据一般计划来执行。

（2）战略采购计划

战略采购计划是公司的长期采购计划，通过该计划可以明确公司的长远发展方向，并且可以指出达到公司目标的手段和路径。战略采购计划包括资源战略、供应商战略和应急计划等。企业在制定资源战略时，采购者应该明确以往资源的使用方式、资源的预期需求量、资源的市场类型和形态。资源的供应总量受到政策约束和机会成本的影响。资源战略的制定是为了确定组织如何满足某一具体的产品和服务的需求，而制定供应商战略的目的在于确定此产品和服务在供应链上的位置和发展状况。供应商战略应该回答哪个供应商能够提供总成本最低、质量最高、提前期最短的产品和服务，哪个供应商能提供提高产品技术的途径，每个潜在供应商的相对优势是什么。市场的稳定性、与采购相关的风险对于实现组织战略目标的重要程度不同，应急计划在各企业中对各种产品的作用也就不同。从采购战略的内容来看，采购战略属于组织战略的第三个层次。组织战略的层次如图 2－6 所示。

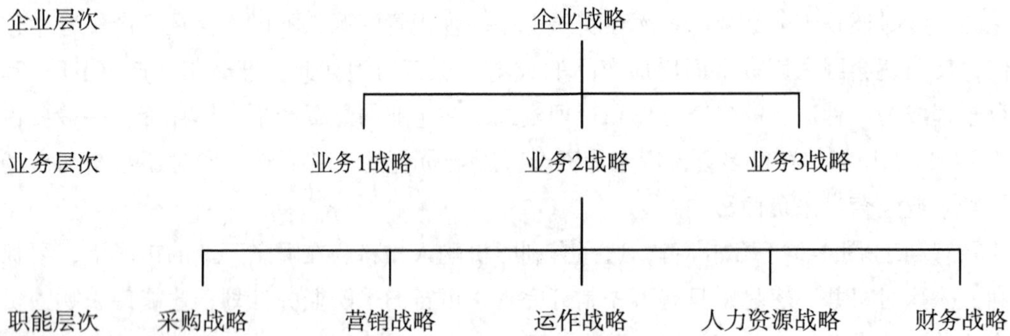

图 2－6　组织战略的层次

采购战略包括目标、原则、过程与内容等单元。采购战略目标的制定需要考虑各职能战略目标的优先权，以及各目标之间的一致性和可测性。贡献度、活动顺序和前瞻性是确定优先权的重要影响因素。采购对企业价值和成本的共享，在生产与物流中的顺序决定了采购战略目标的地位和优先等级。采购战略目标必须与组织的其他目标保持一致，各目标具有一致性和可测性才能确保总体目标的成功。采购部门的员工必须理解自己所在部门与其他部门之间的关系。采购的整体目标可分成成本节约、产品或工序的改进等几各维度，将测量的结果与内部标准、外部标准或其他历史数据进行比较，增强战略的可操作性。

战略采购计划的基本原则是能够支持企业战略和业务战略。采购管理者必须先理解采购业务计划的目标，最好能参与采购业务计划的制订，然后运用这些信息，制订一个有效支持企业战略的战略采购计划。为使采购战略与企业战略保持一致，需要在各个层次的计划制订的过程中进行信息交流。采购部门必须接受来自企业层次和业务层次的信息，使其能够更好地开发采购战略。这个协调过程还需考虑拟采购产品与服务是已有的还是新开发的、拟采购的产品与服务供应商之间的竞争、拟采购产品与服务的可得性等。

2.4.2　采购预算

采购预算是指采购部门在一定计划期限内编制的采购用款计划，是一种用货币或资源数量来表示的采购计划，将企业未来一定时期内经营决策的目标通过成本、利润和价值数据系统地反映出来。预算的时间范围要与企业的计划期限保持一致，不能过长或过短。长于计划期限的预算没有意义，会浪费人力、物力和财力，而过短的预算期限则又不能保证计划的顺利执行。企业所能获得的可分配的资金在一定程度上是有限的，企业的管理者必须通过科学分配有限的资源，来提高效率，以获得最大的收益。一个良好的企业不仅要赚取合理的利润，还要保证企业有良好的资金流，因此，良好的企业既要注重工作实践，又要强调财务业绩。

采购预算管理是采购管理规范的关键指标。《中华人民共和国预算法》为采购预算管理提供了法制保障。采购预算管理应做好预算管理职权分配，包括预算编制方案，预算审查和批准，预算执行，预算调整、决算和监督等环节。

（1）采购预算的类型

采购预算保障战略计划和作业计划的执行，确保组织向良好的方向发展，能协调组织经营资源，也能在部门之间合理安排有限资金，保证资金分配的效率，将目前的收入和支出与预算的收入和支出做比较，对企业的财务状况进行监视。采购部门中涉及的采购预算有以下四种。

①原材料预算。原材料预算的主要目的是确定用于生产既定数量的产品或者提供既定水平的服务的原材料成本。原材料预算的时间通常是一年。预算的依据是生产或销售的预期水平以及未来原材料的估计价格，这就意味着实际费用有可能偏离预算。因此，很多组织采用灵活的预算来调整实际的采购支出。良好的原材料预算能确定随时备用的原材料和零部件的最大价值和最小价值，以便评估采购支出的财务需求。

②MRO（维护、维修和运行）项目预算。MRO 项目采购包含在经营管理过程中，但它们并没有成为生产运作中的一部分。MRO 项目采购的物品主要有办公用品、润滑油、机器修理零部件等。MRO 项目的采购数目可能很大，对每一项都作出预算并不可行。MRO 项目预算通常按以往的比例来确定，然后根据库存和一般价格水平的预期变化来进行调整。

③资产预算。固定资产的采购预算通常占总预算的较大比重，良好的采购活动和谈判组织能为企业节省很多资金。通过研究资源市场以及与关键供应商建立密切的关系，可以为企业节省出很多资金。固定资产的预算不仅要考虑初始成本，还要考虑维护成本、能源消耗成本以及辅助零部件成本等。由于这些支出具有长期性，通常用净现值算法进行预算和做出决定。

④采购费用预算。采购费用预算的内容包括采购业务中发生的各项费用。通常，这项预算是根据预期的业务和行政工作量来制定的。这些花费包括工资、供热费、电费、通信费、差旅费，以及购买办公用品等的费用。采购费用预算应该反映组织的总体目标。例如，如果组织的目标是减少间接费用，那么采购费用预算中的间接费用预算就应该反映出这一点。

根据预算内容不同，采购预算还可以分为财务预算、专门决策预算和业务预算。财务预算是指企业在计划期限内有关现金收支、经营成果以及财务状况的预算。专门决策预算是指企业为特定投资决策项目或一次性业务所编制的专门预算，目的是帮助管理者做出决定，如资本支出预算。业务预算是指与企业的日常经营活动直接相关的经营业务的各种预算，主要包括销售预算、生产预算、材料采购预算、直接材料消耗预算、直接人工预算、制造费用预算、经营和管理预算等。

根据预算所涉及的范围，采购预算又可以分为全面预算和分类预算。全面预算又称为总预算，是短期预算的一种，涉及企业的产品或服务的现金收支等各方面的问题。总预算由分类预算综合而成。分类预算种类多种多样，有基于具体活动的过程预算，也有各部门的部门活动预算。

（2）采购预算的编制

编制采购预算的影响因素有以下三个方面。①物料标准成本的设定。在编制采购预算时，因为将来拟购物料的价格不容易预测，所以多以标准成本替代。标准成本与实际购入价格的差额，会影响采购预算的准确性。②生产效率。生产效率的高低将使预计的物料需求量与实际的耗用量产生误差。过低的产出率则会导致业务经常进行更改，从而使得零部件的损耗超出正常水平，反之亦然。③预期价格和支付。在编制采购预算时，经常需要对物料价格涨跌幅度、市场景气与否、汇率变动等加以预测，因为个人主观判断与事实的变化常有差距，可能会造成采购预算的偏差。

采购预算的编制步骤包含以下五个方面。①审查企业以及部门的战略目标，制定与战略目标相一致的采购战略。②制订明确的工作计划，对采购的要点进行评估。③确定所需的资源，对资源的筹集和调度进行统筹。④计算准确的预算数字，对预算执行的时间和空间进行相关分析。⑤在执行中完善和改进预算，在评估中加强预算的绩效目标管理。以制造业为例，生产预算包括采购预算、直接人工预算及制造费用预算。由此可见，采购预算是采购部门为配合年度的销售预测或生产数量，对需要的物料进行翔实的估计，以利于整个企业目标的达成。换句话说，采购预算如果单独编制，不但缺乏实际的应用价值，也很难与其他部门配合，所以必须以企业整体预算制度为依据。采购预算编制流程如图 2－7 所示。

采购预算编制过程比较复杂，必须注意的事项有以下五个方面。①加强采购部门与生产部门和其他接口部门的沟通。②适当改变绩效评估方式。③选择恰当的预算形式，传统的采购预算只代表当期应该支付的采购资金，而非真正的采购资金支出，这种预算对财务人员的资金筹划并无太大益处。④编制结果与建立的趋势模型尽量一致。⑤加强滚动预算管理。预算活动的滚动性，要求采购部门的管理人员投入大量精力。工作过程可以采取两步走的方式，第一步是整体思考，要求管理者从总体战略出发，勾画出预算的框架，制定出必要的方案，如果预算结果出现偏差要及时修改；第二步进入细化阶段，采购部门管理者制定最终预算的细节。无论是何种预算，只要满足要求都可以最大限度地发挥其潜能，保证组织计划的顺利实施。

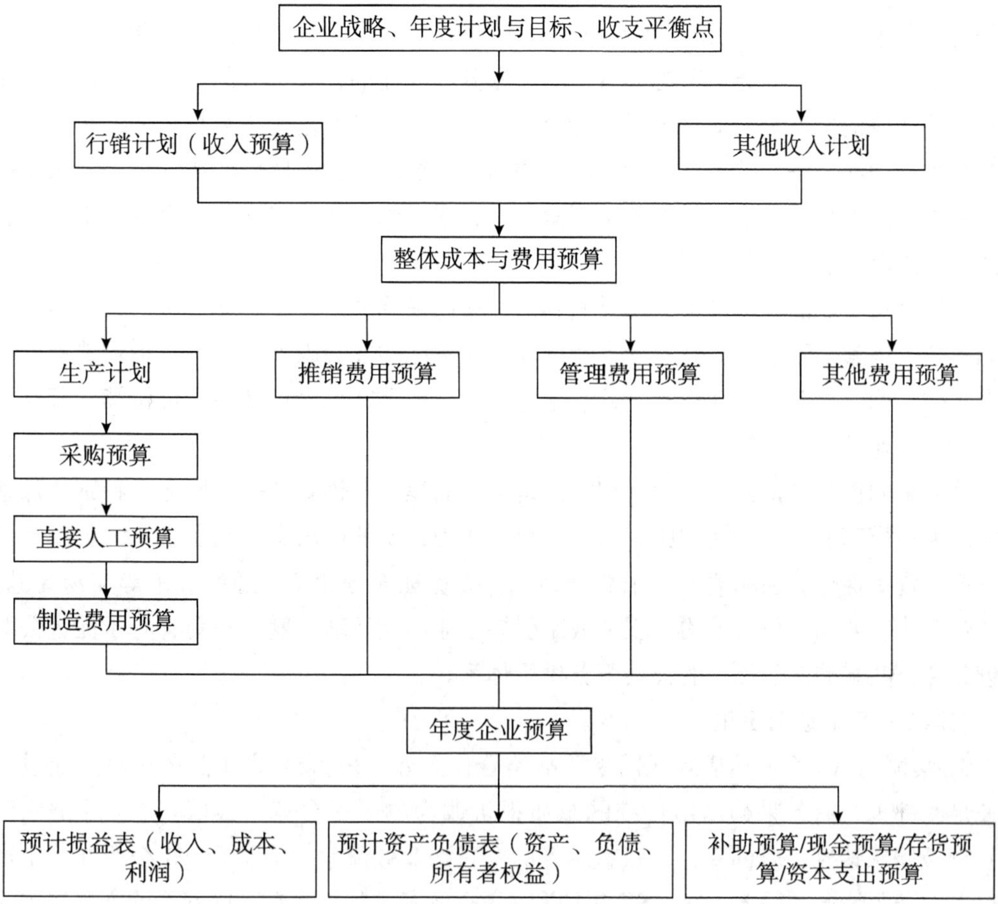

图 2－7　采购预算编制流程

复习思考题

1. 简述采购需求分析的影响因素。
2. 简答自制与外包采购的决策方法。
3. 简答采购组织和采购方式的内涵。
4. 什么是战略采购计划？编制战略采购计划需要考虑哪些问题？
5. 编制采购业务计划的目的是什么？依据有哪些？
6. 什么是采购预算？编制采购预算的流程有哪些？

综合材料分析

材料 1：欧盟公共采购战略。

各国政府都逐渐希望公共采购在实现经济目标之外，还能实现更多的战略性政策目标。

经过长期发展，欧盟公共采购战略的核心领域包括绿色公共采购（GPP）、对社会负责任的公共采购（SRPP）和公共采购创新（PPI）三个方面。绿色公共采购是指公共部门在做出采购决定时，要充分考虑公共产品、服务和兴建的公共工程的整个生命周期，是否将对环境造成的负面影响降至最低。绿色公共采购更广义的范畴是可持续公共采购，要求公共采购行为在经济、社会、环境等因素中达到平衡。生命周期成本在绿色公共采购中有着至关重要的作用，要求在考虑价格因素之外，还考虑环保、安全与健康等外部因素，由此测算出最具经济优势的投标。

对社会负责任的公共采购是指公共部门在做出采购决定时，要充分考虑社会风险、公平和责任等因素。欧盟委员会列出了竞标环节应考虑的社会因素，其中包括创造就业、劳动者工作环境、社会和劳动权利、社会融合、机会平等、机会可及性、可持续性标准、商业道德和企业社会责任等。

公共采购创新是指公共部门要积极选购生产商提供的创新产品和服务，特别是那些尚未实现大规模商业化的产品和服务。公共部门成为最初的需求者与消费者，为创新产品和服务提供资源保障。在相关公共采购框架下，以保证充分竞争、透明和平等交易为基础，欧盟各国政府要利用公共采购手段和战略引导企业创新活动，发展一套有利于促进公共服务创新和公共采购流程优化的公共服务供给体系。

材料 2：采购战略资讯。

SY 集团与 AB 企业达成互联网采购战略合作。近年来，SY 集团商务信息化建设已取得长足的进步，商务采购已由传统的纸质报价改为电子平台竞价，GSP（全球供应商门户）涉及需求谈判、合同签订、账款结算的全采购业务流程。为整合 AB 企业在非生产性物料上的资源情况与采购方案，SY 集团和 AB 企业安排与一些在互联网采购方面取得突破性进展的客户进行洽谈。在与这些客户的实际交流中，SY 集团发现只要找到适合的平台以及正确的管理办法，非生产性物料的采购不仅可以大幅度提升效率、解放人力，还可以显著降低采购成本，并扩充供应商群体。

紧跟国家外循环发展方向，AB 企业启动大进口战略，在全球新建六大采购中心，遍及北美洲、欧洲、大洋洲等地区。作为消费升级和品牌数字化转型的主引擎，AB 企业强调了未来三年的三大目标：吸引万亿境外消费回流；服务 2 亿消费者；助力 100 家全球中小品牌上市。以“锁鲜到家”为例，每天凌晨 4 点，来自新西兰牧场刚刚挤好的鲜牛奶，迅速完成巴氏杀菌和罐装，随即在第二天傍晚，运载完成检测的成品奶的直达航班奔赴上海浦东国际机场。北京时间第三天清晨落地并直接在上海完成清关检疫后，立即上架 AB 企业采购平台，整个过程仅需 72 小时。AB 企业规划的全球六大采购中心将原产地直供、溯源、通关等跨境难题一站式解决，全球化是新零售的渠道延伸，新零售是全球化的中国式方案。数字化的新零售改造进一步打通跨境支付、大数据互通等环节，让中国消费者通过新零售体验遍布全球的新生活方式。

AB 企业认同 SY 集团作为全球领先的工程机械制造商的地位，肯定其在战略采购管理方面的管理经验，为引领整个行业在互联网采购方面的发展做出了积极探索。AB 企业认为 SY 集团互联网采购战略的构建，要先建立初步的互联网采购规范，尽快实现采购在线化、数据化和互联网化。采购数据化可以引导更多的供应商来主动合作，也可以对供应商进行数据分析，实现更高效率的业务运营。然后，基于数据进行预测与预警，如需求预测、供应商预警等。以互联网采购为主要内容的互联网化生产与运营将是 SY 集团从中国制造向中国“智”造升级的重要方向。

两个组织的合作模式是利用内部商城承接非生产性物料采购管理工作，将现有供应商、物料、价格协议导入内部商城，各个业务部门自主下单采购，平台自动处理订单，定期结算。对于某些供应商资源相对匮乏且没有框架协议的品类，通过在 AB 企业采购平台询价、招标、竞价的方式，陆续扩充供应商资源。对于长尾、零星的采购需求，可以通过 AB 企业自营的采购商城采购。通过结合不同的互联网采购方式，能够满足不同业务场景的采购需求，实现集团总部的整体集中采购管控，发挥集中采购效应，降低成本，同时也能提升业务部门的自主选择权，提高供应链运作效率。

从采购需求与采购环境、采购组织与采购方式等视角分析上述材料所提到的采购战略管理过程。

3 供应商管理

供应商管理是采购管理战略的执行内容，也是国内企业管理中的薄弱环节。本章内容包括供应商管理概述、寻源管理、供应商管理过程、供应商关系管理与模式四大部分。供应商管理概述包括供应商管理基本概念和体系；寻源管理确立供应商管理在采购管理中的战略地位，开启采购的二段式管理模式，促进采与购的分开管理；供应商管理过程明确了供应商管理操作指南；供应商关系管理与模式深化了供应商管理的发展趋势。通过本章学习，读者在掌握供应商管理基本逻辑的基础上，全面掌握供应商管理的基本知识和工作能力要点。

3.1 供应商管理概述

3.1.1 供应商管理基本概念

供应商是指可以为企业生产提供原材料、设备、工具、零部件、产品及相关服务资源的企业。生产制造企业、商贸流通企业是典型的供应商，一些咨询服务企业、个人和个体工商户也是供应商网络的必要成分。企业要维持正常生产，必须要有一批可靠的供应商为企业提供各种各样的物资。供应商在企业的运营和成长中扮演重要角色，对产品质量提升和品牌建设起重要的作用。企业在采购管理过程中直接与供应商打交道，根据发展目标、生产计划和销售需求从供应商那里获得各种物资与服务。因此，采购管理的一个重要工作就是要搞好供应商管理，保障设计、生产、销售和售后服务过程。

供应商管理是指在采购中对供应商的调查、了解、选择、开发、控制和利用等综合性的管理工作的总称。其中，调查、了解是寻源的关键，选择、开发、控制是手段，利用是目的。供应商管理的目标就是要建立起一个稳定可靠的供应商队伍，为企业生产提供可靠的物资。一般来说，供应商管理过程中首先需要考虑是单源供应商还是多源供应商，是国内供应商还是国际供应商，是直接采购还是间接采购。单源供应商还是多源供应商涉及供应网络的稳定性和安全性；国内供应商还是国际供应商涉及价格差、质量体现、风险控制和目标客户群；直接采购还是间接采购取决于供应商的渠道策略和本企业的采购规模和管理能力。

在采购管理的演化过程中，供应商管理经历了监管式、评估与竞争式和培育引导式三个阶段。三个阶段分别以成本为中心、以利益为中心和以价值为中心，但是三个阶段也是一个连续交互的过程，根据总体战略需要进行循环管理。监管式供应商管理是按照采购合同进行质量、数量、交付方式、成本的监督与跟踪。评估与竞争式供应商管理是一个优化和提升的综合管理过程，通过科学的评选标准，定期、定量、定类向供应商反馈采购结果。培育引导式供应商管理是以合作为导向的升级过程，通过差异化、定制化管理手段，创造采购价值共同体。

计划导向的供应商的初期管理过程具有扩展性、多元化和指令性的特征；新市场导向的供应商管理过程具有动态性、战略性和创造性的特征。供应商管理的扩展性是指在满足销售订单的基础上，通过持续增强制造和物流能力，扩大市场占有率。扩展性的发展会造成采购与供应的单方面垄断，从而降低供应商管理弹性。战略性和创造性的供应商管理强调供应链的整合，供应商和采购方根据销售与消费的场所特征，相互配合、相互改进，共同发展从物资到客户的全链条与网络。

企业开展供应商管理工作，应该遵循三大原则，才能实现供应商的有效管理。首先，归口管理的专业化原则以专人、专门、专职规范为基本要义。随机、兼职式的供应商管理造成资源分散，采购知识无法积累，常常给企业带来许多问题。多个部门和多人跟同一个供应商接触，增加了管理成本，同时，也摊薄了企业的议价筹码。其次，差异化管理原则要求根据不同类型供应商及产品特性，对供应商采取差异化的管理策略，制定不同的管理规则和流程。最后，动态化管理原则是以动态审核、动态选择和动态调整为基础，提高供应商管理的韧性和适应性。

3.1.2 供应商管理体系

供应商作为资源市场的重要组成部分，也是企业外部环境的组成部分。资源市场中的物资分布、供应价格、竞争动态和质量水平受到市场中每个成员的共同影响。供应商管理过程，一要构建技术标准，二要聚焦合作质量。在采购管理理论框架下，供应商管理体系包括供应商信息管理、供应商过程管理和供应商合作管理三大模块，三个模块分别对应采购方的外部环境、内部流程和组织间的整合。

供应商信息管理要关注成本信息、质量信息、创新能力，通过寻源控制供应商管理成本、获取产品质量新标准需求、提升产品设计与创新能力。生产计划排程和库存配送信息是供应商信息管理的基础。美国先进制造研究报告表明，原材料采购成本一般占产品单位成本的40%~60%，对产品质量保障有40%以上的支持度，通过减少库存、缩短交货期、集成信息与知识可以大大改善这两个比例。

供应商信息管理要以供应商调查、资源市场调查为基础，优化供应商寻源与开发环节。供应商调查就是要了解企业有哪些可能的供应商，各个供应商的基本情况如何。资源市场调查是在供应商调查的基础上，进一步了解并掌握整个资源市场的基本情况和基本性质，判断当前是买方市场还是卖方市场，是竞争市场还是垄断市场，是成长的市场还是衰退的市场。在供应商调查和资源市场调查的基础上，发现比较好的供应商。

供应商过程管理就是以系统科学为基础，立足于整体性和效益原则，做好供应商的全过程管理。其具体内容包括做好供应商的认证、订单分配和绩效考核等活动。供应商的认证是一个很重要的工作，有定期认证、不定期认证、第三方组织认证和标准体系认证等，旨在建立运营标准。它分布在各个阶段，需要建立供应商开发认证、供货认证等项目。

供应商合作管理是引导、激励与控制供应商的发展方向，建立合作平台和愿景，构建稳定的产业链供应链生态的基础。每过 2 ~ 5 年，新产品上市时间将缩短 40% ~ 60%，仅仅依靠制造商或核心企业的能力是远远不够的，与供应商联动已势在必行。外包采购就是以供应商合作管理为基础的采购形式。在外包采购中，供应商参与早期的产品设计、买卖双方合作投资、共享生产运营信息都能有效提高合作水平。

3.2 寻源管理

3.2.1 供应商寻源的标准

供应商寻源的标准有短期标准与长期标准之分。

（1）供应商寻源的短期标准

供应商寻源的短期标准是商品质量合适、价格水平低、交易费用少、交付及时、整体服务水平好。采购单位可以通过市场调查获得有关供应商的资料，把获得的信息编制成一览表，并就这几个方面进行比较，依据比较出的结论做出正确决定。

以质量标准为准绳。质量过高并不意味着采购产品就适合企业生产，因为如果质量过高，远远超过了生产要求的质量，对企业而言也是一种浪费。质量不合格的产品在企业投入使用的过程中，往往会影响生产的连续性和产品的整体质量，甚至造成更大的安全风险。因此，对于采购产品的质量的要求是符合企业生产所需，要求过高或过低都是错误的。评价供应商产品的质量，不仅要从产品检验入手，而且要到供应商企业内部去考察。

把好成本标准关卡。采购过程追求总成本最低。总成本包括取得成本、作业成本和处置成本。其中，取得成本包括开发成本、采购成本、检验成本和运输成本等；作业成本包括仓储成本、操作成本和维修成本等；处置成本包括转售、破损、报废等环节中的废弃物污染处理、过期或报废材料的集中销毁等活动成本。

持续提高交货标准。影响供应商交货时间的因素主要有供应商从取得原料、加工到包装所需要的生产周期，供应商生产计划的规划与弹性，供应商的库存准备，所采购原料或零部件在生产过程中所需要的供应商数目。

做好供应商整体服务水平评价。评价供应商整体服务水平的主要指标有安装服务、培训服务、维修服务、升级服务与技术支持服务等。通过安装服务，采购商可以缩短设备的投产时间或应用时间。供应商能否提供非常完善的安装服务是评价供应商整体服务水平的一个重要指标，同时也是认证人员对供应商进行认证的重要依据。供应商对产品全生命周期的培训情况，会大大影响采购方对供应商的选择。供应商会想方设法地提高产品质量，避免或减少免费维修情况的出现。例如，各种各样的杀毒软件一般都要提供升级服务，只要购买了公司产品就可以随时在网上得到免费升级的服务。

履行合同的能力。供应商履行合同的能力受到订单数量、处理订单的时段、自行研发能力、设备的闲置率等因素影响。

（2）供应商寻源的长期标准

供应商寻源的长期标准主要在于评估供应商是否能保证长期而稳定的供应，其生产能力是否能配合本企业的成长而相对扩展，供应商是否具有健全的企业体制，与本企业是否有相近的经营理念，其产品未来的发展方向能否符合本企业的需求，以及是否具有长期合作的意愿等。

供应商的财务状况。供应商的财务状况直接影响其交货和履约的绩效，如果供应商的财务出现问题，周转不灵，导致倒闭破产，将会造成自身供料不足，甚至出现停工的严重危机。因此，供应商的财务状况是考虑供应商长期供货能力的一个重要指标。虽然企业不容易判断一家供应商的财务状况，但是可以利用资产负债表来考核供应商一段时期内营运的成果，观察其所拥有的资产和负债情况；通过损益表，考察供应商一段时期内的销售业绩与成本费用情况。如果供应商是上市公司，还可以利用公司的年度报表中的信息来计算各种财务比率，以观察其现金流动情况，应收、应付账款的状况，库存周转率，获利能力等。

供应商内部组织与管理。供应商内部组织与管理是关系到日后供应商服务质量的因素。供应商内部组织机构设置影响着采购的效率及其质量，如果供应商内部组织机构设置混乱，采购的效率与质量就会因此下降，甚至由于供应商部门之间的互相扯皮而影响供应活动及时、高质量地完成。另外，供应商的高层主管是否将采购单位视为主要客户也是影响供应质量的一个因素。如果供应商的高层主管没有将采购单位视为主要客户，在面临一些突发状况时，采购单位便无法取得优先处理的机会。除此之外，还可以从供应商机器设备的新旧程度及保养状况，看出管理者对生产工具、产品质量的重视程度。另外，也可以参照供应商在同行之间获得的评价及其所属产业的地位。对客户满意程度的认知、对工厂的管理、对采购原材料来源的掌握、对生产流程的控制，也是评估供应商内部组织与管理的指标。

供应商员工的状况是否稳定。供应商员工的平均年龄也是反映企业管理中是否存在问题的一个重要指标。若平均年龄偏高，表明供应商员工的流动率较低，相反也可能显示出供应商无法吸收新员工，从而缺乏新观念、新技术。另外，供应商员工的工作态度及受培训的水平也会直接影响产出的效能，这些都是可以在现场参观时观察到的。

此外，排除供应商寻源的短期标准和长期标准的限制，供应商寻源的标准还包括供应商的地理位置、合作历史、历史绩效、员工劳动的强迫性和自由性、采购风险和可持续发展等。一些产品的产地对产品的质量有明显的影响，也对功能造成明显的差异。例如，川贝母与浙贝母。分布于四川和云南等省的川贝母以生长在海拔三四千米的雪山、草地上的松贝为最佳，是润肺、消炎、镇咳、化痰的良药，而浙贝母的功效主要是清热化痰，对于祛热痰、去结节的效果比较好。

3.2.2 供应商寻源过程

供应商寻源是非常重要的一项工作。一批好的供应商，不但对企业的正常生产起着决定作用，而且对企业的发展也非常重要。供应商寻源过程包括两个步骤，一是供应商寻源标准的测量与评估，二是供应商寻源标准信息集成与评价。

（1）供应商寻源标准的测量与评估

以质量为例，常用的质量测量指标有合格率或退货率。但是，这些质量测量指标受到批次、时间和规格的影响，例如出现如表 3－1 所示的供应商质量测量结果，最后会发现质量测量十分困难。

表 3－1　　供应商质量测量结果

	供应商 1			供应商 2		
	产品总数	次品数	次品率（%）	产品总数	次品数	次品率（%）
产品 A	900	12	1.3	500	4	0.8
产品 B	100	4	4	1000	32	3.2
合计	1000	16	1.6	1500	36	2.4

表 3－1 表示，从单个批次来看，供应商 1 的产品质量比供应商 2 要差，但总体来看，供应商 1 的产品质量却比供应商 2 的好。这种由规模引起的局部质量和整体质量差异就需要深入分析。以规模与质量的关系为基础，分析次品率存在差异的原因，如何统筹供应商 1 或者供应商 2 是一个比较棘手的问题。从数学模型上来看，这是罗素悖论的再现。从具体的领域来看，需要结合供应商的产能、质量与成本之间的关系来分析这个现象。伴随规模的扩大，组织学习可以提高次品管理水平，降低成本。供应商 2 在产能较多的情况下，次品率比较高，反映了组织学习能力不足的问题，不太适合用于新产品开发的供应情况。

在实践中，常常采用 AB 角的方式来综合考虑供应商 1 和供应商 2。A 角作为主供应商，分配较大的供应量；B 角作为副供应商，分配较小的供应量。在运行一段时间以后，如果 A 角的表现有所退步而 B 角的表现有所进步的话，则可以把 B 角提升为 A 角，而把原来的 A 角降为 B 角。这样就能促进 A 角和 B 角之间的竞争，使得采购企业获得更大的利益。这种粗略策略涉及一个新的问题，那就是供应商数量管理问题。在此不做详述，感兴趣的读者可以自行查找资料讨论，分析数量带来的秩序和寻租等问题。

（2）供应商寻源标准信息集成与评价

一般来说，供应商寻源标准信息集成与评价是一个多目标、多属性与多准则的决策问题。常见的方法有线性加权法、平均数算子法、层次分析法、TOPSIS 法（逼近理想解排序法）、效用函数法、字典序法、期望值决策法、前景决策法等。

下面主要介绍字典序法和期望值决策法。

例 3－1：字典序法。

在一次供应商寻源过程中，采购员所考虑的指标有三个，备选对象有四个，相关信息如表 3－2 所示。

供应商寻源的要求就是从备选 1 至备选 4 中按照标准的要求选择合适的供应商或者是供应商组合。假设供应商寻源的要求是属性 A 为中等及中等以上，属性 B 不限，属性 C 为好。

表 3－2　　寻源标准信息表

指标	备选对象			
	备选 1	备选 2	备选 3	备选 4
属性 A	好	中等	弱	弱
属性 B	中等	弱	好	好
属性 C	好	中等	中等	弱

首先，从属性 A 开始，得到的是备选集合（备选 1 和备选 2）；然后，依次判断备选 1 和备选 2 中的属性 B 和属性 C 的等级；最后，确定为备选 1。在实际求解过程中，随着数量的增多，上述过程的复杂性呈指数增长，那时，这种简单的筛选方法的优势就凸显出来了。

例 3－2：期望值决策法。

①假设在供应商主导的交易环境下，如果采购商与供应商建立关系，可以以 90% 的概率获得低价格 100 元，以 10% 的概率获得高价格 150 元，但需要投入 15 元的关系费用；如果采购商与供应商不建立关系，可以以 50% 的概率获得低价格 100 元，以 50% 的概率获得高价格 150 元。请问，如果以期望价格最小为决策准则，采购商应该持什么策略？当二项分布概率未知的时候，能否得到供应商不亏的最佳策略集？

解：分别计算两种策略下的成本期望，即：

$100\times90\%+150\times10\%+15=120$（元）；$100\times50\%+150\times50\%=125$（元）

按照期望价格最小原则，可知是第一种策略较好。但是，如果当二项分布的概率未知时（假设概率为 x），要使得第一种策略仍然占优势，就要满足不等式

$100\times x+150\times(1-x)+15\leqslant125$

解得建立关系后，获得低价的概率不能低于80%。期望值决策法的不足是没有考虑期望值出现的概率，同时也存在平均数陷阱的问题。

②某公司打算在五周内采购一批原料，未来五周内原料的价格概率分布如表3-3所示。由于生产需要，必须在五周内采购这批原料。如果第一周价格很高，可以等到第二周；同样，如果第二周仍对价格不满意，可以等到第三周；类似地，未来几周都可能选择购买或者等待，但必须保证第五周时采购了该原料。试问该选择哪种采购方案，才能使得采购费用的期望值最小。

表3-3　　未来五周内原料的价格概率分布

价格	概率
500元	30%
600元	30%
650元	40%

解：经过分析可以发现，当前的可能价格是500元、600元或650元，每一种价格的概率是未知的，需要结合具体的采购方案进行分析。例如，采购策略是只在第一周决策，则其价格期望是590元；如果采购策略是第一周出现500元时采购，否则等到第二周完成采购，其价格期望为563元。

按照这样的逻辑进行推理最后发现，最优的采购策略是在第一、二、三、四周的市场价格为500元时，应该立即采购，否则等到第五周采购，此时的期望价格为：

$500\times0.3\times(1+0.7+0.7^2+0.7^3+0.7^4)+600\times0.3\times0.7^4+650\times0.4\times0.7^4=521.609$（元）

事实上，这个最优方案与下面这个方案相比，其灵敏性并不高。即在第一、二、三周的市场价格为500元时，应该立即采购，否则等待；在第四周时，若市场价格为500元或600元时，应该采购，否则等待。若等到第五周，只能采购；此时的期望价格为：

$500\times0.3\times(1+0.7+0.7^2+0.7^3+0.4\times0.7^3)+600\times0.3\times(0.7^3+0.4\times0.7^3)+650\times0.4^2\times0.7^3=522.638$（元）

上述两个案例表明，在供应商寻源与选择过程中，如果市场环境充满不确定性，选择的标准就变得更加复杂，供应商的标准信息集成与评价过程也就会有更大的风险。由此可知，供应商寻源的风险管理是一个不可忽视的问题，如何摸清市场的不确定性至关重要。

3.3　供应商管理过程

3.3.1　供应商认证

供应商认证是寻源之后进行的供货测试与资质体系构建。供应商认证流程包括供应商自我评价、小组论证、现场调查、评分汇总和认证跟踪等环节。供应商自我评价就是让供应商先对自己做出评价，形成报告提交给采购方。小组论证是在收到供应商自我评价的资料后，根据材料论证其质量管理、生产过程，形成认证的指标体系。一般情况下，供应商认证的指标体系包括信息系统及分析、战略计划、人力资源、过程控制、商务运作、客户满意程度、供应管理、销售管理、时间管理、环境管理等指标。现场调查要了解供应商的管理机构设置情况，各部门之间的分工及汇报流程；考察供应商质量控制与管理体系、生产工艺、顾客服务水平、环境体系等内容。在现场调查的同时应根据预先设置的指标体系，进行评价，并给出相应的分值。评分汇总是统筹考虑现场调查和供应商的相关文件、先前的市场调查情况、与供应商的客户会谈情况，以及小组讨论情况进行综合评分，得出供应商最终认证的总成绩，呈报上级领导，并且将考察的资料进行备案并存档。

此外，认证过程中要和供应商保持紧密联系，及时反馈认证进度与结果，让供应商明确自己的不足之处，以便进行改进与提高。在供应商认证后，对供应商要进行认证跟踪。供应商的认证不仅仅是审查和评估的过程，而且也是一个反馈与跟踪的过程，要随时监测供应商的执行情况，不断督促供应商进行改进。总之，供应商的认证跟踪是一个长期的、动态的过程，是通过评估来确认和培养供应商的过程。

（1）供应商认证内容

供应商认证内容包括企业基本情况，企业管理，质量认证，设计、工程与工艺，生产情况等。

企业基本情况包括经营环境、近几年的财务状况、在同行业中的信誉及地位、近几年的销售情况、现有的伙伴型的合作关系、地理位置和员工情况等。企业经营环境主要包括企业所在国家的政治、经济和法律环境的稳定性（进出口是否有限制、货币的可兑换性、近几年的通货膨胀情况），基础设施情况，有无地理限制等内容。企业近几年的财务状况主要通过各种会计报表、银行报表、企业经营报告等反映。企业在同行业中的信誉及地位主要包括同行业中企业在产品质量、交货可靠性、交货周期及灵活性、客户服务及支持、成本等各项获得的评价。企业近几年的销售情况包括销售量及趋势、人均销售量、本企业产品产量占行业总产量的比例。企业现有的伙伴型的合作关系包括与本企业的竞争对手，与其他客户或供应商之间的关系。企业地理位置主要包括与本企业的距离和通关的难易程度。企业的员工情况主要有员工的受教育程度、出勤率、流失率、工作时间、平均工资水平、生产工人占全部员工的比例等。

企业管理包括企业管理的组织框架与经营战略及目标，具体包括各组织之间的功能分配与组织之间的协调情况，企业的产品技术革新情况，提高生产率及降低成本的主要举措，员工的培训及发展情况，认证体系及是否通过 ISO（国际标准化组织）质量、健康、环境三合一认证。

质量认证包括供应商的质量体系是否完整，质量保证文件是否完整和正确，有无质量管理的目标与计划、质量的审核记录、供应商质量及顾客质量投诉记录、供应商的质量协议，是否参与顾客的质量改进，是否接受顾客对其质量的审核等。

设计、工程与工艺包括工程技术人员受教育的情况、工作经验、在产品开发方面的水平、在产品生产方面的工艺水平，工程人员的流失情况，开发设计的试验情况，与顾客共同开发的情况，与供应商共同开发的情况，产品开发的周期，产品及工艺开发程序，对顾客资料的保密情况。

生产情况主要涉及工艺布置、设备（工艺）的可靠性、生产工艺的改进情况、设备利用率、工艺的灵活性、作业指导的情况、生产能力、职工参与生产管理的程度、生产的现场管理情况、生产报表及信息的控制情况、外协加工控制情况、生产现场环境与清洁情况、物流管理、仓储条件与管理、发货交单的可靠性与灵活性、及时供应能力等。

（2）供应商认证方法

供应商认证不仅包括商务认证，还包括工程认证。鉴于其他教材在商务认证做过大量讲解，本教材主要介绍与采购相关的工程认证。工程认证一般指质量认证，比较流行的质量认证有六西格玛认证。六西格玛是一种公认的改善企业质量流程管理的技术，以“零缺陷”的完美商业追求，带动质量大幅提高、成本大幅度降低，最终实现财务成效的提升与企业竞争力的突破。

3.3.2 供应商审核与订单分配

供应商审核是对通过认证的供应商的考评。根据不同物料供应商的不同成熟程度，供应商审核可以安排在供应商认证的前期、中期、后期进行，目的是确认、筛选出最好的供应商，优化订单分配过程，提高竞争优势。就采购供应的控制层次来说，供应商审核可局限在产品层次、工艺过程层次，也可扩展到质量保证体系层次，甚至扩展到供应商整体经营管理体系层次。产品层次主要是确认、改进供应商的产品质量；工艺过程层次主要针对那些质量对生产工艺有很强依赖性的产品。要保证供货质量的可靠性，往往必须进入供应商的生产现场了解其工艺过程，确认其工艺水平、质量控制体系及相应的设备设施能够满足产品的质量要求。质量保证体系层次的审核包括工艺过程的评审，也包括供应过程中因质量不稳定而进行的供应商现场工艺确认与调整。供应商整体经营管理体系层次审核是对供应商进行审核的最高层次，它不仅要考察供应商的质量体系，还要审核供应商经营管理水平、财务与成本控制水平和设计工程能力等。

供应商审核的主要方法可以分为主观判断法和客观判断法。所谓主观判断法是指依据个人印象和经验对供应商进行判断。这种评判缺乏科学标准，评判的依据十分笼统、模糊。客观判断法是指依据事先制定的标准或准则对供应商进行量化考核和审定，包括调查法、现场打分评比法、总体成本法等方法。调查法是指事先准备一些标准格式的调查表格发给不同的供应商填写，收回后进行比较的方法。这种方法常用于招标、询价及供应商情况的初步了解等情况。现场打分评比法是预先准备一些问题并格式化，然后组织不同部门的专业人员到供应商的现场进行检查确认的方法。总体成本法是一种为了降低供应商的总体成本以达到一个新的水平，从而降低采购价格的方法。它需要供应商的通力合作，由采购方组织强有力的综合专家团队对供应商的财务及成本进行全面、细致的分析，找出可以降低成本的方法，并要求供应商付诸行动，改进后的收益则由双方共享。

假设一条物流服务供应链由一个物流服务集成商（LSI）和多个候选的功能型物流服务提供商（LSP）构成。当接收到来自多个顾客的物流订单后，LSI 开始分析这些订单属性和顾客需求，并根据任务需要和成本控制原则，从每一个环节的候选 LSP 中选出最合适的提供商，并为选中的 LSP 分配合适的物流任务量。假设该项物流任务由 m 个子任务构成，且这些子任务由前及后依次完成，即前一项物流任务完成以后，后一项物流任务才开始进行，故在每一个环节至少选出一个 LSP 来完成该环节的子任务。对于每一项子任务，可以由一个 LSP 单独完成，也可由多个同类的 LSP 协作完成，为了讨论方便，在本章中假设不计协作成本。每一个环节分配给所选中的 LSP 的物流任务之和应该都等于 LSI 所接受的物流任务总量。每一个环节候选的 LSP 数量记为 n_i，并假设对于每一个环节的候选 LSP，除了服务价格、服务能力和单位运作时间外，其他方面不存在明显差异。于是要解决的问题是，为每一项物流任务从众多候选的 LSP 中选出合适的 LSP 来完成该环节的物流任务，并根据选择结果，为每一个被选中的 LSP 分配相应的物流任务量，从而使得 LSI 的总成本最低。

在实践中，总成本包括一般性服务外包成本（C_1）、协商成本（C_2）、监督成本（C_3）和服务中断成本（C_4），故所构模型的目标函数为：

$$\prod = P \cdot Q - (C_1 + C_2 + C_3 + C_4 + \Delta_C)$$

其中，P 为定价，Q 为数量。

再考虑产能约束：

$$\sum_{j=1}^{n_i} Q_{ij} = Q, 0 \leqslant Q_{ij} \leqslant Q, i = 1, \cdots, m; j = 1, \cdots, n_i$$

综上可得物流服务供应链中基于 LSI 利润最大化的服务供应商选择和订单分配联合优化模型如下所示：

$$\max \prod = P \cdot Q - (C_1 + C_2 + C_3 + C_4 + \Delta_C)$$

$$\text{s. t.} \begin{cases} \sum_{j=1}^{n_i} Q_{ij} = Q, i = 1, \cdots, m \\ 0 \leqslant Q_{ij} \leqslant Q, i = 1, \cdots, m; j = 1, \cdots, n_i \\ \sum_{j=1}^{n_i} x_{ij} \geqslant 1 \\ x_{ij} = 0 \text{ 或 } 1 \end{cases}$$

其中，x_{ij}为对应的物流任务量；Δc 为服务变动成本；i 为物流任务中第 i 项子任务；j 为某项子任务中提供商品或服务的第 j 个物流服务提供商；Q_{ij}为第 j 个物流服务提供商向

第 i 项子任务提供的商品或服务的数量。

一般而言，该类模型都是 NP 难问题，故无法通过一般的运筹学方法来求解该模型。而遗传算法（GA）在求解这类含有离散决策变量的非线性规划问题时具有明显优势，因此本章将通过遗传算法来求解上述模型。而与一般的优化问题不同的是，本章所涉及的两类决策变量是相互影响的，一般的遗传算法在求解该模型时存在一定的困难，因此，提出基于两层编码的改进遗传算法来求解模型。其中的染色体编码示意图如图 3－1 所示。

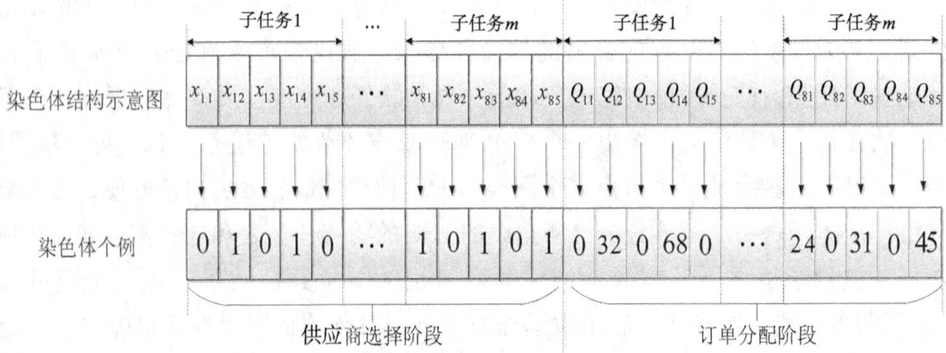

图 3－1　染色体编码示意图

3.3.3　供应商绩效考核与改进

供应商绩效考核是对现有供应商的日常表现进行定期监控和考核。供应商绩效考核的主要目的是确保供应商供应的质量，同时在供应商之间进行比较，以便继续同优秀的供应商进行合作，而淘汰绩效差的供应商。供应商的绩效考核同时也能使采购方了解供应商存在的不足之处，将不足之处反馈给供应商，可以促进供应商改善其业绩，为日后更好地完成供应活动打下良好的基础。

（1）供应商绩效考核的基本原则

供应商绩效考核必须持续进行，要定期检查目标达成的程度。当供应商知道会定期被考核时，自然就会致力于改善自身的绩效，从而提高供应质量。要从供应商和企业各自的整体运作方面来进行评估以确立整体的目标。供应商的绩效总会受到各种外在因素的影响，因此对供应商的绩效进行考核时，要考虑到外在因素带来的影响，不能仅仅衡量绩效。要实施供应商绩效考核，就必须制定一个考核办法或工作程序，以便有关部门或人员依文件实施。实施过程中要对供应商的质量、交货与服务表现进行监测记录，为考核提供量化依据。考核前还要选定被考核的供应商，就考核办法、标准及要求同相应的供应商进行充分沟通，并在本公司内与参与考核的部门或人员做好沟通协调。供应商考核工作常由采购人员牵头组织，品控人员、企划人员等共同参与。

实际企业评估考核供应商的程序和方法以目的为参照，以适用范围为标准，以职责为制度进行考核与改进建议设计。对供应商进行评估考核和选择，以期寻求最佳的供应商。

整个过程，品质确认尤为重要，要严格按照组织的进货检验与试验控制程序及来料检验规范的规定记录品质确认过程。当品质不合格时，由总质检部门通知采购部门，然后再通知供应商送样，重新确认其品质，若仍不合格则予以淘汰。品质记录程序要科学规范，相关支持性文件包括来料检验规范、采购协议书、厂商资料卡、供应商评估表、生产能力调查表、供应商考核表、合格供应商名册等。表 3－4 就是围绕价格、品质、逾期率和配合度的供应商绩效考核与改进表。

表 3－4　　供应商绩效考核与改进表

<table>
<tr><td colspan="2">供应商名称</td><td></td><td>联系人</td><td colspan="2"></td></tr>
<tr><td colspan="2">地址及邮编</td><td></td><td>电话</td><td colspan="2"></td></tr>
<tr><td>项目</td><td>配分</td><td colspan="2">考核内容及方法</td><td>得分</td><td>考核人</td></tr>
<tr><td>价格</td><td>最高分为 40 分，标准分为 20 分</td><td colspan="2">根据市场最高价、最低价、平均价自行估价，制定标准价格，标准价格对应分数为 20 分；
每高于标准价格 1%，得分扣 2 分，每低于标准价格 1%，得分加 2 分；
同一供应商供应几种物料，得分按平均计算</td><td></td><td></td></tr>
<tr><td>品质</td><td>30 分</td><td colspan="2">以交货批退率考核：
批退率＝退货批数÷交货总批数；
得分＝30×（1－批退率）</td><td></td><td></td></tr>
<tr><td>逾期率</td><td>20 分</td><td colspan="2">逾期率＝逾期批数÷交货批数；
得分＝20×（1－逾期率）；
另外，逾期 1 天，扣 1 分；逾期造成停工待料 1 次，扣 2 分</td><td></td><td></td></tr>
<tr><td>配合度</td><td>10 分</td><td colspan="2">出现问题，不太配合解决，1 次扣 1 分；
公司会议正式批评，1 次扣 2 分；
客户批评或抱怨，1 次扣 3 分</td><td></td><td></td></tr>
<tr><td colspan="4">总计</td><td colspan="2"></td></tr>
<tr><td>备注</td><td colspan="5">1. 得分在 85～100 分者为 A 级，A 级为优秀供应商，可加大采购量；
2. 得分在 70～84 分者为 B 级，B 级为合格供应商，可正常采购；
3. 得分在 60～69 分者为 C 级，C 级为辅助供应商，需进行辅助，减量采购或暂停采购；
4. 得分在 59 分以下者为 D 级，D 级为不合格供应商，予以淘汰</td></tr>
</table>

(2) 供应商绩效改进措施与建议

在供应商绩效考核过程中，经常会出现认识不统一、重视程度不够、选择与考核冲突、流程不规范、反馈不及时等问题。市场、生产的变化常常会造成供应商绩效考核的不一致情况，人员的变更和人事调整也会影响绩效考核的目标。供应商绩效改进要先从这些问题入手，加强培训、整改，然后就采购人员和采购部门进行短板管理、标杆管理、关键绩效指标管理和平衡计分卡管理，系统改革与优化后进而提高绩效。

例 3－3：埃森哲提高采购绩效四大纲领。

埃森哲（Accenture）是注册成立于爱尔兰的上市咨询公司，专为客户提供战略、咨询、数字、技术和运营服务及解决方案。埃森哲在提高采购绩效的四个方面的独到之处是统一的测评机构、领导导向、组织改革和全范围绩效整合。

首先，采购绩效考核要建立统一的测评机构。在这方面“走在前面”的公司，其CEO和采购主管都使用同一个平衡计分卡来评价绩效，以便每一个人都能够以大致相同的方式理解采购信息。纵观全公司的平衡计分卡帮助各个不同的业务部门调整它们处理业务轻重缓急的顺序，制定目标和期望，鼓励有利于业务开展的行为，明确个人和团队的责任，决定报酬和奖励，以及推动不间断的改进。其次，采购部门领导要确立全局的采购策略并明确领导导向。一般而言，这个策略应该围绕企业如何采购物资和服务，如何提高绩效水平来规范业务实践、政策，优先考虑的事情和做事情的方法。其中最重要的一点是要把采购和整个供应链管理结合起来。再次，要进行组织改革，创造性地思考组织架构，使公司可以在全局范围内聚合采购量，并且有利于集中供应基地，有利于采购人员深入学习行业、产品和供应商等相关知识，并且学会怎样用同一种声音和口径与供应商对话。在公司内部，这些知识有助于增加地方用户的接受程度，节约发展关键技能所花的时间和资源，并且有助于在分散的采购环境中培养符合法律和道德规范的行为。最后，全范围绩效整合即全企业范围内的采购业务流程整合，让有效率的、从企业获利角度出发的采购理念取得优势地位。

3.4 供应商关系管理与模式

采购关系能否维持，主要看这段关系能否创造价值，采购过程中的博弈能否带来双赢，当前的竞争合作关系是否能建立战略优势。如果把采购过程看成一种博弈过程，那么零和博弈、超模博弈和合作博弈可以代表供应商管理的三个阶段。零和博弈特征下的供应商管理主要是减少成本，交易关系是短暂或一次性的，核心权利在于订单数量的分配，需求、技术、资源和知识是不共享的。超模博弈所期望的结果是共赢，采购方和供应商之间联合降低成本，不限于一次性合同，决策的变量从价格转向产品质量、物流运作、资金占用、售后服务等，具体表现为共同拓展市场、相互参股、共同创造原有份额以外的价值。合作博弈特征下的供应商管理以信任、承诺、整合与履行为基础，形成战略联盟，合作研发引领市场发展。在此背景下，采购方和供应商之间共享平台、共建海外基地、共同承担风险，其合作关系在替代、互补的基础上交叉渗透。

3.4.1 供应商关系管理

供应商关系细分是供应商关系管理的基础。常见的供应商关系类型有商业型、重点型、优先型、伙伴型。这种关系细分是依据供应商对本企业的重要性和本企业对供应商的重要性进行矩阵分析得到的结果。在供应商关系细分模块中，如果供应商认为本企业的采购业务对于它们来说非常重要，供应商自身又有很强的产品开发能力等，同时该采购业务对本企业也很重要，那么这些采购业务对应的供应商就是伙伴型供应商；如果供应商认为本企业的采购业务对于它们来说非常重要，但该采购业务对于本企业却并不是十分重要，这样的供应商无疑有利于本企业，是本企业的优先型供应商；如果供应商认为本企业的采购业务对它们来说无关紧要，但该采购业务对本企业却是十分重要的，这样的供应商就是需要注意改进的重点型供应商；对于供应商和本企业来说均不是很重要的采购业务，相应的供应商可以很容易就更换，那么这些采购业务对应的供应商也就是普通的商业型供应商。

（1）防止被供应商控制

随着供应商伙伴关系的发展、供应商体系的优化，许多企业的某些零部件出现了独家供应的局面。独家供应的主要优点是采购成本低、效率高；缺点是全部依赖于某一家供应商。独家供应策略常发生在以下几种情形中：①按客户要求专门制造的高科技、小批量产品，由于产品的技术含量高，往往不可能要求两家以上的供应商同时供应；②某些企业的产品及其零部件对工艺技术要求高，且由于保密的原因，不愿意让更多的供应商知道；③工艺性外协过程，因企业周围工业基础等条件限制，有可能只固定在一家供应商采购；④产品的开发周期很短，需要伙伴型供应商的全力、密切配合。

独家供应除了客观上的条件局限以外，主观方面具有的优势主要体现在：①节省时间和精力，有助于企业与供应商之间加强交流，发展伙伴关系；②更容易实施双方在产品开发、质量控制、计划交货、降低成本等方面的改进措施，并取得积极成效。独家供应会造成供需双方的相互依赖，进而可能导致以下风险：①供应商有了可靠顾客，会失去其竞争、应变、革新的源动力；②供应商可能会疏远市场，以致不能完全掌握市场的真正需求；③企业本身不容易更换供应商。

防止被供应商控制的策略有全球化采购、多源采购、控制依赖性和让客户早参与等。许多企业采购某些重要材料时过于依赖于同一家供应商。这种供应商常常能左右采购价格，对采购方施加极大的压力。这时采购方已落入供应商垄断供货的“圈套”之中，企业只有一家供应商，或者该供应商受到强有力的专利保护，其他商家都不能生产同类产品，采购方便被“套住”，处在进退维谷的两难境地，因为另寻门路不划算。比如计算机系统，如要更换，使用的相应软件就必须做出重大变动。采购方要对付垄断供应商，有时还没等动手就已产生挫败感，因为力量的天平明显偏向供应商。尽管表面上看来，采购方可能无计可施，但“自古无绝路”，采购方仍可以找到一些行之有效的反垄断措施。

全球化采购就是通过全球化寻源，保证供应商的数量，突破被垄断的困境，科学地化解单源供应和唯一来源供应难题。在单源供应的情况下，只要变成多家供应，促进供应商之间的竞争，供应商自然不会随意抬高价格。在唯一来源供应的情况下，破解之道在于寻找新来源，包括新的供应商或替代品。在短期内必须“忍”，即保持低姿态，不主动找供应商洽谈价格，避免供应商借机涨价。此时，若能与供应商建立良好的人际关系，签订长期合约，也可以避免采购方在缺货时必须支付很高的现货价。增强相互依赖性就是更全面地掌握信息，要了解供应商对采购方的依赖程度。采购方应注意交易中的每个环节，并加以利用。同时，若能与最终用户合作并给予相关信息，摆脱垄断供应商的机会也会随之而来。与其他具有同样产品需求的公司联合采购也是规避举措之一，由一方代表所有用户采购会惠及各方。当然，万全之策就是未雨绸缪，化解垄断，做好虚实相间的采购策略，培养代言人，提高采购队伍的业务水平。

虚实相间的采购策略就是利用一些策略性的导向，向垄断的供应商传递信息，使其意识到采购方似乎可以从别的渠道获取商品。如采购方可以和海外厂商联系，扶植弱小的供应商使其能与垄断的供应商一争高低，或促成海外厂商在垄断供应商的领域投资。注意，在这里重要的是使垄断的供应商注意到采购方的举措，从而在施加垄断力量时有所顾忌。而此类举措的力度则可随机应变。培养代言人就必须和供应商决策链的各层人员多接触，包括它的高层主管及生产、质量管理和财务等职能部门主管，这样可以掌握供应商更为全面的信息。同时，由于采购方享有直达其最高层的沟通特权，供应商的直接决策人以势压人的做法多多少少会有所收敛。在此重要的一点是：垄断供应商由于其独特的垄断地位，轻而易举地就能在市场上“呼风唤雨”，所以一般在内部沟通上不会尽力，而一旦采购方掌握供应商较为完备的信息，在谈判时便能游刃有余；另外，通过人际关系的打通和企业形象的渗透，可以在供应商内部培养对采购方深怀好感的“代言人”，无意识中被采购方游说，使采购方增加进退空间。营建一流的专业采购队伍就必须委用富有才干的专业人士，用专业化知识促进规模化和精细化管理。

（2）友好结束供应商合作伙伴关系

当供应商合作伙伴关系破裂而决定终止时，企业常常会对对方怀有敌意，而不会采用适当的、专家应有的态度。但说不定哪天又会需要用到那个供应商，或者供应商中的一个高管跳槽到了其他公司，而这家公司正是企业目前所合作的。所以，企业要将转换供应商这一过程尽量做好，同时又不损害客户、公司的利益及名誉。这里首先要了解什么情况会导致供应商合作伙伴关系破裂。

供应商合作伙伴关系破裂主要有自愿与非自愿拆伙两种。自愿拆伙的原因中最常见的是不满供应商的表现。比如当企业连续向供应商派出质量小组以帮助供应商解决重复性的问题时，供应商却没有做出相应的改变，而退货还在持续发生，最终只能放弃它转而去寻找一家能做出积极响应或更有能力的供应商。非自愿拆伙往往因供应商的破产或无法预测的风险引起的，这种拆伙也可能是供应商被别的企业收购导致企业不得不做出的反应。除了上述原因外，导致供应商合作伙伴关系破裂的普遍原因是相互之间失去了信任。与供应商失败的沟通，尽管双方都是无意的，但能直接影响双方的信任。因此，为了企业的利益，为了使破坏程度最小化，需要尽可能地减少对供应商的敌意，这样在转换供应商的过程中才能得到它们的协助。

应对破裂就要建立缓冲和中介机制。有的企业会在事先没有通知对方的前提下突然向供应商提出结束合作的要求；或以一些含糊的指责，如“你做得不好”“你欠了我们的”，甚至是不光彩的手法来结束与供应商的合作。所有这些都会使供应商对企业充满敌意，同时也会使新的供应商觉得自己以后是否也会被同样对待，企业的声誉也会遭到损害。什么是友好地结束与供应商的合作伙伴关系的最佳途径呢？简单地说，企业可以在供应商的表现、管理或者成本接近“危险区”时，坦率而直接地发出警告信号，而不是隐瞒，这样供应商就不会感到不合理。

首先是积极的态度（Positive Attitude），与其面对挫折，不如先结束合作，等以后双方情况改变后再寻求合作机会。其次是平和的语调（Peaceful Tone），不要从专业的或个人的角度去侮辱对方。最后就是专业的理由（Professional Reason），散伙不是单一方面的问题，采购方要告诉供应商这是技术、市场等专业原因造成的。采购方的职责是为公司创造价值，吸引和留住客户，双方结束合作伙伴关系是出于专业原因的考量。同时，建立转换和过度机制。应先向供应商解释这次结束合作伙伴关系对双方可能都有好处，然后再迅速寻求公平的转换方法以使“痛苦”降到最小，接着采购方应清楚地列出供应商该做什么，如对方需按指示停止相关工作、同意终止合同、马上结束分包合约、送回属于我方的资产，对方懂得按照有关的法律事项，以最低的成本处理现有库存。

同样也要认可供应商对企业的要求，围绕结束合作伙伴关系事实的合理解释，对已发生的费用进行结算，协助处理现有库存。采购方和供应商要共同确立转换过程的时间表，最后拟订一份“出清存货合同清单”，对所有细节加以回顾，写明双方的职责和转换结束日期。对这一转换过程所期望的结果应是有秩序的退出，对客户没有损害或将损失降到最低，产生最少的浪费和开支，留下清楚的双方签字的结算记录，对原因有清醒的、前瞻性的认识。

3.4.2 猎人式与牧人式供应商关系管理

在组织合作和产业生态的视角下，供应商关系管理的典型模式有猎人式和牧人式两种。这两种模式起源于电子行业、汽车行业等新兴产业领域。曾经，一场暴风雨导致飞利浦设在美国新墨西哥州的芯片厂发生大火。由于该工厂生产的40%的芯片被诺基亚和爱立信订购，这起火灾对当时两个世界上最大的移动电话生产商造成了巨大的影响。火灾发生后，飞利浦的管理层面对这两个大客户表示，生产线将会在 1 周之内恢复，并且优先供应两大移动电话生产商。就是这起“别人”的事故，诺基亚与爱立信的表现和做法，给自身的发展带来革命性的转机。

诺基亚方面当即派人奔赴飞利浦的芯片厂，通过会谈磋商和协调组织，督促飞利浦尽一切努力挖掘公司潜力组织生产，为诺基亚生产芯片提供了保证。同时，诺基亚还动员了 30 多名经理与工程师一起讨论解决方案，重新设计了芯片，使得设在日本和美国的其他工厂也能制造，并且承担了生产几百万个芯片的任务，工期大大缩短。

爱立信似乎不认为这场火灾与自己有什么关系。结果 3 个月后，飞利浦芯片厂仍无法正常运作，恢复正常生产恐怕还要拖上好几周的时间。到此，爱立信才发现此事非同小可，但却束手无策。因为早些时候，爱立信为了节省成本，简化了它的供应链，基本上排除了后备供应商，没有其他替代供应商可以紧急补充货源。

结果，由于诺基亚的原料供应及时，手机生产基本上没有受到太大的影响。但爱立信由于反应迟缓，由此产生的 4 亿美元的流失收入却再也无法挽回。再加上营销和其他管理方面的问题，爱立信手机部门当年总共亏损 16.8 亿美元。当年，诺基亚从爱立信的手中抢夺了 3% 的全球手机市场份额，从之前的 27% 扩大到了 30%，爱立信则从 12% 下降到 9%。最终，爱立信宣布退出手机市场，这无疑是将制造手机的丰厚利润拱手让人。日本汽车芯片大厂瑞萨电子的火灾、得克萨斯州的大停电，最后也都造成全球芯片的严重短缺。

同样的事情还发生在汽车产业。美国汽车供应商有了新技术，最想卖给丰田汽车、本田汽车，再不济也是福特汽车和克莱斯勒汽车，最后才轮到通用汽车。作为全球最大的汽车制造商之一，通用汽车为什么会落到这种地步呢？通用汽车、克莱斯勒汽车历来奉行猎人方式，注重短期利益，严重损害了与供应商的关系。通用汽车设计出一个零部件，向多家供应商询价，然后确定合适的供应商。过了一年半载，通用汽车要求降价。迫于通用汽车在汽车行业的采购量，供应商只有答应。再过一年半载，通用汽车又要求降价，供应商还是只能答应。如此下去，供应商就没法降了，通用汽车表示其不想跟自己做生意了，于是就转移供应商。通用汽车这么大，总有供应商甚至不惜工本想挤进来，还不用说低成本地区有那么多供应商。不过原来的供应商可惨了，其为通用汽车投资建厂，千百万元的投资，还有大半没收回来，要找新客户，谈何容易。于是不得不裁员，甚至关厂房，把损失降到最小。与通用汽车不同，虽然丰田汽车和本田汽车有严格的目标成本和持续降本指标，但它们更多的是与供应商协作，一起优化生产工艺和产品设计，来推动更高层次的降本。例如，本田汽车有专门的供应商工程师到现场帮助供应商改进生产与质量管理体系，提高良品率，消除浪费，从而降低生产成本。通过生产工艺和产品设计优化，丰田汽车曾在一款新车型上降本 30% 左右。这样，通用汽车和丰田汽车的供应商管理模式就造就了不同的汽车产业生态，综合上述现象可得表 3-5。

表 3-5 供应商管理模式比较表

	猎人式	牧人式
代表企业	通用汽车，思科，比亚迪汽车	丰田汽车，东芝，娃哈哈
资源获取方式	资本市场投资，融资	实业运营，借贷
资源整合创新	市场、模式的创新	产品、技术的创新
协调方式	自由竞争	合作联盟
稳定性特征	灵活、动态性强	不灵活、稳定
关系与风险	不稳定，小	稳定，大
供应商数量	多，变化快	少，稳定，专有性强
信息流动	订单信息	共享信息与平台
模式核心的本质	企业间的竞争	供应链的合作与竞争

这种“猎人式”的供应商管理模式，曾经帮助美国汽车厂商在全球扩张中无往不胜，甚至直到今天，类似的做法在中国汽车业中仍被奉为圭臬。不过，一旦金融危机爆发，这种步步紧逼式的供应商管理模式反过来正在将美国汽车厂商逼入绝境。与之相反，以丰田汽车为代表的日系车厂采用的是一种“牧人式”的供应商管理模式。供应商从车厂拿到的合同其期限往往长达 30 年，尽管也有不定期的招标投标和成本压力，但供应商只要不触及产品的质量底线，永远是车厂的“座上宾”。日系车厂每到一个地方设厂，总会在工厂旁边预留一大块地，以便把供应商一同带过去。

3.4.3 供应商网络整合与供应链协调模式

供应商网络整合是指充分利用供应商资源，促进供应商在质量、成本、服务和创新等方面持续改进，协调发展供应商的管理措施。供应商网络整合是供应链管理的重要内容，通过供应商网络整合，有利于企业降低采购和物流成本，促进企业技术进步，提升核心竞争力。但是，供应商网络整合也有许多障碍。外部障碍有垄断、空间限制、法律限制、专利壁垒、采购量限制、产品质量不合适、供应能力不足等。内部障碍有公司内部多个部门都与供应商接触难度大、采购部门权利受限、技术规划严苛、新产品标准缺失等。

实施供应商网络整合与供应链协调模式就要以信息交流与共享机制为基础，建立供应商的激励机制和供应链协调制度，实施一体化联盟管理。信息交流有助于减少投机行为，有助于促进重要生产信息的自由流动。在共享过程中要和供应商经常进行有关成本、作业计划、质量控制信息的交流与沟通，保持信息的一致性和准确性；实施并行工程，在产品设计阶段让供应商参与进来。这样供应商可以在原材料和零部件的性能和功能方面提供有关信息，为进行质量功能配置的产品开发方法创造条件，把自己的价值需求及时地转化为供应商的原材料和零部件的质量与功能要求。在此基础上，建立联合的任务小组，解决共同关心的问题，经常与供应商互访，及时发现和解决各自在合作活动过程中出现的问题，营造良好的合作气氛。要想双赢，对供应商的激励是非常重要的，没有有效的激励机制就不可能维持良好的供应关系。在激励机制的设计上，要体现公平、一致的原则，如给予供应商价格折扣和柔性合同以及赠送股权等方式，使供应商和制造商分享收益。在整个供应链的供应网络之中，有很多不能够精确的因素，如采购提前期、供应商的生产能力等。如果企业不能够及时了解这些情况，会影响整个供应链的供需关系，导致不能按时满足客户的需求。而实时协同就可以使双方快速沟通，进而发现和解决问题。

具体的供应商网络整合包括数量整合、资源整合等。供应商数量整合即减少供应商数量。通过集中采购，减少供应商数量，同供应商建立合作伙伴关系，有利于降低成本，更好地利用供应商资源。推进产品标准化、实行集中统一采购、采用模块化采购方式、搭建供应链外包平台都有利于数量整合。供应商资源整合就是采购方充分利用供应商技术、成本和条件等优势，降低采购或物流成本，提升核心竞争力的采购策略。供应商早期介入产品开发，缩短产品开发周期；利用供应商的技术优势解决质量、成本、服务问题；使供应商从单纯确保交货质量向确保产品质量与服务保障转化；改进包装方式，采用周转容器或专用工位器具，不仅有利于降低供应商包装成本，还有利于降低采购方转化包装、分装作业产生的成本，以及减少由此产生的货损。整合过程根据供货方式不同有不同的适用条件，如定时定量供货下的远距离供货、准时供货下的近距离供货、寄售库存或供应商管理库存下远距离供货。

复习思考题

1. 如何理解寻源管理与供应商管理的辩证关系、背景差异、内容和目标的一致性、操作流程和控制要点？

2. 供应商的寻源、认证和考核的内涵是什么？如何从管理的基本原则和策略来分析三者的联系，并保持三个环节或活动的一致性和有效性衔接？

3. 供应商关系内涵的演化规律是什么？

4. 从世界500强企业和中国500强企业中选取典型企业，列举它们在供应商管理中的成功要素与模式。

5. 思考供应商管理的战略基础有哪些。

6. 结合全球供应链的发展趋势，举例说明供应商管理的发展方向。

7. 结合相关数据分析供应商管理与供应链管理的关系。

8. 宝供物流企业集团有限公司、传化智联股份有限公司、海尔卡奥斯物联生态科技有限公司等企业是我国第一批供应链创新与应用示范企业。请结合相关企业，分析它们的供应商管理经验。

9. 供应商选择的常见定量评价方法有哪些？

综合材料分析

材料1：某公司供应商年会。

HW是一家全球领先的信息与通信技术（ICT）解决方案供应商，专注于ICT领域，聚焦于全连接网络、智能计算、创新终端三大产品与服务，坚持稳健经营、持续创新、开放合作，已在移动终端和云计算等领域构筑了端到端的解决方案优势，为运营商客户、企业客户和消费者提供有竞争力的ICT解决方案，并致力于构建更美好的全连接世界。

HW全球采购认证管理部主办的HW首次供应商碳减排大会在深圳成功召开，来自国内的400多家供应商共计1000余人在线参加了大会，大会主题是“绿色低碳、协同共赢”。HW全球采购认证管理部领导、深圳市生态环境局相关领导、采购行业专家、HW内部专家及优秀供应商代表分别进行了主题演讲，介绍和分享了全球各国的碳减排形势、中国的碳减排和碳中和路径、行业标准及优秀实践案例，并明确了HW的供应链碳减排策略及要求。

面对全球范围的碳减排浪潮，HW认为对公司及供应商来说，既是挑战，又是机遇，希望供应商都能主动迎接挑战、抓住机遇，持续践行HW绿色发展的理念，积极响应和落实HW对供应商的碳减排倡议和要求，设定可行的、有挑战性的碳减排目标，助力整个供应链碳排放总量的持续降低，促进整个供应链绿色低碳可持续发展。

HW的核心供应商大会邀请了150家供应链企业到场，并对其中的92家供应商进行了表彰，在所有获奖供应商企业中，美国公司多达33家，其中英特尔、恩智浦是连续十年的金牌供应商。

总部在荷兰的恩智浦是HW的NFC（近场通信）芯片及音频放大器供应商，提供高性能混合信号和标准产品解决方案；总部在瑞士的全球知名的射频连接器和光学连接器元件系统供应商灏讯，为HW提供通信传送产品；总部在美国的全球领先的FPGA（现场可编程门阵列）芯片制造商赛灵思，为HW提供FPGA芯片及视频编码器。

亚洲供应商主要有蓝思科技，为HW提供玻璃前盖、后盖、摄像头等产品；村田电子作为全球被动元件龙头，主要为HW提供滤波器和MLCC（片式多层陶瓷电容器）等产品；总部在新加坡的伟创力作为规模较大的EMS（电子制造服务）代工厂，主要为HW基站、接入网/企业网产品、HW旗舰手机、HWLTE移动手机等提供组装业务等。

材料2：海关政府采购、集中采购管理经验。

海关总署物资装备采购中心承担海关系统政府集中采购执行工作。在认真贯彻实施《中华人民共和国政府采购法》的基础上，不断加强自身建设，逐步建立健全了相配套的部门规章，推动海关政府采购工作规范化、标准化建设。

海关总署物资装备采购中心是服务一带一路、促进外贸稳定增长、调整结构、强化监管、优化服务、推进海关各项改革、打赢三大攻坚战的重要组成机构。于是，海关总署物资装备采购中心从大局意识出发，落实马上就办、真抓实干要求，聚焦聚力、主动作为，准确把握海关政府采购定位，依法依规从优化机制、简化程序、狠抓监管、促进公开等方面入手，落实政府采购预算部门主体责任，完善海关政府采购制度和执行机制，加快诚信、体制、质量体系建设，加强政府采购的信息化规划研究，优化预算、执行、招标、交付等内部流程及职责，推动程序导向型向结果型转变，促进海关政府采购工作向纵深发展。

海关总署物资装备采购中心加大推进政府采购信用体系建设，认真对接财政部关于对政府采购领域严重违法失信主体开展联合惩戒的合作备忘录有关内容要求，以规范政府采购过程的市场与竞争行为为核心，弘扬诚信与失信惩戒相结合，努力形成尺度统一、行动一致、行为规范、步调一致的惩戒工作机制和“一处受罚、处处受限”的良好氛围，不断优化政府采购秩序和环境。

加快政府采购质量产品体系建设，坚持放管结合，认真吸取西安地铁“问题电缆”事件的经验教训，围绕对海关监管缉私方面国家有关安全有重大影响的产品，探索推进重要产品质量生产过程的追溯机制，适时开展第三方认证，协作配合开展监测，强化供应商产品质量主体责任，发挥采购部门监管、检查指导作用，将质量管理融入采购各个环节之中，切实杜绝低价低质竞争、以次充好等违法行为，为海关一线提供实用、耐用、好用的设备。

继续推进政府采购信息化建设，认真落实财政部关于“互联网＋政府采购”工作要求，促进政府采购与互联网深度融合，立足现有平台实际，抓紧海关政府采购信息管理平台、电子招标平台等信息化系统的建设、完善工作，探索在以完成下单环节无纸操作的基础上，推行采购全流程无纸化，同时加大相关采购信息化平台之间的联系互通、数据共享，解决个别存在的信息孤岛、条块分割等问题。

继续加强内部控制体系建设，创新海关政府采购工作管理方式，从具体事务向完善制度、落实政策转变，建立防止说情、打招呼等方式干扰政府采购业务体制，加大与预算部门的协调配合与沟通力度，强化预算部门的政府采购主体责任，探索建立不同部门间及岗位间制衡机制，完善内部流程及职责，强化利益冲突管理，切实抓好质疑、投诉处理工作。做好专业化机制建设，统筹考虑采购规模、采购项目特点和市场发展现状等因素，依法依规确定政府采购组织形式和采购方式，落实好逐步从强调公开招标向强调竞争性招标转变的工作要求。

材料3：2019年全国公共采购年度评选。

自“2019全国公共采购年度评选”公告征集报名以来，共收到参评材料412份。按照《2019全国公共采购年度评选实施方案》，中国物流与采购联合会公共采购分会联合多家协办单位，以省和垂直行业为单位，进行了初步评审、专家评审委员会终评，并经过一周时间的网上公示，6大奖项的获奖名单最终确定。

2019年度优秀集中采购机构有北部湾产权交易所集团股份有限公司、重庆市政府采购中心、国家电网有限公司物资部、合肥市蜀山区招标投标监督管理局（合肥市蜀山区政府采购中心）、马鞍山市政府集中采购中心、青海省政府采购中心、山西潞安矿业（集团）有限责任公司物资供应处、四川省阿坝州政府采购中心、西南大学采购与招投标管理中心、中国电信集团公司采购事业部等。

2019 年度优秀采购代理机构有东风（武汉）工程咨询有限公司、广东采联采购科技有限公司、广东华伦招标有限公司、广东元正招标采购有限公司、国网物资有限公司、菏泽市兴菏国有产权交易有限责任公司、湖北省成套招标股份有限公司等。

2019 年度先进电子化平台有阿里巴巴企业采购智能供需协同平台、京东企业购、首创股份电子商务平台、公采云、重庆市政府采购云平台、黔云招采电子招标采购交易平台、华中师范大学采购管理系统、冀中能源集团电子阳光直采平台等。

2019 年度优秀供应商有北京京东世纪贸易有限公司、得力集团有限公司、江苏国泰新点软件有限公司、上海晨光科力普办公用品有限公司、齐心集团股份有限公司、史泰博（上海）有限公司、顺丰速运有限公司、苏宁易购集团股份有限公司等。

2019 年度优秀采购案例有鞍山钢铁集团有限公司电子商务中心的鞍钢采购商城借助“互联网 +”发展聚拢采购、电商扶贫新模式；国家电网有限公司的 2019 年配网设备资质核实和资格预审联合一体化采购项目、湖北国华招标咨询有限公司的武汉航空物流服务中心项目施工总承包招标项目、中国电建集团租赁有限公司的大宗物资集采分供模式在项目采购中的应用解决方案、中国盐业集团有限公司的中国盐业集团有限公司采购管理职能战略价值提升解决方案、中国移动采购共享服务中心的中国移动与华为公司深度协同共创供应链新价值解决方案等。

2019 年度先进人物共 10 人，分别来自国家电网有限公司物资部、中山市政府采购中心采购部一部等单位。

结合上述材料分析政府采购供应商与企业供应商的差异，并说明这两类组织应如何科学制定相应的寻源战略、供应商管理策略和供应商关系管理体系。

4 采购成本控制分析

采购成本是采购管理的核心概念，直接关系到企业最终产品或服务价格的高低及其采购体验与价值，是采购管理者关注的关键问题。采购成本核算、采购成本分析和采购成本控制是采购成本管理的重要环节。

4.1 供应价格与采购成本

4.1.1 供应价格

供应价格是指供应商对自己的产品提出的销售价格。影响供应价格的因素主要有成本结构和市场结构两个方面。成本结构是影响供应价格的内在因素，受生产要素的成本、原材料和劳动力价格、产品技术要求、产品质量要求、生产技术水平等影响；而市场结构则是影响供应价格的外在因素，包括经济、社会政治及技术发展水平，具体有宏观经济条件、供应市场的竞争情况、技术发展水平及法规制约等。市场结构会对成本结构产生强烈影响，但供应商自己的成本结构往往不会对市场结构产生影响。市场结构对供应价格的影响直接表现为供求关系。

供应商成本的高低取决于供应商的生产状况和利润水平、产品与服务的规格与品质、采购数量多少、交货条件、付款条件、供需关系、采购时机、供应市场中竞争对手的数量。供应商的定价方法不外乎三类，即成本导向定价法、需求导向定价法和竞争导向定价法。成本导向定价法是以产品成本（当然包括销售成本）为基础确定供应价格；需求导向定价法则是随行就市的方法，即以市场价格作为自己的产品价格；而竞争导向定价法则是结合市场因素及成本因素一起考虑来确定自己的产品价格。供应商在确定其产品价格时，通常会考虑到供应市场的供应关系，再结合自己的成本结构。供应商的定价方法又可细分为成本加成定价法、目标利润定价法、竞争定价法等。

成本加成定价法是供应商最常用的定价法，它以成本为依据在产品的单位成本的基础上加上一定比例的利润。该方法的特点是成本与价格直接挂钩，但它忽视市场竞争的影响，也不考虑采购商（或客户）的需要。由于其简单、直接，又能保证供应商获取一定比例的利润，因而许多供应商都倾向于使用这种定价方法。实际上由于市场竞争日趋激烈，这种方法只有在卖方市场或供不应求的情况下才真正行得通。

目标利润定价法是一种以利润为依据制定卖价的方法。其基本思路是供应商依据固定成本、可变成本以及预计的卖价，通过盈亏平衡分析算出保本产量或销售量，根据目标利润算出保本销售量以外的销售量，然后分析在此预计的卖价下能否达到总销售量。若不能达到则调整价格重新计算，直到在制定的卖价下可实现的销售量能满足利润目标为止。

竞争定价法最常用于寡头垄断市场。寡头垄断市场一般存在于具有明显规模经济性的行业，如较成熟的市场经济国家的钢铁、铝、水泥、石油化工行业，以及汽车、家用电器行业等。其中少数占有很大市场份额的企业是市场价格的主导，而其余的小企业只能随市场价格跟风。寡头垄断企业之间存在着很强的相互依存性及激烈的竞争，某企业的产品价格的制定必须考虑到竞争对手的反应。此外，在定价过程中还要考虑折扣因素，常见的折扣形式有付款折扣、数量折扣、地理折扣、季节折扣、推广折扣。付款折扣，现金付款比月结付款的采购价格通常要低；用坚挺的货币付款比用其他货币付款具有价格优势。数量折扣，数量小的订单，其单位产品成本较高，因为小数量订单所需的订单处理、生产准备等时间与大数量订单并无根本区别，此外有些行业生产本身具有最小批量要求，如印刷行业、电子元件行业等。以印刷行业为例，每当印刷品的数量增加一倍，其单位产品的印刷成本可降低近50%。地理折扣，跨国生产的供应商在销售时实行不同地区不同价格的地区差价，对于地理位置有利的客户予以折扣优惠。此外，如果供应商的生产场地或销售点接近顾客时，往往也可以因交货运输费用低等原因获得较优惠的价格。季节折扣，许多消费品包括工业消费品都具有季节性，相应的原材料和零部件的供应价格也随着季节的变化而上下波动。在消费淡季时将订单交给供应商往往能拿到较低的价格。推广折扣，许多供应商为了推销产品、刺激消费、扩大市场份额或推广新产品、减少市场的进入障碍，往往采取各种推广手段在一定的时期内降价促销。

4.1.2 采购成本

在采购过程中，原材料或零部件的供应价格固然是很重要的财务指标，但作为采购人员，不能只看到采购价格本身，还要将采购价格与交货、运输、包装、服务、付款等相关因素结合起来考虑，衡量采购的实际成本。

（1）采购成本结构

采购成本就像是一座冰山，能直接看见的只是冰山一角，类似于物流成本的冰山理论，成本的大部分隐藏在“冰水”下。露出的冰山一角，仅代表搜寻和采购的单价，即采购取得成本。这部分成本叫做采购成本的第一度空间。通俗地说，就是围绕着搜寻、拥有和取得产品与服务，我们必须付出的成本。采购管理费用和物流成本，相当于我们拥有采购的所有权所要付出的成本，是采购所有权成本，这部分成本称为采购成本的第二度空间。采购取得成本与采购所有权成本是我们比较敏感的，但往往我们容易忽略库存成本、安装成本、配件成本、维修成本、保养成本和使用成本等所有权后成本。拥有采购所有权之后在连续使用时还要付出的成本，这部分成本定义为采购成本的第三度空间。采购成本结构空间示意图如图 4－1 所示。

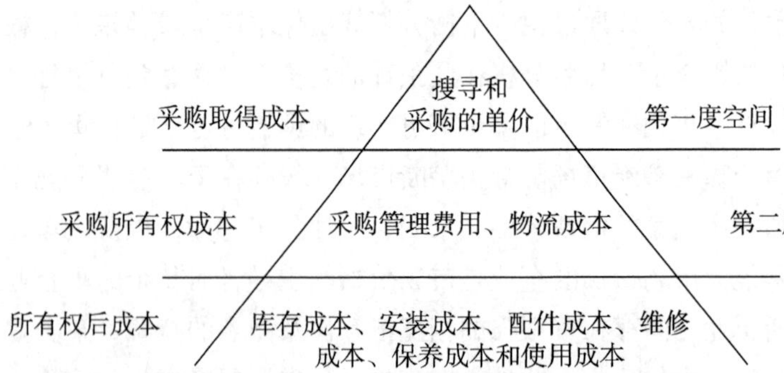

图 4－1　采购成本结构空间示意图

从采购过程的标准化视角来看，采购成本主要包括订购成本、维持成本、缺料（或缺货）成本三个部分，每一个部分又可细分为其他子项目，一般包括 14 个子项目，采购成本构成详细内容如表 4－1 所示。

表 4－1　采购成本构成

采购成本明细科目		相关说明
订购成本	请购手续费用	指因请购活动发生的人工费用、办公用品费用以及存货检查、请购审查等活动所发生的费用
	采购询价、议价费用	指因供应商调查、询价、比价、议价、谈判等活动所发生的通信费用、办公用品费用、人工费用等
	采购验收费用	指采购专员参与物料（或货物）验收所花的人工费用、差旅费用、通信费用，检验仪器、计量器具等所花的费用，以及采购结算发生的费用等
	采购入库费用	指入库前的挑选整理费用，包括挑选整理过程中发生的工费支出和必要的损耗损失
	其他订购成本	指发生在订购阶段的其他费用
维持成本	存货资金成本	指因存货占用了资金而使这笔资金丧失使用机会所产生的成本
	仓储保管费用	指物料（或货物）存放在仓库而发生的仓库租金、仓库内配套设施费用，以及因仓库日常管理、盘点等活动发生的人工费用等
	装卸搬运费用	指因仓库存有大量物料（或货物）而增加的装卸搬运活动所发生的人工费用、搬运设备费用等
	存货折旧与陈腐成本	指存货在维持保管过程中因发生质量变异、破损、报废等情形而发生的费用
	其他维持成本	指发生在维持阶段的其他费用，如存货的保险费用等

续表

采购成本明细科目		相关说明
缺料（或缺货）成本	安全库存及其成本	指企业因预防需求或提前期方面的不确定性而保持一定数量的安全库存所发生的费用
	延期交货及其损失	指因缺料（或缺货）而延期交货所发生的特殊订单处理费用、额外的装卸搬运费用、运输费用及相应的人工费用等
	脱销损失	指因缺货致使客户转向购买其他产品而导致企业所受的直接损失
	失去客户的损失	指因缺货而失去客户

（2）采购成本核算流程

采购成本核算是指将企业采购过程中发生的各种费用按照一定的对象进行分配和归集，以计算总成本和单位成本。会计核算是采购成本核算的基础，以货币为计算单位。采购成本核算是企业成本管理的重要组成部分，对于采购成本预测和采购决策有直接影响。进行采购成本核算时，先审核采购相关费用的时间属性和可追溯过程，看其是否发生，发生的正当性和合理性，已发生的是否已计入产品成本，实现对采购相关费用的管理和控制。之后对已发生的采购相关费用按照用途进行分配和归集，计算各项采购业务的总成本和单位成本，为采购成本核算提供真实的成本资料。采购成本核算流程如图 4 – 2 所示。

图 4 – 2 中的各个节点表示的含义如下：①采购成本分析专员根据公司采购成本管理相关制度的规定编制采购成本控制计划，报采购部经理审核；②采购成本分析专员在采购部经理的领导下，开展物资采购工作；③采购成本分析专员核算采购订货成本，包括请购手续成本、往来沟通成本等；④采购成本分析专员核算采购维持成本，包括资金成本、搬运成本、仓储成本折旧等；⑤采购成本分析专员核算采购缺货成本，包括安全存货成本、延期交货成本、失去顾客成本等；⑥采购成本分析专员核算采购费用，包括人工费用、保险费用等；⑦采购成本分析专员对各项成本费用进行汇总；⑧采购成本分析专员根据采购部经理的审核意见编制采购成本核算表。

4.2 采购成本分析

4.2.1 采购成本分析流程

采购成本分析是系统地研究影响采购成本升降的各因素及其变动的原因，寻找降低成本的途径的分析。通过采购成本分析，有利于正确认识、掌握和运用采购成本变动的规律，实现降低成本的目标。采购成本分析流程如图 4 – 3 所示。

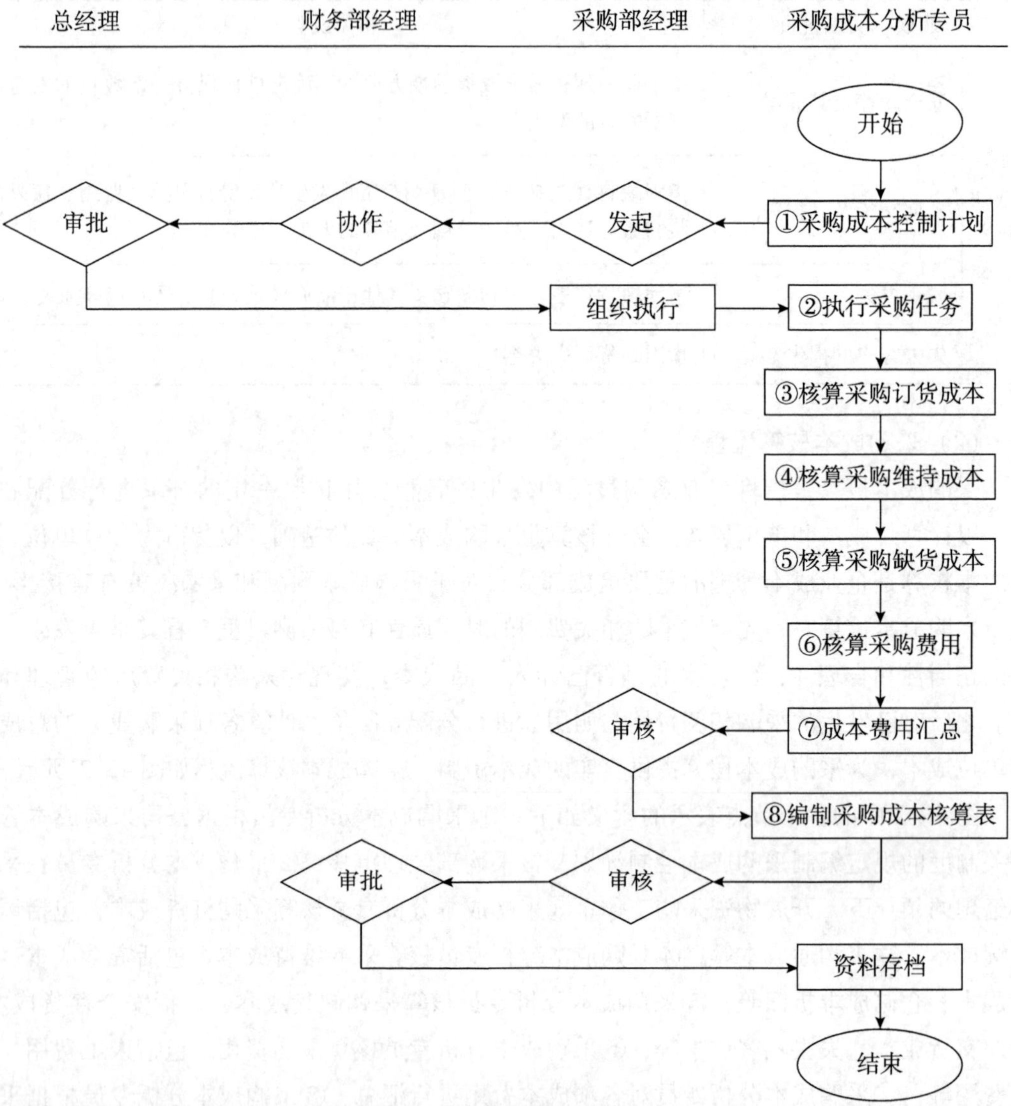

图 4－2　采购成本核算流程

从采购成本分析专员开始分析任务到采购成本分析报告形成，一般经历 6 个环节，重点在找到采购成本变化的原因与可能的趋势。常见的原因来自市场、生产和管理等方面，除此之外，可能是一些突发事件造成的变化。采购成本分析的一个基本任务就是厘清采购成本的发生时间，分析应付、应收的变化。图 4－3 中的关键节点说明如表 4－2 所示。

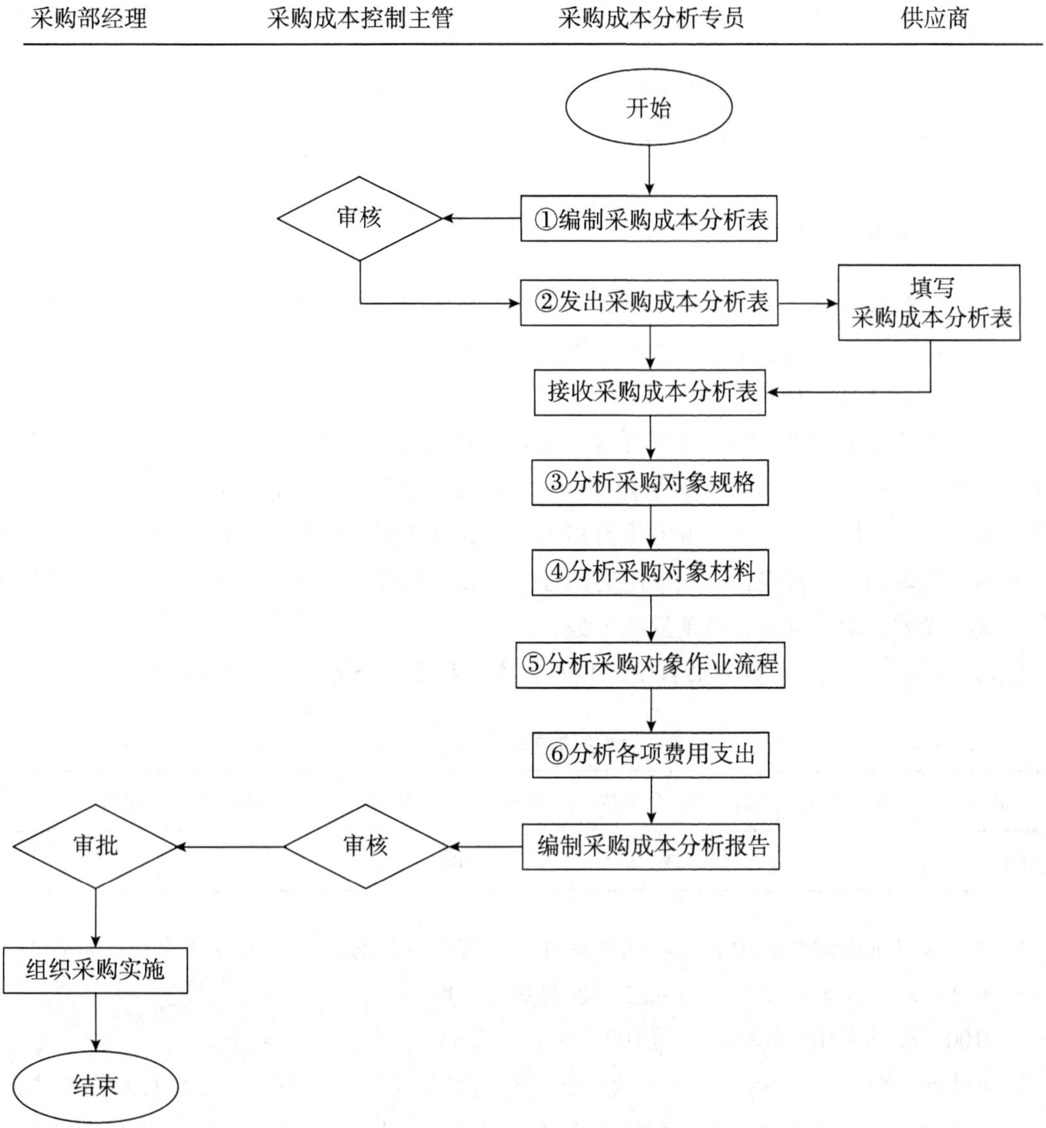

图 4－3 采购成本分析流程

表 4－2　　　　采购成本分析流程说明

节点控制	相关说明
①	在无新材料采购经验时、底价难以确认时、无法确认供应商报价的合理性时、供应商单一时、采购金额巨大时、为提高议价效率时，编制采购成本分析表
②	采构成本分析表经采购成本控制主管审核后，由采购成本分析专员向供应商发出
③	采购成本分析专员收到供应商填写的采购成本分析表后，首先考虑其设计是否符合要求
④	采购成本分析专员要对拟采购物品的组成材料的特定部件进行分析，并计算材料成本

续表

节点控制	相关说明
⑤	采购成本分析专员对拟采购物品的加工方法、加工程序进行分析
⑥	采购成本分析专员控制制造、营销等相关费用

4.2.2 采购成本分析方法

参考一般成本分析的对比法与相关因素法，在采购成本分析过程中，相关分析方法主要包括数量折扣分析法、学习曲线和整体采购成本分析法等。

（1）数量折扣分析法

规模经济是采购管理绕不开的话题，数量规模越大，采购方对价格的话语权就越大，所以，许多企业采购都用以“量”换“价”的方式进行采购。在形式上，供应商为了配合批次生产和规模生产，会采取数量折扣的方式促进销售。因此，了解数量与价格的报价情况后，应该如何分析呢？一般采用边际分析法和平均分析法相结合的方法，来分析增加的数量规模的平均单价是否呈现递减趋势。

例 4－1：请对表 4－3 中的数量规模与价格折扣进行分析。

表 4－3　　数量规模与价格折扣

数量	50 个单位	51～100 个单位	101～250 个单位	251～500 个单位
报价（元）	8.88	8.38	8.28	8.18

解：根据价格调整时增长的单位平均价格，可以得到总体价格的性态变化，从而分析这种变化的相关因素，依次提出相应的控制建议。即：

$(100\times8.38-50\times8.88)\div(100-50)=7.88$

比较增加的 50 个单位产品的平均价格（保留两位小数）和报价，发现折扣力度较大，同理得到相应降价的单位产品的平均价格（保留两位小数），依次为 8.21、8.08。通过比较报价和增长单位的平均价格，可以发现第一次降价幅度比较大，这为后期的降价措施设定了相关限制。

（2）学习曲线

20 世纪 30 年代，美国康奈尔大学 T. P. Wright 博士在研究飞机制造过程中，通过对大量有关资料、案例的观察和分析，首次发现并提出零部件的平均人工工时与生产数量之间的关系规律，即学习曲线（Learning Curve），也叫练习曲线。学习曲线是表示单位产品生产时间与所生产产品总数量之间关系的一条曲线，一般有狭义和广义之分。狭义的学习曲线又称为人员学习曲线，指直接作业人员个人的学习曲线；广义的学习曲线也称为生产进步函数，是指某一行业或某一产品在其产品生命周期的学习曲线，是融合技术进步、管理水平提高等许多人努力的学习曲线。

例 4－2：学习曲线的应用。

已知某类学习任务的学习曲线为 $f(t)=\frac{3}{4+a\times 2^{-t}}$，其中 $f(t)$ 为掌握该任务的程度，t 为学习时间，且这类学习任务中的某项任务满足 $f(2)=60\%$，求以下两个问题。

问题 1：求 $f(t)$ 的表达式，计算 $f(0)$ 并说明其含义。

问题 2：已知 $2^x > x\ln 2$ 对任意 $x\geqslant 0$ 恒成立，现定义 $f(t)/t$ 为该类学习任务在 t 时刻的学习效率指数，研究表明，当学习时间 $t\in(1,2)$ 时，学习效率最佳，当学习效率最佳时，求学习效率指数相应的取值范围。

解：问题 1，将 $f(2)=60\%$ 代入 $f(t)$，得到 $a=4$，所以

$$f(t)=\frac{3}{4+a\times 2^{-t}}=\frac{3}{4+4\times 2^{-t}}$$

$$f(0)=\frac{3}{4+4\times 2^{0}}=0.375$$

$f(0)$ 表示某项学习任务在开始学习时已掌握的程度为 37.5%。

问题 2，讨论 $f(t)/t=3/(4t+4t2^{-t})$ 的单调性，也就是讨论 $g(t)=4t+4t2^{-t}$ 的单调性，求其导函数得到：

$$\frac{\partial g(t)}{\partial t}=4[1+(2^t-t2^t\ln 2)/(2^t)^2]=4\times\frac{(2^t)^2-t2^t\ln 2+2^t}{(2^t)^2}=4\times\frac{2^t(2^t-t\ln 2)+2^t}{(2^t)^2}>0$$

$g(t)$ 为单调增函数，所以 $f(t)/t$ 在 $t\geqslant 0$ 上是单调递减函数，代入 $t=1$ 和 $t=2$ 得到学习效率指数相应的取值范围为［0.3，0.5］。

学习曲线是分析采购成本和发现采购降价策略的一个重要工具和手段。学习带来成本的降低，其原因可以归结为随着生产经验的丰富，操作人员的操作速度得以提升；操作熟练以后能降低报废率和返修率，从而改进操作程序；同时，因生产经验也会带来模具设计的改进，降低磨具的费用。

例 4－3：学习曲线与优化。

已知某类学习任务的学习曲线为：

$$y=\frac{1}{1+a\times 2^{-bt}}$$

上述函数有 $t=4$，$y=50\%$；$t=8$，$y=80\%$。若定义在区间 $[x_1, x_2]$ 上的平均学习效率为 $f=\frac{y_1-y_2}{x_1-x_2}$，问这项学习任务从哪一刻开始的两个单位时间段内平均学习效率最高？

解：代入法得到

$$y=\frac{1}{1+4\times 2^{-0.5t}}$$

根据平均学习效率的定义可得到

$$\varphi=\frac{\frac{1}{1+4\times2^{-0.5(t+2)}}-\frac{1}{1+4\times2^{-0.5t}}}{(t+2)\ -t}=\frac{2^{-0.5t}}{(1+2\times2^{-0.5t})\ \times\ (1+4\times2^{-0.5t})}$$

化简上式可得

$$\varphi=\frac{2^{-0.5t}}{1+6\times2^{-0.5t}+8\times2^{-0.5t}\times2^{-0.5t}}=\frac{1}{1/2^{-0.5t}+8\times2^{-0.5t}+6}$$

由不等式性质可知 $t=3$ 时取得极值。所以，在从第 3 个单位时间起的两个单位时间段内，即 4 和 5 两个单位时间内的平均学习效率最高。

在此基础上，学习曲线认为每当产品量积累增加 1 倍的时候，单位产品生产时间就下降约 20%，即下降到产品量加倍前的 80%。因此可得产品量累计倍数、产品量和单位产品生产时间的关系，如表 4－4 所示。

表 4－4　　产品量累计倍数、产品量和单位产品生产时间的关系

产品量累计倍数 N	1	2	3	4	5
产品量 x	1	2	4	8	16
单位产品生产时间 y	a	$a\times0.8$	$a\times0.8^2$	$a\times0.8^3$	$a\times0.8^4$

于是可得，$x=2^{N-1}$，$N-1=\log_2 x$，$y=a\times0.8^{\log_2 x}$

例 4－4：某公司以每件 100 元的单价买进 200 件物品，而且正在谈判增加购买 200 件的一张重复订单。现根据下列资料分析供方成本，第一批订单中一般模具费用为每件 10 元，原材料成本为每件 40 元，现原材料涨价，原材料成本为每件 45 元。另外，供方要求提高 10% 的员工工资，采购方认为合理。第一批订单的直接劳动成本为每件 50 元，供方在第一批订单中没有利润，现在供方要求至少获得 10% 的利润。假设学习效率为 90%，要求经过必要的测算，提出新的采购价格是多少比较合理。

解：原来每件物品单件 100 元，减去一般模具费用 10 元，等于 90 元；原材料成本 40 元，剩下的 50 元为劳动成本，要求增长 10% 的员工工资，增长后劳动成本为 55 元；学习效率为 90%，则劳动成本为 49.5 元；一般模具费用 10 元，提价后的原材料 45 元，加上劳动成本，共 104.5 元；最后加 10% 的利润，得到 114.95 元。

再如，某企业购买一种新产品，已知学习效率为 80%，买下了 200 件，收到的报价是每件 228 元。具体报价结构为：物料为每件 90 元，劳动成本为每件 50 元（单位产品生产时间为 5 小时，每小时成本为 10 元），管理费用为每件 50 元，即每件产品的总成本为 190 元。单位产品利润为总成本的 20%，即每件产品利润为 38 元，单价为 228 元。

如果买方想追加 600 件的订单，总订货量为 800 件，问：此时价格应是多少比较合理？

首先，确定随着数量增加，产品生产数量达到 800 件时，单位产品的生产时间变化为

5 ×0.8 ×0.8 =3.2（小时）；其次，计算后600件产品的平均成本为（800 ×3.2 －200 ×5）÷（800 －200）×10 =26（元）；最后，可得具体报价结构为：物料为每件90元，劳动成本为每件26元，管理费用为每件26元，即每件产品的总成本为142元，每件产品利润为28.4元，单价为170.4元。

（3）整体采购成本分析法

整体采购成本又称为系统采购成本或战略采购成本，是考虑到原材料或零部件在本企业产品的全部生命周期过程中所发生的成本，包括调研成本、自制或采购决策成本、产品预开发与开发中供应商的参与关联成本、供应商交货成本、库存成本、生产成本、出货测试成本、售后服务与关系维护成本。作为采购人员，其最终目的是降低整体采购成本。不同采购模式的战略采购成本也有较大差异，以图4－4为例的采购模式来看，战略采购成本包括招标成本、比价成本、定位成本、核算成本、移库成本、分配成本、现金占用成本、反季节变化成本等。这些成本之间相互关联，彼此之间的结构关系体现了战略采购成本的系统性和前瞻性价值。

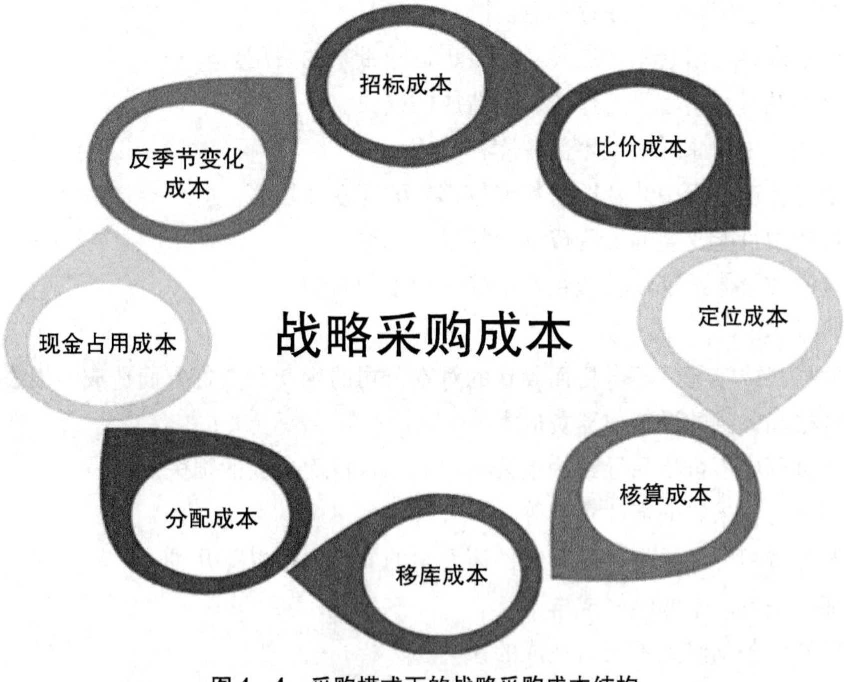

图4－4 采购模式下的战略采购成本结构

按采购环节的活动功能来划分，整体采购成本发生在开发、采购、企划、质检、售后服务等过程中，可能产生的成本如下。

开发过程中，因供应商介入或选择而可能产生的成本包括以下几种。

①原材料或零部件影响产品的规格与技术水平而增加的成本。

②对供应商技术水平的审核产生的费用。

③原材料或零部件的认可过程产生的费用。

④原材料或零部件的开发周期影响本公司产品的开发周期而带来的损失或费用。

⑤原材料或零部件及其工装（如模具）等不合格影响本公司产品开发而带来的损失或费用。

采购过程中可能发生的成本包括以下几种。

①原材料或零部件采购费用。

②市场调研与供应商考察、审核费用。

③下单、跟单等行政费用。

④文件处理费用。

⑤付款条件所导致的利息等费用。

⑥原材料运输、保险等费用。

企划过程中因采购而可能发生的成本包括以下几种。

①收货、发货（至生产使用点）费用。

②安全库存仓储费用、库存利息。

③不合格来料占用仓库、退货、包装、运输带来的费用。

④交货不及时对仓管等工作的影响造成的损失。

⑤生产过程中的原材料或零部件库存费用。

⑥企划与生产过程中涉及原材料或零部件的行政费用等。

质检过程中可能发生的采购成本包括以下几种。

①供应商质量体系审核及质量水平确认产生的费用。

②检验成本。

③因原材料或零部件不合格而导致的对本公司的生产、交货方面造成的损失。

④不合格品本身的返工或退货成本。

⑤生产过程中不合格品导致的本公司产品不合格而造成的损失。

⑥处理不合格来料的行政费用等。

售后服务过程中因原材料或零部件而发生的成本包括以下几种。

①零部件失效产生的维修成本。

②零部件服务维修点不及时造成的损失。

③因零部件问题严重而影响本公司的产品销售造成的损失。

④因零部件问题导致本公司的产品理赔等产生的费用。

在实际采购过程中，整体采购成本分析通常要依据采购物品的分类模块，按 80/20 法则选择主要的零部件进行分析。事实上，供应商接入早期产品能够使成本明显降低。供应链上游的技术和供应链下游的资源对于采购成本分析具有重要影响。

4.3　采购成本控制方法

4.3.1　采购成本控制流程

采购成本控制是指根据采购管理目标对各项影响采购成本的因素和条件采取一系列预防、调换和协调措施。采购成本控制流程与方法是采购成本控制体系中的技术支撑和制度保障，也是采购成本管理的核心环节，图 4－5 是一种最为常见的采购成本控制流程图。

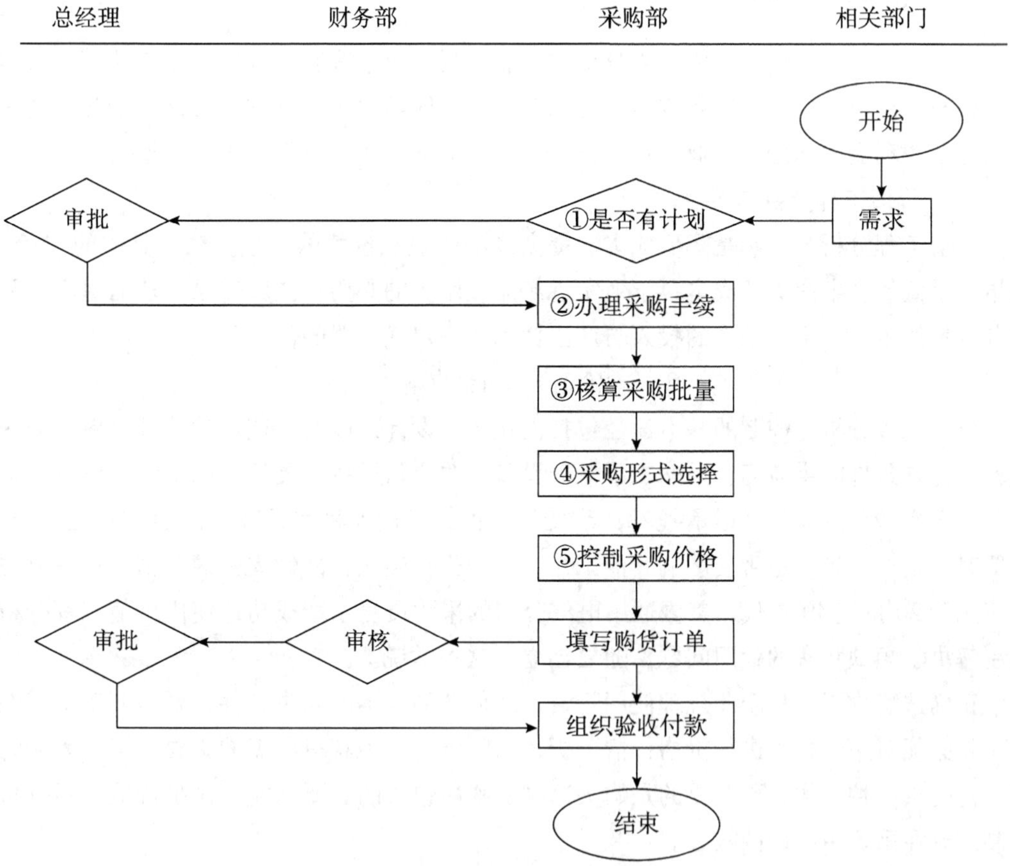

图 4－5　采购成本控制流程图

采购成本控制流程图中核心节点的内容有以下几点。①根据作业实际情况向采购部提出物料请求，采购部判断需求是否在采购计划范围内，如果在采购计划范围内可以立即办理采购手续，执行采购；如果不在采购计划范围内，则需要填写物资申购单，经总经理批准，然后转入下一环节。②物资申购单经总经理签字确认后，采购部需要办理相关的采购手续，如填报出差申请单、用车申请单、采购借款单等。③采购部需要对每次的采购批量进行核算，并检查使用部门负责人是否在物资申购单上签字，采购批量的控制必须满足采购经济效益最大化的原则，达到库存与计划用量的平衡。④采购部可以根据采购物资的特点，选择最有利的采购形式，如招标采购、网上采购等。⑤采购部要通过各种途径控制采购价格，事先做好询价、比价、议价等工作，如有需要可以进行采购成本分析。这些环节之间的衔接与流转也会随着采购任务类型的改变而改变，以体现采购成本控制是一个动态过程，是一个连续选择和不断优化的过程。其中，程序控制、形式控制和分配控制是控制的三个核心，程序控制从预算的输入开始，形式控制贯穿整个过程，分配控制直接关联结果的科学性与合理性。

4.3.2 采购成本控制方法

采购成本控制方法有价值工程分析与控制、目标成本法和作业成本分析法等。价值工程分析与控制以需求、功能和成本之间的关联、映射与比较为基础；目标成本法以竞争性价格与期望利润为基础；作业成本分析法以采购活动或作业过程的成本为基础。

（1）价值工程分析与控制

价值工程分析与控制是降低成本、提高经济效益和价值的有效方法。其中的“价值”是指以最低的全生命周期成本科学地实现产品或服务的必要功能和需求，从而提高产品或服务的价值主张。采用基本的投入与产出比思想来定义采购的价值，即：

价值 = 功能/成本

价值工程分析与控制的基本途径包括简化产品设计，以便于使用替代性材料；采用提供较佳付款条件的供应商；采购二手机器设备而非全新设备；灵活运用不同的议价与谈判技巧；选择费用较低的货运承揽者，改变运输模式，例如将空运改为海运或陆运。当然，前置时间是否充足，是否会影响其他工作，必须先行确认，并做周密的评估。这一方法最早应用于20世纪40年代，美国通用电气公司的采购员麦尔斯成功地使用价值工程分析与控制解决了短缺物资的代用问题，随之创立了这一学说。

正确选购物资，是企业合理使用物资、降低产品成本的先决条件，要做到正确选购物资，就必须对采购物资进行价格行情分析，以最低的费用获得所需的必要物资。采购物资不只是购买一种实物，更重要的是购买这种实物所包含的必要功能，这是价值工程分析与控制理论在采购中应用的核心。

以合理的价格采购物资，是价值工程分析与控制的目的之一。任何功能都要为之付出费用，不切实际地追求多功能、高质量势必造成浪费。因此，应以性能价格比作为衡量物资采购成功与否的标志。

降低物资的整个生命周期费用是价值工程分析与控制的另一个目的。购置费用容易引起人们的重视，而使用费用往往被忽视。例如，有的物资购置费用低而使用费用却较高，价值工程分析与控制则要求物资的整个生命周期费用降到最低。

过去，在经济萧条时，企业为了追求利润，惯用的方法是通过采购人员的谈判能力，将供应商的报价给予“无情砍杀”，以使采购价格压低，进而达到降低成本的目的。近年来，由于经济、社会环境的变化，企业经营成本大幅提高，企业经营管理模式改变，因此，只凭借往昔的强势作为，已无法达到降低采购价格与生产成本的目标。倘若企业中存在一些采购人员，仍然抱着以往强势采购的观念，片面地认为供应商是靠企业“养”的，只有杀价才能买到便宜货，这将成为影响企业成长与发展的重要祸源之一。

价值工程分析与控制的特征是：①以顾客为中心，即以市场或买主需要为依据；②运用功能中心的研讨方式，以成本分析达到节省成本的目的，从产品设计的构想出发，并以确保功能为前提；③以团队合作的方式，凝聚了采购人员的智慧。价值工程分析与控制包括分析、应用及评价三个过程，针对产品的功能、价值、成本等进行质问式的分析与评价。其核心思想是：①提高功能，降低成本，大幅度提高价值；②功能不变，降低成本，提高价值；③功能有所提高，成本不变，提高价值；④功能略有下降，成本大幅度降低，提高价值；⑤适当提高成本，大幅度提高功能，从而提高价值。

价值工程分析与控制实施的详细步骤如下：①选定对象、设定目标，即以采购物品中最主要的及影响最大的物品为对象；②成立价值分析改善工作小组，以采购人员为核心，同时召集设计、生产、品质管理部门人员及提供零部件或模具的相关人员；③收集、分析对象的情报；④拟订降低采购成本的战略方案，以正确理解价值工程分析与控制的目的与功能；⑤拟订具体实施计划，即改善方案；⑥讨论与完善改善方案；⑦确认效果，即确认改善方案及其成效，尤其是在需求与功能等方面的改进效果；⑧变更新方案，跟进需求与功能的标准化单元修改内容。

例 4－5：价值工程分析与控制的应用。

用价值工程分析与控制研究咖啡壶的设计，以便让采购方获得更满意的采购感知。已知咖啡壶零部件功能与成本信息如表 4－5 所示，请设计优化方案。

表 4－5　咖啡壶零部件功能与成本信息

零部件	功能	成本	
		金额（元）	占比（%）
冲泡杯	研磨与过滤咖啡	9	18
水壶	盛装咖啡、保温	2	4
保温器	保温	3	6
壶体	盛水、倒水	9	18
加热装置	烧水并自动停烧	4	8
电子显示板	控制研磨时间	23	46

在采购实践中，一些零部件的拆分与对应成本的分摊是一个难点，这个难点也是价值

工程分析与控制执行的难点。因此，在价值工程分析与控制前，要从产品设计之初就进行模块的拆分与成本的整理。顾客需求信息分析的具体内容如表4－6所示。

表4－6　　顾客需求信息分析

顾客需求	相对排名得分（分）	占比（%）	
味道像蒸馏咖啡	5	20	注：得分为1～5分，依次表示不重要、略微重要、一般重要、重要、很重要
壶体的易清洗性	4	16	
美观	2	8	
容量6杯以上	3	12	
指定时间开机	4	16	
适合不同的咖啡豆	1	4	
保温	3	12	
自动关机	3	12	
总和	25	100	

表4－6虽然是一个初步的评价结果，但对价值工程分析与控制非常重要，也是从需求的角度理解功能的重要路径。一些功能不是客户的真实需求或潜在需求，这样的功能也不必要花费过多的成本。能够满足客户使用需求、潜在需求和真实需求的功能才能产生实质性的价值、名义价值和实际价值。

表4－7　　顾客需求与零部件功能关系

	冲泡杯	水壶	保温器	壶体	加热装置	电子显示板
味道像蒸馏咖啡	50				50	
壶体的易清洗性	30	10	60			
美观				60		40
容量6杯以上		50		50		
指定时间开机						100
适合不同的咖啡豆	30					70
保温		20	80			
自动关机						100

表4－7进一步给出顾客需求与零部件功能关系的信息，从体验层面说明了零部件功能对顾客需求的支撑程度，通过相关参数来表达综合相关程度和重要程度。

零部件对顾客需求的贡献率如表4－8所示。

表4－8　　零部件对顾客需求的贡献率

	冲泡杯	水壶	保温器	壶体	加热装置	电子显示板
味道像蒸馏咖啡	50×20				50×20	
壶体的易清洗性	30×16	10×16	60×16			
美观				60×8		40×8
容量6杯以上		50×12		50×12		
指定时间开机						100×16
适合不同的咖啡豆	30×4					70×4
保温		20×12	80×12			
自动关机						100×12
总计	1600	1000	1920	1080	1000	3400
占比（%）	16	10	19.2	10.8	10	34

说明：16%＝1600/10000

顾客需求的占比与零部件功能的乘积反映了顾客需求对零部件功能的扩散和乘数效应；零部件对功能的支持反映了功能的结构和重要性，在一定程度上体现了价值所在，也体现了价值创造和价值转移的渠道。重要性与零部件价值之间的比例就是价值名义指数。这个过程的具体计算如表4－9所示。

表4－9　　各部件的价值名义指数

	零部件价值	重要性	价值名义指数（保留两位小数）	优化行动
冲泡杯	18	16	0.89	降低成本
水壶	4	10	2.50	增加成本
保温器	6	19.2	3.20	增加成本
壶体	18	10.8	0.60	降低成本
加热装置	8	10	1.25	增加成本
电子显示板	46	34	0.74	降低成本

上述过程一般以价值名义指数的中位数为界，考虑增减。或者采取首尾法，最大的增加，最小的降低，向中间靠近。

（2）目标成本法

目标成本是指企业在产品开发和服务设计过程中，为了实现目标利润而必须达到的成本目标值，即产品生命周期成本下的最大成本允许值。目标成本法的核心工作就是制定目标成本，并且通过各种方法不断地改进产品与工序设计，最终使得产品的设计成本小于或等于其目标成本。这一工作需要由包括营销、开发与设计、采购、财务与会计人员，甚至包括供应商与顾客在内的设计小组或工作团队来进行。

产品的目标成本确定后，可与公司目前的相关产品成本相比较，确定成本差距。而这一差距就是设计小组的成本降低目标，也是其所面临的成本压力。设计小组可把这一差距从不同的角度按各成本要素进行分解，例如原材料和辅助设备的采购成本、人工成本等；也可按设计小组内的各部分零部件供应商来分解，以使成本压力得以分配和传递，并为实现成本降低目标指明具体途径。采购部门则要根据每种材料的目标成本去采购，以保证最终产品的成本能达到目标成本的要求。

根据目标成本与利润的关系可以定义目标成本等于竞争性价格减去期望利润。为将目标成本降到满意的区间，可以选择不同的途径。常见的途径有通过生产技术实现成本管理并提出改善的建议；或者是通过产品设计，寻找合适的替代材料，促进功能组合，实现成本控制。在使用基于产品设计的目标成本法时，产品的设计理念必须以市场为导向，计算市场成本与目标成本的差距，然后通过设计活动降低成本，实现目标。同时，在生产过程中，也要加强对目标成本的监督与跟踪。

例 4－6：目标成本法分析例题。

某企业销售的助听器价格为 650 元，成本为 550 元，单位盈利 100 元，所占市场份额为 35%。市场上其他厂商推出了基于电脑芯片的助听器，性能提高的同时价格也提高了 900 元，但仍能吸引较多客户。企业通过调查发现，相当一部分客户仍然会选择本企业的助听器，并且如果售价降到 600 元就能保住市场份额。如果企业要保持单位盈利不变就必须降低成本，重新设计助听器。请用目标成本法为该企业设计相关方案。

解：目标成本为 600－100＝500（元），成本降低 550－500＝50（元），根据产品设计和部件信息可得出以下三种方案，如表 4－10 所示。

表 4－10　　可行方案一览表

	增减研发成本	替换扬声器	替换麦克风	替换开关	改变质检流程	改变耳机材料
方案一	－20	—	－15	－10	－5	—
方案二	—	－20	－15	－10	－5	—
方案三	20	－25	－15	－15	－10	－5

面对将来的长期发展和竞争需要，方案一和方案二都没有对研发进行考虑，方案三通过增加研发投入实现技术储备和市场感知，提高竞争能力，并保持目标利润不变。

（3）作业成本分析法

作业成本分析法是基于现代管理学的 ABC 成本法演化而来，也叫基于活动的成本分析法，就是运用数理统计方法，进行统计、排列和分析，抓住事物的主要矛盾，分清重点活动与一般活动，并保障重点活动成本的一种成本分析方法。作业成本分析法重在将资源按照一定的目标或者价值分为 A、B、C 三类，然后建立资源与活动对应关系，通过排列形成资源与活动的配置表，接着通过成本动因进行分析以实现产品的成本控制。

作业成本分析法具有追溯原本成本动因的功能，强调关联成本的控制与保障，从主观、客观动因层面重新界定期间费用和成本。该方法的操作步骤是首先定义业务和成本核算对象，然后确定成本动因，最后将成本分配给每一个成本核算对象，对各核算对象的成本与价格进行综合比较，从而确定其盈利水平。该方法可以集成一些定量分析方法到其成本动因的分析过程中，例如将主成分分析法、层次关联分析法应用到成本动因的分析过程中。通常核算的成本对象有产品、顾客、市场、分销渠道和短期项目等；资源动因包括工资、办公费用与折旧费用等。

例 4－7：作业成本分析法例题。

已知一空调企业向两家供应商（S1 和 S2）采购压缩机，其采购流程为计划、订购、验货、收货、存储与付款，基本作业、分配率、实际消耗作业动因数和实际耗用资源信息如表 4－11 所示。

表 4－11　压缩机所需作业实际消耗信息

基本作业	分配率	实际消耗作业动因数		实际耗用资源（元）	
		S1	S2	S1	S2
计划	360	1	1	360	360
订购	110	1	2	110	220
验货	72	0	2	0	144
收货	60	20	20	1200	1200
存储	50	18	18	900	900
付款	60	1	2	60	120

解：除去订购成本，计算其他相关作业实际耗用资源，依次得到 S1 和 S2 的作业实际耗用资源是 2520 元和 2724 元。根据价值链理论进行作业的增值性分析可知，验货、存储都是非增值业务，计划、收货和付款是增值业务，因此，可以将表4－11中的验货和存储环节进行整合。同时，从表 4－11 可知，S2 是新供应商，需要进行两次验货，增加了 144 元的成本。因此，无特殊情况没有必要开发新的供应商，通过减少验货可以降低采购成本。

复习思考题

1. 简述供应价格与采购成本之间的关系。

2. 选择合适的成本分析思路，简述采购成本的可能成分与结构。

3. 从纵向和横向比较采购成本核算、采购成本分析和采购成本控制的连续性、所涉及的相关部门以及优化思路。

4. 比较数量折扣分析法和整体采购成本分析法，选择合适的产品采购案例，分析如何将这两种方法进行联合使用。

5. 简答价值工程分析与控制在采购成本控制中的应用思路、信息准备、设计过程、分析路径和可行的策略。

6. 简答作业成本分析法的思路和任务。

综合材料分析

材料 1：国有企业物资管理中材料采购成本控制综述。

多年来，我国国有企业物资管理中材料采购成本控制情况，通常会面临采购过程流程不规范、库存管理不到位、采购管理制度不完善等问题，造成采购成本支出超过预算、严重影响材料采购成本控制效果、损害企业自身利益和发展机会。为了改变这种状况，实现国有企业物资管理中材料采购成本控制的有效性和科学性，需要根据当前材料采购成本控制中存在的问题，采取一系列科学模型与控制对策，减少采购成本支出，维护企业高质量利益，为国有企业健康发展和双循环格局提供支持。

持续稳定、优质的材料供应商对国有企业经营发展有着重要影响，可以保障企业在材料采购过程中，以较低的价格采购质量品质较高的材料。在企业实际采购中，供应商管理长时间以来都是采购的短板，供应商经营规模小、稳定性差，将会让企业面临一定损失。供应商是保证企业供应链完整的重要因素，前端供应链的稳定是企业实现正常经营的重要基础保障，更是促进企业长效发展的关键。因此，供应商的科学选择是企业需要重点关注的对象。

加强国有企业物资管理中材料采购成本控制，需要规范好材料采购管理流程、建立完善的材料采购成本管理体制、加强运输及库存管理和建立长期稳定的供应商群体与市场体系。在流程的规范管理方面，企业需要加强各部门之间信息交流，把材料采购需求进行整合，编制详细的材料采购计划，防止在材料采购中出现重复采购现象，合理地对企业现有材料进行调配。为了控制采购成本，需要采取多元化控制方法，如设备租赁、与其他企业共享材料等。在某种程度上能够缓解企业库存压力，将闲置的材料高效使用，真正做到物尽其用、采购并行和采管分离。

在国有企业物资管理过程中，国有企业需要规范材料采购管理流程，明确材料采购实际需求，制定统一的采购标准，在对国有企业材料采购需求进行调查的同时，安排专业人员采取独立的方式进行调查，获得准确的数据信息。对于制订的采购计划，需要得到上级部门的全面审核，明确采购计划标准和要求。在市场调查过程中，根据公司所处市场情况进行预测，结合分析结果，灵活坚持货比三家的原则，按照相关采购制度，从中选择多家优质供应商，并在完成采购工作以后，选择适宜的运输方式，科学建立空—陆—水的联运机制，加强库存管理，定期对库存材料进行盘点，规范摆放，避免材料丢失与损失。

建立良好的供应关系，对国有企业的高质量发展影响重大。长期稳定、安全的供应商群体，对企业材料采购成本控制管理有着直接影响，不但可以为企业长期提供稳定的货源，保证供应链的完整性，维持企业正常经营，同时在采购方面，可以保证材料质量，间接为企业减少采购成本。总而言之，在国有企业物资管理活动中，涉及的工作内容比较多，工作流程较为复杂。根据生产计划制订详细的采购计划，规范采购流程，完善相应的管理体系，从根源上减少采购成本支出，是促进材料采购成本控制水平持续提升的重要基础。同时，传统企业的采购模式缺乏有效的管理技术，采购模式较为落后，在企业运营过程中，需要对现阶段信息技术、多元化平台等予以考虑，对材料采购模式进行积极创新。依靠交互式媒体、现代通信技术、互联网技术构建出较为完善的网络采购环境，从而有效控制材料采购成本。

材料 2：如何整合采购管理？

从资本整合到专业整合与采购供应链重构是控制采购成本的关键。采购成本的高低直接影响企业的利润，这使更多的企业关注采购管理，关注如何降低企业的采购成本。企业发展到一定的规模，成立了分公司、项目部，如何将其采购业务统一纳入集团管理成为众多企业管理中的瓶颈，企业必须迅速解决集团采购管理的问题，才能增加企业的利润，才能增加企业的市场竞争力。建立一种使配套资源采购更加科学、高效、专业的运作体系，集中供求双方优质资源并加以有效整合，有效地发挥集团采购的规模优势，以利益最大化为原则，减少交易环节，降低采购成本，实现供求双方双赢的目的是众多企业追求的目标。科学、公平、高效的采购模式使企业与供应商“无缝”连接在一起，实现高效率的供应链管理，使双方的成本都能得到节省。

可以预见未来企业间的市场竞争将愈发激烈，企业利润也正在逐步转向微利，特别是工程建设中的合同管理与成本控制也到了正规化、全面化的阶段。对各类工程合同进行有效管理，从而带动企业降低工程成本，将越来越成为企业加强核心竞争力的关键因素。为此企业引进先进的管理思想和技术，建立一套现代企业管理系统，通过科学的管理手段提高企业成本管理水平就成为它们自然而然的选择。企业应该重点围绕实际业务中的“收”与“支”两条主线展开流程化、制度化建设，并将其归纳为两大系列，即营销 CRM（客户关系管理）系列（收）、成本管理系列（支），使项目能达到降低成本、提高效率、优化流程、创造效益的最终目的，并实现资源共享，提升企业核心竞争能力。

为了稳定供应商管理队伍，需要建立长期互惠供求关系。以提供服务的设备租赁公司为例，贸易公司客户关系部主管供应商管理，招标办、价格信息部、财务审计部等部门要予以协助。对选定的供应商，公司与之签订长期供应合作协议，在该协议中具体规定双方的权利与义务、双方互惠条件。建立“二二三制”的采购模式，即设立两个委员会——价格审定委员会、采购招标委员会，采用两个管理文件——采购价格管理条例、物资定点采购管理办法，实行三项基本制度——集团和子公司两级质量检查制度、供应商动态管理与考核制度、价格通报制度。这种体系将持续提高工作效率，保证供货质量，使采购成本控制具有公平、公开、透明的竞争机制。

根据上述材料，讨论如何制定企业的采购成本控制体系。

5 采购谈判与合同

采购谈判是一种重要的商务谈判，面对利益冲突和未知情况，采购方与供应商之间必须就采购的各项交易条件进行沟通，针对采购商品或服务的战略计划、技术转让、质量保障、数量与价格、交付与付款以及售后服务等方面进行具体的磋商，使双方达成共识，最后签订合同。采购谈判在招标、供应商选择、年度采购绩效考评和采购风险管理工作中具有重要意义。合作与交易谈判成功后就会形成采购合同，双方都要按照采购合同的条款严格履行各自应尽的义务，完成合同约定的采购业务活动。采购合同在采购活动中居于中心地位，合同形成前是采购过程中多方的试探、交流与表达，合同形成后就要依章办事、及时提醒、及时更新、及时补充与完善。

5.1 采购谈判

5.1.1 谈判与采购谈判概述

谈判是指主体之间为了改善彼此之间的关系而进行的相互协调和沟通，旨在某些方面通过妥协和改善达成共识的行为和过程。谈判有广义与狭义之分。广义的谈判是指除正式场合下的谈判外，一切协商、交涉、磋商等，都可以看作谈判。狭义的谈判仅仅是指正式场合下的谈判。谈判过程中，利益各方就共同关心或感兴趣的问题进行磋商，协调和调整各自的经济、政治或其他利益，谋求妥协，从而使双方都认为是在对自己有利的条件下达成协议的。

采购谈判是指采购方与供应商之间所进行的谈判，双方就相关采购条款，如商品的规格、质量技术标准、包装、价格、交货时间和地点、运输方式、结算条件、索赔事项、售后服务以及争端和纠纷的解决等进行反复磋商，以期达成双方都满意的采购合同，从而建立互惠互利的合作关系。采购谈判的目的在于以下四个方面，一是希望获得供应商质量好、价格低的产品，通过谈判了解物美价廉的条件；二是希望获得供应商比较好的服务；三是希望在发生采购事故、差错和损失时获得合理的赔偿；四是当发生纠纷时能够妥善解决，不影响双方关系。面对采购主体认知和客体约束的冲突，采购人员应积极了解对方、影响对方、说服对方，创造性地建立新的原则和合作机制。

不是所有的采购都需要谈判，因为谈判自身也需要成本。一般来说，采购谈判主要适用于以下采购情境。

一是针对结构与技术复杂的产品与服务，一些成套设备在设计制造、安装测试与售后服务等方面存在较大的差异，需要通过谈判形成利益与损失的分割，同时就使用中的未知情况进行相关的交流与共享。

二是在没有完全满足要求的供应商招标活动中，通过采购谈判增强供应商对招标文件原则、技术参数、相关政策的理解，促进联合投标或竞争性磋商等。

（1）采购谈判的内容与特点

采购谈判的主要内容有产品条件谈判、价格条件谈判和其他条件与条款的谈判。采购谈判过程中应该注意以下三点：①产品制造工艺、开发流程、规格与技术标准、包装等是产品条件谈判的重点；②谈判中通常都会讨价还价，涉及数量折扣、退货损失、商品保险、技术培训与转让等条件的协商；③违约、仲裁、运输方式、付款方式是采购谈判的附属条件。

采购谈判的特点具体体现在以下四个方面。首先是目的冲突与利益冲突，价格是谈判中作为调节和分配经济利益的主要杠杆，是双方谈判的焦点。在满足经济利益的前提下，采购谈判也会涉及其他非经济利益。虽然谈判者可以在谈判过程中调动和运用各种非经济利益因素从而影响最终谈判结果，但双方最终目标仍是经济利益。其次是动态形式冲突，采购谈判中的动态性体现在合作与冲突、原则性与可调整性等方面的动态统一认知。合作与冲突的统一表明双方既有共同利益，又有矛盾分歧，而谈判就是要尽可能地增加彼此的合作，减少冲突。原则性是指谈判双方都有各自在谈判中退让的最后界限，即谈判的底线。可调整性是指谈判双方在坚持各自基本原则的前提下可以向对方做出一定程度的让步和妥协。在采购谈判中，双方既要坚持自己的原则，又要做出适当的让步，才能促成谈判成功。再次是客观冲突，如不可抗力造成的损失等。当谈判双方不处于同一个国家时，国家或地区政治、经济形势，政策法律的变化，都会影响谈判的进程和结果。由于双方企业处于不同国家和地区，涉及和适用的法律也较国内采购谈判更为复杂，要考虑国内法律、国际条约以及国际商业惯例。此外，由于谈判双方社会、文化背景的差异，谈判人员的思维方式、行为方式、语言及风俗习惯和价值观也各不相同，从而使得谈判更为复杂，成功的难度加大。最后是采购管理自身科学与艺术的冲突，在科学管理中强调摆事实、定量化分析，艺术追求讲故事，谈判的目的是让对方成为故事的配角或幕后者，科学与艺术的冲突处理要以信息优势和技术水平为基础。

（2）采购谈判的方法与重要性

哈佛大学谈判研究中心认为原则型谈判是一种重要的谈判策略与方法，也称为价值型谈判。在原则型谈判中，参与者视对方为合作的同事，对人温和、对事强硬，重在寻求双方利益上的共同点，不同于让步型谈判那样只强调双方的关系而忽视己方利益的获取，也不像立场型谈判那样只坚持本方的立场，不兼顾双方的利益。原则型谈判通过寻找对双方都有利的方案以增强信任，彼此控制情绪，创造价值共同体。

采购谈判虽然增加了成本，但是也有积极作用，在特定场合下是一个不可或缺的环节或活动，相关重要性体现在以下六个方面。

①采购谈判降低采购成本。采购方通过谈判可以以较低的采购价格获得供应商的产品，从而降低采购成本和采购业务费用。

②采购谈判促进采购质量提升。产品或服务质量是重要的合同条款之一，对采购方的利益至关重要。通过谈判，采购方可以要求供应商对其产品或服务质量做出保证并承担责任，保证采购方能够获得质量可靠的产品和服务。

③采购谈判促成采购物流协作，提升效率。采购方通过谈判可以促使供应商保证交货期及交货数量和地点，提高采购物流的效率和准确度，以降低采购方的库存量和采购总成本，提高其经济效益。

④采购谈判获得互补的优惠。在采购业务中，供应商经常提供多项采购服务，如提供技术咨询、安装调试、培训、运行维护及售后保障等服务。通过谈判，采购方可以要求供应商以尽可能优惠的条件提供上述服务。

⑤采购谈判能降低采购风险。采购过程中存在很多风险，通过谈判，采购方可以尽量减少自己承担的风险，相应地增加供应商的责任，并明确各自应该承担的风险和可能的损失。同时双方也可以采取必要措施避免和降低风险并减少可能发生的损失。

⑥采购谈判奠定处理冲突的框架，为妥善处理争端，维护双方利益及合作关系创造条件。通过谈判，采购方与供应商可以有效解决在采购成交条件上的分歧，以达成交易。同时，双方也可以协商解决在采购合同执行过程中出现的问题和纠纷，以维持合作关系，促使采购业务圆满完成，实现双方预期利益。

古典经济理论告诉我们，谈判的最优结果必须满足以下两项理性前提，即集体理性和个体理性。在集体理性中，局中人会选择共同最大利润风险，并且在其间划分收益。或者说，局中人达成一致协议的结果是在他们可行范围内的帕累托最优点。在个体理性中，一个理性的讨价还价者或任一局中人不会同意小于冲突支付的赢得支付。根据这两项理性前提可知，谈判结果必定是在一个限定的区域内。为了克服上述谈判理论的不确定性，纳什试图建立一个可求出唯一一致点的谈判理论，而这个理论必须以局中人对风险的一致性态度为基础。

5.1.2 采购谈判程序

采购谈判的原则是制定采购谈判程序的指导思想，纵横作用于采购并行程序的一致性活动与连续性成立条件。采购谈判的过程可以分为三个阶段，即采购谈判前的准备、采购谈判中的辩论和采购谈判后的关系维护。

（1）采购谈判的原则

①平等原则。在采购中，谈判主体或代表人的权利与地位应该是平等的，谈判中应该注意尊重对方的人格和能力，尊重对方的自主权、自我意识和价值观。任何问题都应该通

过对话、协商方式解决，要允许对方有不同意见和看法，要给对方讲话的机会，不能把自己的意愿强加于对方。

②互利原则。谈判应该使双方需求都得到满足，以达到“双赢”。一场成功的谈判，每一方都是获胜者，但是很多人误以为在谈判时，应“赶尽杀绝”，毫不让步。事实证明，大部分成功的采购谈判都要在彼此和谐的气氛下进行才可能达成交易。在相同交涉条件下，若站在对方的立场上去说明，往往更有说服力，让对方感觉到达成交易的前提是双方都能获得预期的利益。

③对等原则。不要单独与供应商的一群人谈判，这样对采购方极为不利。谈判时应注意“对等原则”，也就是说，我方的人数与级别应与对方大致相同。

④求同原则。在采购谈判中双方有矛盾冲突，有经验的采购人员不会使谈判完全破裂，否则根本就不必谈判。所以必须坚持“求大同存小异”的原则，多找共同点，把分歧、不同点搁置起来。

⑤提前准备原则。知己知彼，百战百胜。了解对方的需求和利益是谈判的基础，采购人员必须了解商品的品类、价格、供需情况，本企业所能接受的价格底线与上限，以及其他谈判的目标。一定要把各种条件排出先后顺序，将重点内容简短地写在纸上，在谈判时随时参考，提醒自己。尊重墨菲定律，把谈判中的可能性当作必然性，引起足够重视从而防患于未然。

⑥迂回原则。迂回原则是指在谈判过程中各方对某一问题僵持不下时，为避免冲突带来的中断与延迟，把此问题放置或绕开，在求同的过程中寻找新的突破点。

⑦阶梯原则。阶梯原则是指在采购谈判中从容易达成共识的问题入手，统筹谈判问题的轻重缓急，避免自以为是，由易到难，分段洽谈，分段受益，阶梯式让步与合作。

（2）采购谈判前的准备

采购谈判前的准备是尊重对手的表现，也是了解对手的基础，更是取得成功的关键。采购谈判前的准备包括确立目标、收集信息、分析形势、找到问题、拟定策略和概括谈判内容与预演六大内容。

第一，确立目标。确定有意义的采购谈判目标对谈判成功至关重要。所以，采购谈判前的第一项准备内容就是确立希望通过谈判要达到的明确目标。每个谈判组成员都要清楚谈判要达到的目标，这些目标基于什么样的假设才能成立。一般可以把采购谈判的目标分成三个层次，即必须达到的目标、中等目标和最高目标。

①必须达到的目标。为了获得货物，把能满足企业对货物的需求数量、质量和规格等要求作为谈判必须达到的目标。

②中等目标。采购谈判还要把价格水平、效益水平作为谈判的目标。

③最高目标。采购谈判还要考虑供应商的售后服务情况，如供应商的进货、安装、质量保证、技术服务活动等，这是采购谈判追求的最高目标。

第二，收集信息。通过对采购谈判信息的收集、整理、分析和研究，谈判人员就会有较充分的思想准备，明确谈判的主客观环境，寻找可行的途径，达到谈判的目标。通常在谈判前需要收集以下信息。

①市场信息。市场信息包括市场可供资源量、产品质量、产品市场价格、产品流通渠道、供销网点分布情况等。

②科技信息。科技信息包括新产品、替代品、新技术的应用和检验的方法等。

③环境信息。环境信息即影响企业采购活动的外部因素，如国家关于经济方面的方针政策和法律。

④企业内部需求信息。企业内部需求信息即企业需要什么、需要多少、需求时间等。

⑤谈判对手的信息。谈判对手的信息包括供应商的供货能力、技术水平、信誉、谈判特点等。

第三，分析形势。分析谈判各方的优势和劣势可以帮助谈判者确立谈判的要点，避免产生不切实际的愿望，并且为策略制定出谋划策。做谈判准备工作时要求区分实际情况。谈判双方应对实际情况、要谈判的问题较早达成一致。实际情况是真实的情况，是不必讨论的条件。比如，采购方想要购买一套设备，就不必与供应商谈判是否真的需要一套设备。要谈判的问题是要在谈判中解决的条款或主题，例如，确定设备的价格和交货日期都属于谈判问题范围。谈判问题的确定非常重要，因为正是在这些问题上需要双方达成协议。谈判的过程要确认双方想通过谈判来解决的问题。

第四，找到问题。对采购谈判问题进行排序，建立重要问题、杠杆问题和关键问题与谈判顺序的关系。谈判各方必须为即将讨论的问题设定一个成交位置，这个成交位置应当具有某些弹性，因此，谈判者应当建立一系列的成交位置。通常有最小可能接受的成交位置、最大可能接受或理想的成交位置和最有可能的成交位置。如果这一问题是价格，供应商会有一个目标价格，最有可能以此价格把货物卖给采购方。采购方必须在采购前仔细确定成本范围。

第五，拟定策略。制定谈判策略，安排谈判进程，如先讨论什么问题、后讨论什么问题、在哪些方面我方愿意妥协、在哪些方面应该立场坚定、谈判团队由哪些人员组成等。为每一个目标确立谈判范围和指标，从而制定谈判者认为能够实现的合理目标。策略的制定应该建立在对形势和谈判策略正确理解的基础上。如果谈判的目的是达成交易，那么谈判的方法和技巧就十分重要，因为它能够影响谈判者所表达的意图。

第六，概括谈判内容与预演。采购谈判通常会影响公司里的其他部门，进行谈判的个人和团队应当向这些部门做简单的介绍，确保其了解并赞同谈判目标。在简要介绍中也可以阐明谈判的主要问题以及对这些问题设定的成交位置。在谈判前了解谈判的内容，可以让人们对谈判做好心理准备。有经验的谈判者会在正式谈判开始之前进行排练或预演，即模拟谈判过程。

（3）采购谈判中的辩论

采购谈判中的辩论一般分为两个过程，即开局陈述和实质性谈判与辩论。

开局陈述是开始谈判时，双方先彼此熟悉一下，然后就谈判的目的、计划、进度和参加人员等问题进行讨论，尽量取得一致意见并在此基础上就本次谈判的内容分别陈述。这是在双方已做好充分准备的基础上进行的。这种谈判可为以后具体议题的谈判奠定基础。在这一阶段，要注意营造良好的谈判氛围。

在了解、陈述、表达之后，实质性谈判与辩论开始，具体包括摸底、磋商和成交三个阶段，这是共识形成前的意见交换、让步与妥协过程。

①摸底阶段。在合作性洽谈中，摸底阶段双方分别阐述对谈判内容的理解和希望得到的利益。首要利益是什么，可以采取何种方式为双方共同获得利益作出贡献，以及双方的合作前景，这种陈述将谈判的内容横向展开。这个阶段不要受对方陈述的影响，应将注意力放在阐明自己的利益上。同时，不要试图猜测对方的意图，而要准确理解对方的关键问题。陈述之后，双方提出各种可供选择的设想和解决问题的方案。然后双方需要判断哪些设想、方案更现实、更可行，任何一方都不能为自己的建议辩护。

②磋商阶段。在这个阶段谈判双方通过对所采购货物的质量、价格、交货方式、付款方式等各项条件进行反复磋商，互相让步，寻找对双方都有利的谈判方案。在谈判中要注意，当谈判双方就某个问题发生争议使谈判陷入僵局时，谈判者可以暂时绕过这个难题就另一个问题进行磋商，以便通过解决下一个问题打破谈判的僵局。

③成交阶段。在谈判中如果通过反复磋商，双方就所有问题都达成协议，谈判就到了成交的阶段。在这个阶段，要拟订经过磋商后所达成的协议初稿，经双方进一步修改认可，签订正式的协议。

(4) 采购谈判后的关系维护

谈判的结果可能是成功的，也可能是失败的，还可能是需要延期到下一轮谈判的。无论结果如何都要整理谈判的共识与分歧，对组织内部和外界做必要的汇报。从商务礼仪、流程管理等视角来看，具体需要完善的事宜有以下四个方面。

①谈判结束后和对方举行一场告别会。在激烈交锋后，这种方式可以消除谈判过程中的紧张气氛，有利于维持双方的关系和形象。

②协议文本交换与信息发布。根据采购谈判的结果，整理采购谈判的主要文件，进行文件的打印、签字和交换。

③设定专门程序监察协议履行情况，并处理任何可能出现的问题。

④将谈判过程与结果及时汇报给主管领导或总经理，整理采购谈判相关文献、资料与物品，做好善后处理。

5.1.3 采购谈判技巧

(1) 谈判成功的关键因素

①要具备必胜的信念，敢于面对任何困难和挑战。只有具备必胜的信念，才能使谈判者的才能得到充分发挥，使其成为谈判活动的“主宰”。谈判者必须具备必胜的信念，不

仅是指求胜心理，还有着更广泛的内涵和更深的层次。信念决定谈判者在谈判活动中所坚持的谈判原则、方针，运用的谈判策略与方法。例如，谈判的一方为达到目的不择手段，甚至采取欺诈、威胁的伎俩迫使对方就范，有时这些做法也是受求胜心理支配。但是企业不能提倡这种必胜信念，这是不道德的。实践也证明，这样做的后果是十分消极的。不择手段的做法虽然使企业获得了合同，也获得了利益，但它使企业失去了信誉，失去了伙伴，失去了比生意更加宝贵的东西。必胜的信念应该符合职业道德，这是每一个谈判人员想要取胜的心理基础。只有满怀取胜信心，才能有勇有谋、百折不挠，达到既定目标，才能虚怀若谷，赢得对方信任，取得成功的合作。

②谈判者要有耐心，要很好地控制自己的情绪。耐心是在心理上战胜谈判对手的一种战术与谋略，也是成功谈判的心理基础。在谈判中，耐心表现为不急于取得谈判结果，能够很好地控制自己的情绪，掌握谈判的主动权。耐心可以使人们更多地倾听对方，了解和掌握更多的信息。有关统计资料表明，人们说话的速度是每分钟 120 ~ 180 个字，而大脑思考的速度却是它的 4 ~ 5 倍。这就是为什么常常对方还没讲完，人们却早已理解的原因。但如果这种情况表现在谈判中却会直接影响谈判者倾听，会使思想溜号的一方错过极有价值的信息，甚至失去谈判的主动权。所以保持耐心是十分重要的。

③谈判者要有诚意。受诚意支配的谈判心理是保证实现谈判目标的必要条件。诚意是谈判的心理准备，只有双方致力于合作，才会全心全意考虑合作的可能性和必要性，才会合乎情理地提出自己的要求和认真考虑对方的要求。所以说，诚意是双方合作的基础，诚意也是谈判的动力。希望通过洽谈来实现双方合作的谈判人员会进行大量细致、周密的准备工作，拟订具体的谈判计划，收集大量的信息，全面分析谈判对手的个性特点，认真考虑谈判中可能出现的各种突发情况。在双方都有诚意的前提下，双方求大同、存小异，相互理解，互相让步，以求达到最佳的合作。

④积极形成好的第一印象。在知觉认识中，一个最常见的现象就是第一印象决定人们对某人、某事的看法。许多情况下，人们对某人的看法、见解往往来自第一印象。如果第一印象良好，很可能就会形成对对方的肯定态度，否则，很可能就此形成否定态度。

正是由于第一印象的决定作用，比较优秀的谈判者都十分注意双方的初次接触，力求给对方留下深刻印象，赢得对方的信任与好感，增加谈判的筹码。第一印象的形成主要取决于人的外表、着装、举止和言谈。通常情况下，仪表端正、着装得体、举止大方稳重，较容易获得人们的好感。而且心理学家研究发现，如果一个人很善于通过沟通感染别人，那么他给人的第一印象也比较好。

⑤营造和睦的谈判氛围。和睦的谈判氛围是谈判双方良好沟通的基础，能够加快谈判目标的达成。在和睦的谈判氛围中，谈判的双方就有了“共同的语言”，并能够促成双方相互理解。

营造和睦的谈判氛围的手段有两种。第一种手段是尽量使双方的声调和语调和谐。引导对方的说话速度和频率按照自己的说话速度和频率走，这样在交谈方面不知不觉地就会营造出和谐的气氛。第二种手段是采用与对方相协调的身体姿势。在谈判中，如果采取与对方相似的举动，自然而然就会形成和谐关系。但是在这个过程中，要避免给对方造成模仿的感觉。

⑥准确与有效的陈述与表达。无论在什么谈判中，正式谈判的第一项内容都是陈述自己的条件，说明希望达到什么样的目的以及如何实现这个目标。作为建立良好谈判的基础之一，正确、完整、有效地表述是非常重要的。说话语调保持平稳，说话时吐字清晰，可以保持较慢的说话速度，但一定要自始至终保持一样的语调，这样会显得具有权威和充满自信。同时，在说话的时候切不可埋头，要用温和的眼神看着对方。

⑦采用稳健的谈判方式与正确的决策方式。稳健的谈判方式要求谈判者坚持自己的权利，同时尽可能地顾及他人的权利。因此在谈判中，要考虑他人的要求和意见，开诚布公地陈述自己的要求和意见（并不是说直接将自己的底牌亮给对方）。进攻意味着将双方的关系对立起来，而稳健的谈判方式却是为了找到共同的解决方法而一起努力工作，从而营造双赢的谈判气氛。

谈判者在处理对方提出的棘手问题时，需要诚心诚意和开诚布公地说“不”。但是在说“不”的时候，需要讲究方式和方法。一般来说，成功的谈判者在说“不”的时候，一般将拒绝的原因放在前面，而后才表示拒绝。错误的拒绝方式如“我不同意，因为这个价格超过了我们的进货价格”。正确的拒绝方式是“你的这项价格要求超过了我们进货的价格，所以我们不能接受”。

⑧灵活使用臆测与推理。根据试探的结果，大胆臆测与严谨推理同样重要。臆测是指在某一客观条件下人的主观猜想、揣测，采购谈判的臆测主要是对价格、数量和质量的猜想。在谈判中，臆测的作用是重要的，它帮助企业预测未来可能发生的事情，但应注意不要被头脑中想当然的思想所左右，克服的最好办法就是谈判的双方都参与发现事实、分析论证、寻找真实情况的过程。经过双方确定的事实是解决问题的基本要素，只要有充裕的时间分析和发现事实，就能找出双方的分歧。谈判时所坚持的或不可改变的一切要求不是不可动摇的，在合理、合情和合规的前提下，一切要求都可以商议。

（2）采购方常用的谈判技巧

在采购方占优势的情况下，供应商之间存在激烈竞争时，采购方可以“因势利导”，运用压迫式谈判技巧，具体如下。

①“借刀杀人”。通常询价之后，可能有多个供应商报价，经过报价分析与审查，按报价高低的次序排列。然后，采购人员需要考虑：谈判究竟先从报价最高者着手还是从报价最低者开始、是否只找报价最低者来谈判、是否要与报价的每一个供应商分别谈判。

若采购人员逐一与报价供应商谈判，在时间上就很不经济，且谈判的供应商越多，通常将来决定的时候困扰就越多。若时间有限，可先与比价结果排行第三低者谈判，探知其可能降低的限度后，再找第二低者谈判，经过这两次谈判，“底价”就可能浮现出来。若此“底价”比原来报价最低者还低，表示第三、第二低者合作意愿相当高，则可再找原来报价最低者来谈判。以前述第三、第二低者降价后的“底价”，要求原来报价最低者降至“底价”以下来合作，达到“借刀杀人”的目的。如果原来报价最低者不愿降价，则可交予第二或第三低者按谈判后的最低价格成交。如果原来报价最低者刚好降至第二或第三低者的最低价格，则以交给原来报价最低者为原则。运用“借刀杀人”的方法达到合理的降价目的时，应见好就收。

②化整为零。采购人员要获得最合理的价格，必须深入了解供应商的“底价”究竟是多少。若是仅获得供应商笼统的报价，据此与其谈判，吃亏上当的可能性相当大。若能要求供应商提供详细的成本分析表，“杀价”时才不容易发生错误。因为真正的成本或底价，只有供应商心里明白，任凭采购人员“乱砍乱杀”，最后恐怕还是占不了便宜。因此，特别是所购的物品是由几个不同的零部件组合或装配而成的时候，即可要求供应商“化整为零”，列示各项零部件并逐一报价，同时，询问专业制造这些零部件的厂商的报价，借此寻求最低的单项报价或总价，作为谈判的依据。

③强势压价。在采购方占优势的情况下，能够以胁迫的方式要求供应商降低价格，并不征询供应商的意见。这通常是在采购方处于产品销路欠佳，或竞争十分激烈，导致发生亏损或利润微薄的情况下，为改善其获利能力而使出的撒手锏。由于市场不景气，故会形成供应商存货积压，急于出手换取周转资金时，采购人员通常遵照公司的紧急措施，要求供应商自特定日期起降价若干。如果原供应商缺乏配合意愿，就及时更换供应商。当然，采用此种激烈的降价手段，供需关系难以持久。该手段适用于短期的购买行为。

在供应商占优势的情况下，特别是单一来源、供应商垄断、技术壁垒或独家代理，采购方寻求突破谈判困境的技巧如下。

①迂回包抄战术。由于供应商占优势，正面杀价通常效果不好，采取迂回战术才能奏效。可以通过联合其他采购方或让外围性条款“包抄”核心条款。例如某采购方从本地的总代理购入某项化学品，发现价格竟比国外某公司的同类产品贵，因此要求总代理说明原委，并降低价格。总代理未能解释其中道理，也不愿意降价。因此，采购方委托同类化学品原产国的某贸易商，先行在该国购入该项化学品，再运至内地。此种转运安排虽然费用增加，但总成本还是比通过本地的总代理购入的价格便宜。

②示弱与巧妙博弈。在采购方居于劣势下，应以较低的姿态争取供应商的支持。以预算不足、生存危机等情感因素入手，请求供应商同意在其有限的费用下，勉为其难地将货品卖给自己。一方面采购方必须施展“动之以情”的谈判功夫，另一方面则口头承诺将来“知恩图报”，换取供应商“来日方长”的打算。此时，若供应商并非血本无归，只是削减原本过高的利润，则双方可能成交。巧妙寻找对方的弱点，从公平、理性和博弈的角度寻求谈判的砝码，通过“围点打援”的策略争取较多的利益。

例 5－1：我国加入世界贸易组织（WTO）的最后阶段谈判。

我国加入 WTO 的最后阶段谈判是一场精彩的谈判。从 1986 年到 2001 年，我国加入 WTO 的谈判持续了 15 年。1999 年 4 月，中美贸易谈判的核心框架已经基本形成，但在反倾销和补贴、企业的市场化、企业的书记与厂长的地位等方面还存在分歧。正当双方处于胶着状态时，美国轰炸了我国驻南斯拉夫联盟共和国大使馆，致使谈判中断，直到同年11月才在美国总统的邀请下恢复进程。

但是，1999年11月的谈判并不顺利。就在美国代表团准备离开北京的前一天晚上，在总理示意中国代表团前去与美国代表团询问离开礼仪事宜时，美国代表团开始松口，对谈判中的分歧进行小范围谈判，并邀请在凌晨4点钟开始磋商。但由于一些问题的权限与责任问题，谈判最后还是没有达成。其后，就在美国代表团准备前去机场的时候，总理出现在谈判现场，开始了新的小范围谈判。

在谈判的最后环节，只剩七个问题无法达成共识。总理"板着脸孔"对大家说："今天一定要签协议，不能让美国人跑了"。在谈判桌上，大家都捏了一把汗。当美国人抛出前三个问题时，总理都只有同一个回答："我同意"。中国代表团团长回忆说："当时，我着急了，这不是要全盘放弃嘛！我不断给总理递条子。"没想到总理一拍桌子说："你不要再递条子了。"想不到，当美方抛出第四个问题时，总理说："后面四个问题你们让步吧，如果你们让步我们就签字。"事实证明，后面四个坚持没有放弃的问题，如汽车贸易，就是我们的底线，这种优先次序的判断是一种魄力与技巧。

这段回忆录中记载的谈判过程充满了智慧，从实力和趋势等角度体现出了谈判的本质特征，感兴趣的学习者可以结合上述技巧分析该谈判灵活使用相关策略的艺术性与科学性。

5.1.4 采购谈判分析

（1）讨价还价模型分析

讨价还价是采购谈判中一项重要的内容，熟练地运用讨价还价的策略与技巧，是促成采购成功的保证，企业完全可以利用讨价还价模型进行采购价格的谈判活动。讨价还价模型，也称为鲁宾斯坦模型，是用完全信息动态博弈的方法对基本的、无限期的完全信息讨价还价过程进行了模拟，并据此建立了完全信息下轮流出价的讨价还价模型，是一种合作博弈模型。

假设两个参与人分割一块蛋糕，参与人1先出价，参与人2可以选择接受或拒绝。如果参与人2接受，则博弈结束，蛋糕按参与人1的方案分配；如果参与人2拒绝，他将还价，参与人1可以接受或拒绝；如果参与人1接受，博弈结束，蛋糕按参与人2的方案分配；如果参与人1拒绝，他再出价；如此一直下去，直到一个参与人的出价被另一个参与人接受为止。因此，这属于无限期完全信息博弈，参与人1若在时期一、三、五出价，那么，参与人2在时期二、四、六出价。

为简化上述讨价还价过程，假定为在某三个连续周期内博弈过程收敛，于是有在第三个周期时买方的报价为M，在第二个周期时卖方的还价是$1-\delta_1 M$，在第一个周期后买方

还价为 $1-\delta_2(1-\delta_1 M)$。此时，根据收敛性定义可知：

$$1-\delta_2(1-\delta_1 M)=M$$

求解可得：

$$M=\frac{1-\delta_2}{1-\delta_1\delta_2}$$

其中 δ_1 和 δ_2 是买方和卖方的贴现因子，是由参与人的“耐心”程度所决定的。“耐心”实质上是指参与人的心理和经济承受能力，不同的参与人在谈判中的心理承受能力可能各不相同，心理承受能力强的可能最终会占到便宜；同样，如果有比其他参与人更强的经济承受能力，就会占到便宜。

例 5－2：讨价还价模型应用。

经资产评估可知 B 公司的净资产为 100 万元，B 公司根据当时市场状况及商誉等情况，出价 130 万元；A 公司则认为 B 公司的价值只为 110 万元，于是还价为 110 万元。这里 B 公司先出价，A 公司后出价。假定双方贴现因子相同，均为 0.9，根据讨价还价模型，计算出双方谈判的均衡结果。

解：根据题意可知，贴现因子 $\delta_1=\delta_2=0.9$，所以

$$M=\frac{1-\delta_2}{1-\delta_1\delta_2}=\frac{0.1}{1-0.81}\approx 0.5$$

令 $m^*=b-(b-a)\times\frac{1-\delta_2}{1-\delta_1\delta_2}$

其中，m^* 为均衡解，a、b 分别代表 A 公司、B 公司的出价。

所以最后的均衡解约为 119.5 万元。

这一过程充分体现了谈判模型的内涵。例如，在劳资双方的谈判博弈中，雇主认为罢工持续时间越长，失去的顾客就越多，代价就越高，愿意提高的工资幅度也将增加，由此可以得到一条向上倾斜的雇主让步曲线。雇员认为在罢工早期，工会态度可能比较强硬，要求工资增加幅度可能较高，但随着罢工持续时间增加，罢工使工会会员遭受的损失也相应上升，因此，工会拥有一条向下倾斜的抵制曲线。两条曲线相交点即为工资增长幅度的谈判均衡解。

现实中，在讨价还价的过程中，势力较弱的一方通常会成为强者。对此也可以这样理解，即将自己固定在特殊的谈判地位是有利的，当任何一方认为对方不会作出进一步的让步时，协议就达成了。一方之所以会让步，是因为他知道对方不会让步了。因此可以认为，谈判的实力就在于让对方相信你不会再让步了。市场上的每一道营销环节，都避免不了双方之间的讨价还价。经济学上所谓“看不见的手”，正是通过成千上万的讨价还价行为综合作用来实现的。

(2) 拍卖报价机制设计讨论

拍卖是在规定的时间与场所，按照一定的章程和规则，将要拍卖的货物进行公开叫价

竞购的一种现货交易模式，也称竞买。潜在竞价人、资源分配集和不同的资源分配对每个参与人的价值是拍卖的三个核心部分。拍卖是以不完全信息为特征，拍卖方拥有资源优势。拍卖机制设计就是解决信息不对称，激励信息共享的重要策略。

常见的拍卖机制有英式拍卖、美式拍卖、荷兰式拍卖、第二价格密封拍卖、第一价格密封拍卖、开放出价双重拍卖等。其中，英式拍卖和第二价格密封拍卖以均衡价格成交，表明这种市场模式实际追求的是价格目标；荷兰式拍卖和第一价格密封拍卖以非均衡价格成交，表明这种市场模式实际追求的不是价格目标，而是交易目标。

有的学者认为现在能够在经济学实验室里对不同的拍卖机制进行实验，没有必要依赖理论。实验测试的潜在价值的确已经从根本上改变了拍卖机制设计的方式。然而，实验是难以模拟拍卖的实际环境的，理论在解决实际问题中承担着重要的角色。

纯理论方面的机制设计观点认为能够确定一个根据已定目标使性能达到最优的机制，即能够确定一种拍卖规则使期望成交价格最大化或使交易的效率最大化。事实上，拍卖机制设计理论也是建立在过于严格且不实的假设上的，其现有的模型也仅能解决和分析拍卖人所面临的部分问题。例如，当标的为一件物品时，英式拍卖是有效机制，因为广义的第二价格密封拍卖则适用于多件物品的拍卖。拍卖理论的基准模型有严格的假设约束前提，如竞价人风险中性、私有价值假设、所有竞标人对拍卖品的估值独立、分布及支付是报价的函数等。而实际情况并非如此，因此在以理论为依据的前提下，应更多地考察实际目标和情况，进行可行有效的拍卖机制设计。

竞价人数越多，拍卖人的期望收益越高，但边际收益递减。拍卖人知道竞价人数时，最好不让竞价人知道，这相当于拍卖人占据了一定的信息优势，以便拍卖人获得更多的收益。没有竞价人参与的拍卖注定会失败，好的设计规则能吸引更多的、更好的参与者，并使拍卖更有效率及产生更有利的拍卖价格。相关规定甚至要求拍卖人明确招标信息公布的方式及时间安排，目的是产生更有效的结果。实践中，拍卖前拍卖人都会采取刊登广告等方式让更多的人了解拍卖信息，以吸引更多的竞价人参与。另外，设计规则应考虑竞价人可接受的竞价成本。为吸引更多可能的竞价人，应设置一个较低的进入门槛。与垄断相对应，市场化程度越高越能体现效率和公平。

与此同时，实际中，也有控制竞价人人数的做法。如采购招标要求有 3 家以上的投标人投标才可进行，否则取消此次招标；投标人资格预审超过规定时，又会以抽签的方式决定进入下一阶段的投标人。前者是以优势的价格或拍卖的期望收益最大为目标，而后者则侧重追求交易的效率。从信息不完备、不对称的角度看，如果拍卖人公开其保留价，会导致买卖双方之间具备一定程度的信息对称化。竞价人会根据保留价相对准确地估测出拍卖品对拍卖人的真实价值或真实成本，这显然对拍卖人不利。所以拍卖人应该不公开其保留价以造成买卖双方的信息不对称，相当于拍卖人本人也成了竞价人之一，参与了竞价人的竞争，从而使竞争加剧，拍卖价格得到进一步提高。

但实际操作中，无论是正向拍卖买方竞价，还是逆向拍卖卖方竞价，拍卖人一般会报出保留价格，规则中常见起拍价或最高限价的字眼，如采购招标或工程招标中的最高限价规则。同样这样的规则其首要目的是找到合适的中标人，其次才是价格。

拍卖品的界定实际上反映了对拍卖目的的界定。为有效实现拍卖人的期望收益最大化或目标最大化，拍卖的对象是资源的所有权、使用权或其他权利，如供应权、服务权；拍卖品是单件分别拍卖，还是多物品整体拍卖，这些都是设计拍卖规则的考虑因素。有的拍卖者如工程招标人将一项工程分成三至四个标段分别招标，目的是缩短工期、引入竞争机制、寻找最优长期合作伙伴等。

如今拍卖的应用不局限于大宗农副产品方面，政府采购招标、国债发售、电力供应权、无线电波分配、股票上市发行等，从实物资产到金融资产都逐渐开始采用拍卖方式，拍卖品更需要被明确而清晰地界定。例如采用拍卖方式对飞机在一家机场的起飞权、降落权和优先权进行分配时，需要对这些权利及权利变化下不同的状况进行详细定义。

荷兰式拍卖和第一价格密封拍卖是出价最高的竞价人中标，中标价为该报价；英式拍卖和第二价格密封拍卖是出价最高的竞价人中标，但中标价为第二高报价。由此可见，传统的标准拍卖是以最高报价界定中标人的。虽然后者的中标价是第二高报价，但该拍卖规则能更好地鼓励竞价人报出真实的估价。现代拍卖中，价格高低仍是中标与否的核心，但越来越多的多属性拍卖中，拍卖人并非以价格而是以评分值综合评价竞价人的竞标实力。竞价人的资信、过去的经验、管理水平、市场占有情况等都是评价的内容。当然价格所占分值的比重是最大的，但并不是全部。

5.2 采购合同

5.2.1 采购合同概述

《中华人民共和国民法典》（以下简称《民法典》）第四百六十四条指出合同是民事主体之间设立、变更、终止民事法律关系的协议。婚姻、收养、监护等有关身份关系的协议，适用有关该身份关系的法律规定；没有规定的，可以根据其性质参照适用本编规定。

合同的内涵包括：合同的成立必须有两个或两个以上的当事人；各方当事人须互相作出意思表示；各方的意思表示是一致的，也就是当事人达成一致的协议。

采购合同是采购协议的法律性文件，是对采购中的数量、质量、规格、付款、运输等意思一致表达关系的总称。

（1）合同形式

当事人订立合同有口头形式、书面形式和推定形式。书面形式的最大优点是合同有据可查，发生纠纷时容易举证，便于分清责任。因此，对于关系复杂的合同、重要的合同，最好采取书面形式。但双方当事人均承认的口头合同、已经履行了主要义务的口头合同、法律认可的其他口头合同均有效。

①口头形式。以语言为意思表示订立合同，而不用文字表达协议内容的形式。口头形式简便易行，在日常生活中经常被采用。集市的现货交易、商店里的零售交易等一般都采用口头形式。

合同采取口头形式，不需当事人特别说明。凡当事人无约定、法律未规定采用特定形式的合同，均可采用口头形式。但发生争议时，当事人必须可证明合同的存在及合同关系的内容。

口头形式的缺点是发生合同纠纷时难以取证，不易分清责任。所以对于不能即时清结的合同和标的数额较大的合同，不宜采用这种形式。

②书面形式。书面形式是指以文字表现所订合同的形式。合同书以及任何记载当事人要约、承诺和权利义务内容的文件都是合同书面形式的具体体现。《民法典》第四百六十九条规定，书面形式是合同书、信件、电报、电传、传真等可以有形地表现所载内容的形式。书面合同的表现形式，常见的有以下几类。

a. 表格合同。表格合同是当事人双方合意的内容及条件，主要体现为一定表格上的记载，是能全面反映当事人权利、义务的简易合同。表格合同及其附件、有关文书、通用条款共同组成完整的合同。

b. 车票、保险单等合同凭证。车票、保险单等合同凭证本身不是合同，它的功能在于表明当事人已存在的合同关系。合同凭证是借以确认双方权利、义务的一种载体。虽然双方的权利、义务并未完全反映在合同凭证上，但因法律及权力机关制定的规章已有明确的规定，因而可以确认合同凭证所标示的双方的权利、义务关系。

c. 合同确认书。当事人采用电报、电传形式订立合同的，须有确认文件，即确认书。此确认书与电报、电传文件一起构成合同文件。

d. 格式合同。格式合同或称为附和合同、定式合同、附从合同、标准合同、定型化合同。如运输合同，其主要内容按国家有关部门的规定制作，但并未与托运人协商。托运人托运货物，要按照表格上规定的项目逐项填写，经承运人确定后，合同即告成立。铁路及航空货物运输中的货运单就是格式合同。

③推定形式。当事人未用语言、文字作出意思表示，仅用行为向对方发出要约，对方接受该要约，做出一定或指定行为或承诺，合同即告成立。

（2）合同分类

①有名合同与无名合同。有名合同是指法律上已经确定了的具有一定名称的合同。如《民法典》规定的买卖合同，供用电、水、气、热力合同，赠与合同，借款合同等 19 类合同。无名合同又称非典型合同，是指法律上尚未确定名称的合同。如法律服务、企业咨询等现代新型合同，都是法律没有确定名称的无名合同。

②双务合同与单务合同。所谓双务合同，是指当事人双方互负对等给付义务的合同。

即一方当事人愿意负担履行义务，旨在使他方当事人因此负有对等给付的义务。或者说，一方当事人所享有的权利，即为他方当事人所享有的义务，如买卖合同、租赁合同等均为双务合同。所谓单务合同，是指合同当事人仅有一方负担给付义务的合同。换言之单务合同是指当事人双方并不互相享有权利和义务，而主要由一方负担义务，另一方并不负有相对义务的合同。例如在借款合同中只有借款人负有按约定使用并按期归还借款的义务。

③有偿合同与无偿合同。根据当事人是否可以从合同中取得某种利益，可以将合同分为有偿合同与无偿合同。有偿合同是指一方通过履行合同规定的义务而给对方带来某种利益，对方要得到该利益必须为此付出相应代价的合同。有偿合同是商品交换最典型的法律形式。在实践中，绝大多数反映交易关系的合同都是有偿合同。无偿合同是指一方给付对方某种利益，对方取得该利益时并不支付任何报酬的合同。在无偿合同中对方当事人虽不支付报酬，但也要承担义务，如借用人无偿借用他人物品，负有正常使用和按期返还的义务。还需要说明的是，有的合同既可以是无偿的，也可以是有偿的，如公民之间的保管合同大多为无偿合同，而法人之间的保管合同大多为有偿合同。

④诺成合同与实践合同。所谓诺成合同，是指当事人一方的意思表示，一旦经过对方同意，即能产生法律效果的合同，即“一诺即成”的合同。此种合同的特点是，当事人双方意思表示一致，合同即告成立。所谓实践合同，又称要物合同，是指除当事人双方意思表示一致以外，尚需交付标的物才能成立的合同。在这种合同中，仅凭双方当事人的意思表示一致，还不能产生一定的权利义务关系，还必须有一方当事人实际交付标的物行为，才能产生法律效果。例如小件寄存合同，必须寄存人将寄存的物品交给保管人，合同才能成立并生效。由于绝大多数合同都从双方形成合意时成立，因此，诺成合同是一般合同形式，而实践合同则必须有法律特别规定，可见实践合同是一种特殊合同。

⑤要式合同与非要式合同。根据合同成立是否应以一定形式为要件，可将合同分为要式合同与非要式合同。所谓要式合同，是指应当或者必须根据法律规定的方式进行操作才能成立的合同。对于一些重要的交易，法律常常要求当事人必须采取特定方式成立合同。例如，中外合资经营企业的合同，属于应当由国家批准的合同，只有获得批准时，合同才能成立。所谓非要式合同，是指当事人订立的合同依法不需要采取特定的形式。当事人可以采取口头形式，也可以采取书面形式。合同除法律有特别规定以外，均为非要式合同。要式合同与非要式合同的区别在于是否应以一定的形式作为合同成立或生效的条件。根据合同自由原则，当事人有权选择合同形式，故合同以非要式合同为常态。对一些重要的交易，如不动产买卖，法律常规定当事人应当采取特定的形式订立合同。

（3）采购合同分类与选择

在采购实践中，由于涉及产品与服务的全生命周期，考虑成本、激励和创新的缘故，合同的类型和内容比较复杂。根据产品与服务的生产、价值与产出等环节，典型的采购合同有固定性采购合同、价值性采购合同和时间—成本性采购合同。这些合同分别围绕采购中的成本和价格来设计采购协议与条款。

由于生产批次与规模对生产成本有较大影响，所以采购中比较常见的合同形式之一就是以固定产量为基础的固定合同，即固定性采购合同。对于成熟产品与服务，其成本主要是由生产时间和原材料来决定的，所以采购中还有一种合同就是时间—成本性采购合同。在外包采购中，彼此可以根据共创的产品价值或产品性能而制定合同，这就是价值性采购合同。

这些采购合同中的关系充分体现了供需的优势资源整合与转移的需要。从采购兑现的技术含量来看，技术水平越高，采购合同的目标和责任就越倾向于激励和共享价值。较低水平的采购对象就可以采取一般形式的固定性采购合同。在本质上，通过合同来激励供应商就要以采购中的未知价值为基准，通过悬赏式的激励，促进供应商创新，持续改进原料与零部件的稳定性。为了共享成本，降低投入的技术红利，需要不断更新合同形式与内容，以实现持续性合作与创新。同时，也要防止市场出现逆向选择的现象，这都需要对合同中的价格成分、成本动因和合作性质进行详细界定，尽量消除合同不能规定的未知风险，从而稳定市场发展和保障充分供应。

5.2.2 采购合同的内容

合同的内容，从合同关系角度讲，是指合同权利和义务。合同权利和义务，除少数是由法律直接规定产生之外，绝大部分是由合同规定的，准确地说，是通过合同条款规定的。从这个意义上讲，合同的内容又指合同条款。各合同条款因在合同中所处的地位、所起的作用、所表现的形式等不同而不同。

合同的一般条款又称为普通条款，是指合同主要条款以外的条款。一般条款又分为通常条款和偶尔条款。通常条款是根据法律和交易习惯所确定的合同条款。这些条款无须双方当事人协商而自动成为合同条款，也不必写入合同中去。如房屋租赁合同的出租人有保证房屋能够正常使用的义务，采购合同的卖方负有保证出卖物没有瑕疵的义务。这些条款都无须协商而自动成为合同条款。偶尔条款是指须经当事人协商方能成为合同内容的一般条款。这些条款也是合同的重要内容，但一般不影响合同的成立。

合同的主要条款是合同应该具备的条款，这些条款是合同的主要内容和核心，没有它们合同则难以成立。因而，这些条款又称为合同的必要条款。合同的主要条款是确定双方权利与义务的依据。

合同的主要条款由合同的类型和性质决定，按照合同的类型和性质的要求，必须具备的条款，就是合同的主要条款。例如，在采购合同中，标的物条款和价款条款就是主要条款，而在赠与合同中就没有价款条款。

合同的主要条款可由当事人双方约定产生。凡当事人一方要求双方必须达成协议的条款，都是合同的主要条款。例如，采购合同中关于交货地点的条款，如一方提出必须就该条款达成协议，它就是主要条款；若双方都未提出必须在某地交货，否则不能成交的要求，则该条款不是主要条款。

根据《民法典》合同编的规定，并结合现代采购实践的趋势，系统的采购合同主要包括下列条款。

①当事人的名称或者姓名、住所。采购方、供应方是单位的，应当写明单位的全称、地址和法定代表人的姓名；采购方、供应方是个人的，应当写明个人姓名、住所。此外，有联系电话的，还应写明电话号码。在涉外采购合同中，还应当写明当事人的国籍。

②采购标的物的基本情况。采购标的物的基本情况包括标的物的名称、种类或者品种、规格、型号、等级、花色等。这些是一种标的物与其他标的物区别的标志。只有在某项采购合同中将采购标的物的具体名称、品种、规格、等级、花色等写清楚，才不会引起误解，产生分歧。不在合同中将采购标的物的基本情况规定清楚，正确履行合同就难以得到保证，容易产生纠纷。

需要指出的是，对于机电等配套产品，不仅要写明主机的名称、品种、型号、规格、等级，必要时还应当写明随主机的辅机及配件（附物）的名称、品种、型号、规格、等级等内容。如果采购方一次购买供应方不同种类或规格的商品，双方当事人应当分别写明每一个种类或规格商品的基本情况。

③采购标的物的数量、计量方法、质量要求与包装方式等。采购标的物数量是衡量当事人权利、义务多少或者大小的一个尺度，如果没有规定数量，一旦发生纠纷就很难分清双方的责任。因此，双方当事人必须对采购标的物的具体数量及计量方法在合同中作出明确规定。不同的标的物，其质量要求也不一样。因此，双方当事人应在采购合同中规定出标的物执行的技术标准和其他质量要求。同时还应当按照国家有关规定约定质量保证期。

在物品采购中，特别是从较远的地方采购物品时，往往需要对该物品进行包装。对采购物品进行包装是为了保证物品运输安全和保管安全，使物品安全地送给采购方或者采购方指定的其他收货人。包装方式包含着对包装技术和包装容器的质量要求。具体的包装方式，由双方当事人根据物品的性质等来商定。当然，不需要专门进行包装的物品，裸装即可。

④价款的数额及交货期限、地点和方式。对于产品的价格，除国家规定必须执行国家定价外，由当事人协商议定。目前，随着我国社会主义市场经济的发展和物价放开，执行国家定价的产品很少，绝大多数产品的价格由市场供求法则自由决定。因此在实践中，除了极少数产品外，其他产品的价格都由双方当事人协商。在双方商定产品价格时，除了考虑生产成本外，还需要考虑市场行情、采购方所购产品的数量等因素，如采购方一次所购产品数量较多，产品单价就应相对低一些。一次采购的产品数量较多，既要写明产品的单价，也要写明所有产品的总价款。

对于已使用过的旧货，应根据使用期限进行合理的折价，并按照市场行情来确定出卖价格。除了即时清结的以外，需要双方在采购合同中对采购方向供应方支付货款的具体期限、地点作出规定。采购方可以在供应方交货前支付一部分货款，待交完货后一次性或者分期支付其余货款，也可以在接货后某时间段内一次性付清。至于支付货款的地点，一般是供应方所在地，也可以是采购方所在地，还可以是第三方所在地，这些由双方根据具体情况选择。

这里所说的交货是指供应方在采购合同签订后按照合同约定将标的物交付给采购方。交货期限，是指供应方向采购方履行交付出卖物的期限，一般以年、季度、月、旬、周、日、时计算。供应方可以在合同签订后立即交货，也可以在合同签订后某一时期内交货。标的物数量多的，供应方可以一次性交付，也可以分批交货。交货方式主要包括采购方到供应方所在地提货、供应方送货到采购方所在地和通过运输经营者运输或者通过邮电单位邮寄交付等。双方当事人选择哪一种方式，由双方协商。至于供应方交货的具体时间、地点和方式，由双方当事人协商确定。

⑤运输方式的要求及运杂费用的支付。运输方式包括铁路运输、公路运输、水路运输（含海上和内河运输）和航空运输，双方可自由协商确定。运输的费用是由采购方还是由供应方承担，需要双方在合同中明确约定。

⑥验收或者检验的标准、方式、日期。这里所说的验收，是指采购方在接受供应方交付的货物时，对标的物数量和质量进行检验、接收的行为。采购方验收标的物的时间、地点一般与供应方交货的时间、地点一致。对产品质量的验收、检疫方法，按照国家有关规定执行，没有规定的由双方当事人协商确定。

需要指出的是，双方当事人可根据需要商定检验机构。对货物质量的检验，尤其是在双方对质量有异议时，需要由专门的产品检验机构来检验。在国际采购中，货物进出口一般需要由进出口商品检验机构或者动植物免疫检验机构进行检验。

⑦结算方式。结算方式是对合同规定的价款以及实际支付的运杂费和其他费用的清结。这些货款和费用的结算，应按照《人民币银行结算账户管理办法》关于异地结算、同城结算等的规定办理。当事人双方应在合同中规定开户银行、账户类型和账号。除国家允许使用现金履行义务外，必须通过银行转账或者使用票据结算。

用托收承付方式的，合同中应当注明验收单付款或验货付款。

另外，还应规定结算的货币种类。在国内采购中，当事人应以人民币结算，只有在少数情况下，符合国家规定条件的，方可用外币按国家规定的汇率折合成人民币结算。在进出口贸易中，一般以外币结算。

⑧合同使用的文字及其效力。在国际采购中，可以根据需要规定采购合同所使用的文字及其效力。不同文字的合同条文，在对同一事项的认定、理解上有时会产生不同的解释，从而引发合同纠纷。因此，当事人可以对使用的文字效力进行规定。除国际采购合同外，在国内同少数民族地区的单位、个人采购时也可使用该少数民族的文字。

⑨违约责任与纠纷处理。违约是指当事人双方在合同中规定任何一方违反合同规定或者不按照合同规定履行义务时，应承担的支付违约金、赔偿金等责任。当事人也可以在合同中明确对产品实行包修、包退、包换的条件。违约金的比例由当事人双方按照国家有关规定，在订立合同时协商确定。合同纠纷的解决办法包括协商、调解、仲裁和诉讼，当事

人应在合同，特别是国际采购合同中加以明确。

⑩其他条款。对采购合同的担保、公证、变更或者解除等条件，国际采购合同中法律的适用条件等内容，只要经过双方协商同意，都可以成为合同的条款。总之，双方在协商采购合同内容时，任何一方提出有关要求，对方同意接受的，都可成为合同的内容。

需要指出的是，上述各项条款在实践中并不是所有采购合同都必须具备的，有的采购合同可以缺少上述一条或者几条条款。采购合同签订后，当事人应持合同办理有关审批等手续。

5.2.3 采购合同管理

（1）采购合同订立管理

采购合同的订立，是采购方和供应方双方当事人在平等自愿的基础上，就合同的主要条款经过协商取得一致意见，最终建立起物品采购合同关系的法律行为。

采购人员在签订采购合同前，必须审查供应方当事人的合同资格、资信及履约能力，按《民法典》的要求，逐条订立采购合同的各项必备条款。

①审查供应方当事人的合同资格。为了避免和减少采购合同执行过程中的纠纷，在正式签订合同之前，采购人员首先应审查供应方当事人作为合同主体的资格。所谓合同资格，是指订立合同的当事人及其经办人必须具有法定的订立经济合同的权利。审查供应方当事人的合同资格，目的在于确定对方是否具有合法签约的能力，这一点直接关系到所签合同是否具有法律效力。

a. 法人资格审查。认真审查供应方当事人是否属于经过国家规定审批程序成立的法人组织。法人是指具有民事权利能力和民事行为能力依法独立享有民事权利和承担民事义务的组织。判断一个组织是否具有法人资格，主要看其是否持有国家市场监督管理总局颁发的营业执照。经工商登记的国有企业、集体企业、私营企业、各种经济联合体、实行独立核算的国家机关、事业单位和社会团体，都可以具有法人资格，成为合法的签约对象。

在审查供应方当事人法人资格时应注意，没有取得法人资格的社会组织、已被取消法人资格的企业或组织，无权签订采购合同。要特别警惕一些根本没有依法办理工商登记手续或未经批准的所谓的“公司”，它们或私刻公章、冒充法人，或假借他人名义订立合同，旨在骗取采购方的货款或定金。同时，要注意识别那些没有设备、技术、资金和组织机构的“四无”企业，它们往往在申请营业执照时弄虚作假，虽签订采购合同并收取货款或定金，但根本不具备供货能力。

b. 法人能力审查。审查供应方当事人的经营活动是否超出营业执照批准的范围。超越业务范围的经济合同属无效合同。

法人能力审查还包括对签约的具体经办人的审查。采购合同必须由法人的法定代表人或法定代表人授权证明的承办人签订。法人的法定代表人就是法人的主要负责人，如厂长、经理等，他们代表法人签订合同。法人的法定代表人也可授权业务人员如推销员、采购员作为承办人，以法人的名义订立采购合同。承办人必须有正式授权证明书，方可对外签订采购合同。法人的法定代表人在签订采购合同时，应出示身份证明、营业执照或其副本；法定代表人授权证明的承办人在签订采购合同时，应出示本人的身份证明、授权证明书、营业执照或副本。

②审查供应方当事人的资信及履约能力。资信，即资金和信用。审查供应方当事人的资信情况，了解其对采购合同的履约能力，对于在采购合同中确定权利和义务条款具有非常重要的作用。

a. 资信审查。具有固定的生产经营场所、生产设备和与生产经营规模相适应的资金，特别是拥有一定比例的自有资金，是供应方当事人对外签订采购合同起码的物质基础。

准备签订采购合同时，采购人员在向供应方当事人提供自己的资信情况说明的同时，要认真审查供应方当事人的资信情况，从而建立起相互依赖的关系。

b. 履约能力审查。履约能力是指供应方当事人在除资信以外的技术和生产能力、原材料与能源供应、工艺流程、加工能力、产品质量、信誉高低等方面的综合情况。总之，就是要了解对方有没有履行采购合同所必需的人力、物力、财力和信誉保证。

如果经审查发现供应方当事人资金短缺、技术落后、加工能力不足，无履约供货能力，或信誉不佳，则不能与其签订采购合同。只有在对供应方当事人履约能力充分了解的基础上签订采购合同，才能有可靠的供货保障。

审查供应方当事人的资信及履约能力的主要方法有：通过供应方当事人的开户银行，了解其债权债务情况和资金情况；通过供应方当事人的主管部门，了解其生产经营情况、资产情况、技术装备情况、产品质量情况；通过供应方当事人的其他用户，可以直接了解其产品质量、供货情况、维修情况；通过供应方当事人所在地的工商行政管理部门，了解其是否具有法人资格和注册资本、经营范围、核算形式；通过有关的消费者协会和法院、仲裁机构，了解供应方当事人的产品是否经常遭到消费者投诉，是否曾经牵涉到诉讼。对于大批量的性能复杂、质量要求高的产品或巨额的机器设备的采购，在上述审查的基础上，还可以由采购人员、技术人员、财务人员组成考察小组，到供应方当事人的经营加工场所实地考察，以确认供应方当事人的资信和履约能力。

采购人员在日常工作中，应当注意收集有关企业的履约情况和相关的商情，作为以后签订合同的参考依据。

（2）采购合同的履行与担保

采购合同的履行是指合同依法订立生效后，当事人双方按照合同规定的各项条款完成各自承担的义务和实现各自享受的权利，使当事人双方订立合同的目的得以实现的行为。合同履行是合同法律效力的重要体现，是实现合同目的的重要手段。当事人应当按照合同约定全面履行自己的义务。采购合同的履行中有两项重要的原则，即实际履行原则和适当履行原则。

①实际履行原则。实际履行原则是指当事人应当按照合同的标的物履行合同义务，即

合同标的物是什么，当事人就应当履行什么，不能任意用其他标的物代替。这是因为采购合同的标的物都是一些用于特定条件下的指定标的物，离开了实际履行，允许当事人任意提供其他标的物（如交付其他物品）来代替合同约定的标的物，当事人的另一方就可能蒙受巨大的直接损失与间接损失。

②适当履行原则。适当履行原则要求当事人在履行合同时，要履行合同的各种要素，即除按合同规定期限交付标的物外，还应按照合同标的物的数量和质量、履行期限、履行地点、履行方式等履行合同，因此，可以说适当履行原则是实际履行原则的补充和扩张。实际履行原则是判断当事人是否履行合同的标准，而适当履行原则是判断当事人的履行是否正确的标准。

为了使合同的履行切实实现上述两项原则，在签订合同时必须对上述合同要素作出具体规定，以使义务人按规定履行，权利人按规定验收，这对于保证合同的正确履行是十分重要的。

采购合同担保是指合同当事人根据法律的规定或合同的约定，为确保债务履行和债权实现而采用的法律保障措施。常见的担保方式有保证担保、抵押担保、质押担保、留置担保和定金担保。

①保证担保。保证是指保证人和债权人约定，债务人不履行债务时，保证人按照约定履行债务或者承担责任的行为。保证担保只能由采购合同以外的第三人作为保证人，同一债务有两个以上保证人的，保证人应当按照保证合同约定的保证份额承担保证责任。没有约定保证份额的共同保证人，应承担连带责任，债权人可以要求任何一个保证人承担全部保证责任。

按照国际惯例，国际间的采购合同一般都要求提供保证担保或其他形式的担保，从大量采购活动实践来看，这种担保形式对合同的履行是有必要的。

②抵押担保。抵押是指债务人或者第三人不转移对作为抵押物的特定财产的占有，将该财产作为债权担保的行为。债务人不履行债务时，债权人有权依照法律规定以该财产折价或者以拍卖、变卖该财产的价款优先受偿。

对债权人来说，抵押担保是一种比较可靠的物权担保方式，且免除了保管抵押物之累。由于抵押兼顾了效益和安全，因此被称为“担保之王”。

③质押担保。质押是指债务人或第三人将其动产或其特定的权利凭证（如汇票、支票、本票、债券、存款单、仓储单、提货单、股票、有限责任公司的股份及知识产权中的财产权等）移交债权人占有，作为债权担保的行为。债务人不履行债务时，债权人有权依照法律规定以该动产或权利凭证折价、拍卖、变卖或转让获取的价款优先受偿。

质押担保在采购合同的担保机制中也是一种可操作的形式，它为担保活动提供了灵活多样的形式。只是与抵押担保相比，债权人为保存质押物增加了一定的工作量。

④留置担保。留置是指债权人按照合同约定占有债务人的财产。债务人不按照合同约定的期限履行债务的，债权人有权按照法律规定留置该财产，以该财产折价或者以拍卖、

变卖该财产的价款优先接受补偿。

留置担保一般发生在当事人依照合同规定，保管对方的财物或接受来料加工，对方不按期或不如数给付保管费或加工费时，有权留置对方的财物。

⑤定金担保。定金是指当事人一方为了证明合同的订立和保证合同的履行而在合同履行前支付给对方一定数额的货币。定金作为合同债权的一种担保方式，是一种违约定金，具有制裁性。一般，给付定金的一方不履行约定债务的，无权要求返还定金；收受定金的一方不履行约定债务的，应当双倍返还定金。此规定称为“定金罚则”，而在债务人履行债务后，定金应当抵作价款或者收回。

定金担保这一形式，对于防止合同当事人悔约、保证和维护采购合同关系起到较大的作用，因此在采购活动中使用较为广泛。

（3）采购合同的变更、中止和解除

采购合同的变更是指在保持合同主体同一性的前提下，对合同内容所做的改变，即合同依法订立后，在尚未履行或者尚未完全履行之前，当事人通过协商对合同内容所做的修改或者补充。合同变更可由合同双方的任一方提出。在货物采购中一般合同的变更多由采购方提出。采购方根据有关法律规定可以对合同某些条款提出修改。

如果合同变更使供应方履行合同义务的费用或时间发生变化，合同价与交货时间应公平调整，同时相应地修改合同。供应方进行调整的要求，必须在收到采购方变更指令后30天内提出。

而在工程采购中，合同双方都可能提出修改某些条款，如工作项目的增减、材料的变化、施工方案的修改等。

合同中止是指在采购过程中采购方发现供应方存在欺骗、贿赂、提供假证明等行为时，为了保护采购方的利益，在完成调查或法律审查之前根据充分的证据实行的一种紧急措施。

对合同的中止应根据有关法律和合同条款规定实施。构成合同中止的原因一般主要有下述几种情况。

①企业为获得某一合同而犯有诈骗罪行。

②犯有贪污、偷窃、伪造、贿赂等罪行。

③投标人提供假证明等情况。

④违反有关报价的不正当竞争。

⑤有商业道德不诚实记录，这种过错有可能严重影响当事人履约。

⑥其他性质严重或恶劣的影响合同履行的情况。

中止合同的决定应采取明示的方式，给予当事人解释说明和辩护的机会。中止合同决定作出后应立刻用信函方式通知另一方当事人，并告之中止的原因，以及中止合同会产生的后果等有关事项。

由于中止合同是一种紧急措施，故其实施有一定期限，即中止期。在中止期内有关方面须尽快完成调查，否则中止将被取消。

合同的中止，一般在各国法律中都存在明确规定。同时在合同中，尤其是在一定金额的采购活动中，应加入有关中止的条款。

合同的解除实际上是不履行合同所规定的义务。引起合同解除的情况一般有以下三种。

①因违约行为而解除合同。例如，供应方不按照合同规定履行义务，如交货不符合规格，不能按合同规定日期交货至指定地点等。在这种情况下，一般在作出解除合同的决定前，采购方应尽可能根据合同的具体规定，给予供应方补救机会，如通过罚款、赔偿相关损失、修补等补救措施，争取继续执行合同。

②由于采购方的原因导致合同解除。在这种条件下供应方可以要求采购方赔偿其损失。

③双方同意解除合同。由于各种特殊或紧急情况在合同履行中可能会要求解除合同。出现这种情况时，最好的办法是采购方和供应方共同协商，在有关合同解除条件上达成一致。

（4）采购合同的违约责任与索赔

违约责任是指当事人违反合同约定应承担的民事责任。违约责任制度作为保障债务履行和债权实现的重要措施，是在债务人不履行债务时，国家强制债务人履行债务和承担法律责任的表现。违约责任制度的建立，既有利于促进合同的履行，又有利于弥补违约造成的损失，因而在采购合同管理中，违约责任居于核心地位。正是因为违约责任的存在，合同秩序才得以顺畅、高效、有序运行和发展，整个社会的经济秩序才可能得以保障。

①违约责任的基本法律特征。

a. 违约责任是一种财产责任。采购合同的法律关系是以财产关系为内容的法律关系，采购合同债务直接具有财产的内容，因此违约责任就是一种财产责任。如当事人一方不履行采购合同义务或者履行采购合同义务不符合约定，应当承担采取补救措施、赔偿损失或支付违约金等违约责任。

b. 违约责任主要采取等价补偿的方法。也就是说，违约责任的范围与补偿力度要与因违约给对方造成的损害大体相适应。

c. 违约责任可以依法由当事人协商决定。采购合同是依据当事人协议而设立的，违约责任作为对已遭破坏的合同关系的补救措施，允许当事人自行约定。其好处在于能省去法院判断违约损失的时间，因此各国法律均允许双方约定违约金或其违约责任形式。这样既能避免当事人、仲裁机构或法院陷于长期不能确定赔偿范围的困境，又有利于采购合同纠纷的及时解决，同时也尊重了当事人的意愿。

②违约责任的构成要件。

违约责任的构成，必须具备一定的条件。违约责任的构成要件如下。

a. 有不履行采购合同债务的违约行为。在实际违约中，违约行为主要包括不履行、不适当履行和迟延履行三种。不履行是指在采购合同的履行期限内，完全不履行采购合同义务的违约行为。不适当履行是指在采购合同的履行期限内，当事人有履行采购合同的行为，但履行行为不符合采购合同的约定，如履行的标的物的数量或质量不适当、履行的地点或方式不适当等。迟延履行是指债务人员有履行采购合同的行为，但履行采购合同的期限晚于采购合同约定的期限。

b. 有损害事实存在。违约损害事实是指因一方违约行为而给对方造成的财产损失，包括直接损害和间接损害。违约损害具有以下几个特点：第一，损害是实际发生的，不包括尚未发生的损害；第二，损害是可以确定的，其表现为一是能够通过货币计算来确定，二是债权人能够通过举证加以确定；第三，损害是当事人在订立采购合同时可以预见的。

c. 违约行为与损害事实之间有因果关系。因果关系，是指违约行为与损害事实之间存在的内在的必然、本质的联系。根据《民法典》第五百七十七条的规定，当事人一方不履行合同义务或者履行合同义务不符合约定的，应当承担继续履行、采取补救措施或者赔偿损失等违约责任。这条规定不考虑当事人违约时在主观上是否有过错，除有不可抗力因素可以免责外，都要承担违约责任。

③承担违约责任的方式。

a. 继续履行。继续履行是指当事人一方不履行采购合同义务或履行采购合同义务不符合约定，不论是否已经承担赔偿金或者违约金责任，都必须根据对方的请求，在自己能够履行的条件下，继续履行采购合同义务。

b. 采取补救措施。采取补救措施主要适用于质量不符合约定的情况。受损害方根据标的物的性质及损失的大小，可以合理选择要求对方承担修理、更换、重做、退货、减少价款或报酬等违约责任。

c. 赔偿损失。赔偿损失的范围，可由当事人双方自行约定，也可由法律直接规定。在法律没有特别规定和当事人没有另行约定的情况下，应按完全赔偿原则，赔偿全部损失。

d. 违约金。违约金是指由当事人通过协商预先确定的，在违约发生后作出的独立于履行行为以外的给付金额。违约金具有惩罚的特质，即当事人违约，不论它是否给对方造成经济损失，都必须支付违约金。

e. 定金。当事人设立了定金的情况下，任何一方不履行合同都将承担定金违约责任。

索赔是采购合同履行过程中，合同当事人的一方，由于非自身负责的原因而造成合同义务外的额外费用支出，从而通过一定的合法途径和程序，向合同当事人另一方要求予以某种形式的补偿活动。索赔在采购合同履行的任何一个阶段都可能发生，索赔管理已逐渐成为采购合同双方维护其经济利益的最基本管理行为。

①索赔的类型。

a. 按索赔的对象，索赔可分为施工索赔和商务索赔。所谓施工索赔，一般是在工程采购中，由于种种原因造成工程的延误、材料的损失、工作量的增加，合同当事人一方增加了额外费用，因而向合同当事人的另一方提出索赔。所谓商务索赔，大多是在货物采购中，由于供应方或其他部门失误，导致货物遭受损失或延期交货，采购方依据合同的有关条款向有关单位提出索赔。

b. 按索赔发生的原因，索赔可分为七类，即违约索赔、变更索赔、采购方指令变化引起的索赔、工程暂停索赔、不利自然条件和客观障碍引起的索赔、合同缺陷索赔、其他原因引起的索赔。

②索赔程序。

索赔的提出一般都会在合同当事人之间产生不同看法，要想索赔成功，提出索赔的一方必须遵守索赔程序。一般进行索赔要按以下四个步骤进行。

a. 提出索赔要求。提出索赔的一方在索赔事项发生的 28 天内，用书面信件正式向另一方发出索赔通知书。索赔通知书主要说明索赔事项的名称、引证索赔依据的合同条款及索赔要求。

按照国际惯例，如果在提出索赔的一方发出索赔通知 30 天内，另一方未做答复，上述索赔应视为已被另一方接受。如在货物采购中，如果供应方未能在采购方发出索赔通知后 30 天内或采购方同意的延长期限内，按照采购方同意的合同规定的任何一种方法解决索赔事宜，采购方将从预付货款中或供应方开具的履约保证金中扣回索赔金额。

b. 保存好同期记录。索赔事项发生后，提出索赔的一方要保存好当时有关记录，以便作为证实材料。

c. 提供索赔证明。在索赔通知发出后的 28 天内，提出索赔的一方要提交一份说明索赔依据和索赔款项的详细报告。如果该索赔事件有连续性的影响，事态还在发展时，按照对方合理要求，每隔一段时间，提交一次列有累计索赔款额和进一步说明索赔依据的补充材料，说明事态发展情况，直至导致索赔事件终止后 28 天内送出一份最终详细报告，附上最终账目和全部证据资料，提出具体的索赔款额或工期延长天数。

d. 索赔支付。当提出索赔一方提供的详细报告使另一方确认应偿付索赔款额时，另一方应在合同的支付期限内向对方支付索赔款额。如果提出索赔的一方所提供的详细报告不足以证实全部索赔，另一方应按照已证实并令人信服的那部分索赔的详细资料，给予提出索赔一方部分索赔的款额。

③索赔报告书的编写。

在索赔工作中，索赔报告书的质量和水平对索赔成败关系重大。一项符合法律规程与合同条件的索赔，如果报告书写得不好，如对索赔权论证不力、索赔证据不足、索赔款计算有误等，轻则使索赔结果大打折扣，重则会导致索赔失败。因此在编写索赔报告书时，应特别周密、审慎地论证阐述，提供充分的证据资料，对索赔款反复校核，不允许存在任何计算错误。对于技术复杂或款额巨大的索赔事项，有必要聘请合同专家、法律顾问、索赔专家或技术权威人士担任咨询顾问，以保证索赔取得较为满意的结果。

完整的索赔报告书一般包括四个部分。

a. 总论部分。概括地叙述索赔事项的日期、过程，提出索赔要求的一方为减轻损失而做的努力，索赔事项造成的额外费用或工期延长天数，最后提出索赔要求。

b. 合同引证部分。其主要目的是论述提出索赔要求的一方有索赔权。该部分主要内容是该采购项目的合同条件及采购项目所在国有关的索赔法律规定，以及类似的索赔案例，以论述自己索赔要求的合理性。

c. 索赔款额计算部分。此部分是以具体的计价方法和计算过程说明提出索赔的一方应得到的经济补偿款额。在编写这部分时要注意计价方法、各项合理开支，在论述各组成部分计算过程时要指明所依据的证据资料的名称和编号，这样才能使计算出的索赔总款额有说服力。

d. 证据部分。证据部分通常以索赔报告书附件的形式出现。它包括了该索赔事项所涉及的一切有关证据资料及对这些证据的说明。证据是索赔文件的必要组成部分，没有翔实可靠的证据，索赔是不可能成功的。

索赔证据资料的范围非常广泛，如照片、日记、工程计划表、地形图、图纸、发票、票据、工资表等。有关索赔证据资料应该在采购合同签订以后，就由合同部的人员专门收集整理、分类储存，在引用每个证据时，要注意该证据的效力或可信程度。

总之，合同管理人员要想索赔成功，必须重视索赔报告书的编写，使索赔报告书具有说服力，逻辑性强，符合实际，论述准确。

例 5 -3：东北某林区木材厂的采购谈判与合同。

东北某林区木材厂是一个近几年生意红火的中型木器制造厂。几年来，依靠原材料有保证的优势，就地制造成本比较低的传统木器，获得了可观的经济效益。但是该厂的设备落后，产品工艺比较陈旧，限制了工厂的发展。因此，该厂决定投入巨资引进设备技术，进一步提高生产效率，开拓更广阔的市场。于是该厂通过某国际经济技术合作公司代理其与外国某木工机械集团签订引进设备合同，总价值 110 万美元。

外方按照合同规定，将设备送至木材厂，还派技术人员来厂进行调试安装。中方在验收中发现，部分零部件磨损痕迹严重，开机率不足 70%，根本不能投入生产。中方向外方指出，产品存在严重质量问题，没有达到合同中机械性能保证的指标，并向外方征询解决办法。外方表示将派更专业的技术人员赴厂研究改进。两个月后，外方派来的工作组到厂，更换了不符合标准的部分零部件，对机器进行了再次的调试，但经过验收仍然不符合合同规定的技术标准。调试后外方应允回去研究，但一去三个月无下文。后来经过代理公司协调，外方人员来厂又进行了一次调试，但验收仍未能通过。中方由于安装、调试引进的设备已基本停产，半年没有效益。为了尽快投入生产，中方认为不能再这样周旋下去，准备通过谈判，做出一些让步，只要保证整体符合生产要求即可。这正中外方下怀，中方提出这个建议后，他们马上答应，签署了设备验收补充协议，外方公司随即派人进厂调试。但调试后，只有一项达到标准，中方认为不能通过验收。但外方公司认为已经达到补充协议标准，双方遂起纠纷。

本来，外方产品质量存在严重问题，中方完全有理由表示强硬态度，据理力争。但双方纠纷发生后，外方却显得理直气壮，反而搞得中方苦不堪言，其症结到底何在呢？

原来，双方签署的补充协议中，经中方同意，去掉了部分保证指标，并对一些指标进行了调整，实际上是中方做出了让步。但是让步必须是有目的的和有价值的，重新拟定的条款更须做有利于中方的、明确清晰的规定，不然可能造成新的被动局面。但该补充协议中竟然拟定了这样的条款标准：某零部件的磨损程度“以手摸光滑为准”，某零部件“不得出现明显损伤”等。这种空泛的、无可量化的条款让外方钻了空子。根据这样的模糊规定，外方坚持认为达到了以上标准，双方争执不下。你摸着不光滑，我摸着就是光滑，拿什么来做共同依据呢？

外国公司所采取的是精心炮制好了的策略，一段套着一段走。一开始，外方给你一套不合格的设备，能蒙就蒙，能骗就骗，如果骗不过去，就采取第二步，拖延时间并逼着你主动让步，结果就拖出一个补充协议。外方的调试显得很有耐心，但中方的效益却随之流失。中方的一位负责人说，签订合同时，有关索赔条款的很多内容他都不是很清楚，也未请律师，当时也根本没想到会出现纠纷。可见这位负责人的法律意识是多么淡薄，而且没有正确的纠纷意识，又怎么会有强烈的竞争意识呢！

中方在外方一改“耐心诚恳”的态度，拒不承认产品质量不符合标准的情况下，终于被迫求助于法律，聘请了律师，要求外方按原合同赔偿损失。外方在千方百计地拖延一个月之后，才表示愿意按实际损失来赔偿。中方认为，赔偿后至少可以保本，但结果又是南柯一梦！在原合同中，精明的外方在索赔条款中写进了一个索赔公式，由于这个公式相当复杂，签约时中方人员根本没有认真研究就接受了。他们没有想到会有纠纷，也根本没有把这公式当回事。现在，外方拿来这个公式，面对面地算细账。结果一出来，外方看着屏幕微笑，中方看着屏幕发呆。原来，按照这个公式计算，即使这套设备完全不符合要求，视同报废，外方也仅仅赔偿设备引进总价的0.8%！还不说中方已承认其中一项指标符合标准！110万美元的损失最多才能赔偿0.88万美元，中方负责人被激怒了。

此时，纠纷的协商解决已无可能，律师建议依法提出仲裁。但查看合同有关仲裁的条款时，又令人大吃一惊。如按合同进行仲裁，吃亏的仍然是中方。因为合同中写道：“如果在本合同中，发生一切纠纷，均需执行仲裁，仲裁在被诉一方所在国进行。”这就是说，如果中方提出仲裁，只能在对方所在国进行，中方将要付出巨大的代价。但如果不提出仲裁，将受到巨大的损失。外方不可能提出仲裁，如果中方想要外方提出仲裁，只能有一种手段，就是拒付货款。在国际贸易中，中国银行出具的不可撤销的保证函已与合同一起生效，银行方面保证信誉，遵守国际惯例，根本不可能拒付。也就是说，中方违约不存在客观可能性。在这种情况下，仲裁与否，中方真是进退两难。

外方对此胸有成竹，他们十分了解中方想仲裁而又不愿意到外国仲裁的矛盾。当中方每次提出干脆以仲裁的方式解决时，他们马上旁敲侧击提醒在他们国家仲裁历时要多么长，花销要多么大，等等。而中方一次次望而却步时，他们却又耍新的花招，开始新的“进攻”。他们趁中方这种进不能、罢不止的情况下，一再提出所谓新的解决办法。最后，中方在万般无奈的情况下，接受了对方赔偿13.2万美元的最终方案。那台机器两年来根本就不能运转，没有创造任何经济效益。现在，虽然能勉强运转，仍需要不断地调整修理。即便如此，也只有60%左右的生产能力。

问题：

1. 该木材厂的采购为什么会失败？
2. 根据案例说明在采购谈判和订立合同的过程中应该注意哪些方面。

复习思考题

1. 采购谈判应该遵循哪些原则？
2. 如果供应商在采购谈判过程中占优势，采购方可以采用哪些技巧？
3. 采购谈判的方法和要点有哪些？
4. 采购合同的主要条款包括哪些内容？
5. 采购合同如何进行分类？
6. 如何判定违约？承担违约责任的方式有哪几种？
7. 如何进行采购合同管理？
8. 如何理解采购谈判与采购合同之间的互动关系？
9. 采购谈判、采购合同与一般的谈判、合同有什么区别和联系？

综合材料分析

材料1：中美贸易谈判争论的“结构性问题”。

在中美贸易谈判争论中，什么是“结构性问题”？一些学者认为，所谓“结构”是相对于宏观总量而言的，它是一个微观或中观层面的词汇。浅显来看，可能是贸易结构问题，即中国对美国长期保持了大规模的贸易顺差，其中主要是商品贸易的大额顺差，服务贸易处于逆差状态。所以，在中美6次谈判中，美国总是期望中国能够从美国购买更多美国的农产品和能源，要逐年缩减美国对中国的贸易逆差。“结构性问题”更深层次指的是各自贸易体系和经济体系所造成的贸易失衡的问题，它既可能体现在结果上，比如贸易结构的失衡，也可能体现在程序上，比如由歧视性规则、不公平竞争的政策而导致的权益的不对称。这表明美国并没有停留在就贸易失衡而谈贸易失衡这个层面，而希望从根本上以对美国有利的方式解决造成贸易失衡的局面。美方并不认为“比较优势”理论适用于解释中美贸易结构的失衡，而认为中国是通过不公平的关税壁垒、非关税壁垒以及各项产业政策获取国际竞争力的。相较于贸易失衡这个结果而言，程序上的不公平是美国更为关注的“结构性”问题，这也是美国和WTO提倡的“竞争中性”的内涵，它剑指中国在企业产品或服务层面的竞争当中制定的歧视性规则。因此，“结构性问题”指的是贸易体系的结构问题，比如法律、金融、地方政策等，即贸易本身之外的与贸易相关的规则体系的问题，这涉及中国的经济制度和市场体系的问题。其中一些是中国难以接受的原则问题，但也有一些是和中国改革和经济结构调整的长期方向相一致的问题，如竞争中性、知识产权保护等，也是中国希望在外边压力下推动改革的地方。这也是中美双方各自有谈判的动力所在。

材料 2：美国积极促进中美贸易和谈的风格与目的是什么？

近年来，美国一直都在多个领域上采取已知措施针对中国，中美之间的贸易摩擦不断，两国关系持续降温。在特朗普执政期间，为了打压中国商品，美国就采取加征关税措施，然而这个措施真正损害的其实更多的是美国自己的利益。根据调查报告显示，90% 加征关税成本由美方承担，只有 7.6% 的加征关税成本是由中方承担的。因此，在这种措施执行下，美国企业承受巨大损失，更是直接减少了 24.5 万个就业岗位，引发众多美国人失业的恶劣结局。

在这样的大背景下，与中国合作是减少失业损失的最为有效的方法。简单来说，中美双方一方需要输入商品，另一方需要输出商品，还是存在合作契机的。中美贸易谈判并非一条死路，毕竟中美经贸结构互补，中国一向秉承开放态度愿意与多方合作，美国当下又积极地推动中美谈判，双方看来已经就综合性经济问题展开了讨论。

在“实力论”风格的谈判崩裂之后，美国再委派副国务卿访华，这是谈判中的常见事情。美国并不介意让中国为“破坏国际规则”的行为付出代价，正如外界所看到的那样，在过去一段时间里，华盛顿已经就“强迫劳动”“网络攻击”等问题采取了行动。

新时代，“边打边谈”，几度遇挫，中国最大的努力不是埋头蛮干，而是拥抱变化。中国和美国分别是世界第二大和第一大经济体，中美贸易关系的走向不仅关系两国自身的发展，也关乎世界经济的前景。我们相信，只要这一谈判符合中国改革开放的大方向，符合中国致力于高质量发展的根本需求，符合中美两国人民的共同和长远利益，双方的谈判团队就有能力、也有智慧解决好各自合理需求，最终达成一份互利双赢的协议。我国谈判专家指出，谈判不是单行道，应当建立在平等的基础之上。中国在与任何国家的贸易谈判时都必须坚持维护国家的主权、维护人民的利益、维护民族的尊严。

结合上述材料，分析国际采购与贸易谈判的关系，探究谈判的共识基础，整理相关资讯和采购谈判知识，基于一定的定性与定量方法预测中美贸易与全球化采购的发展趋势。

6 采购信息管理系统

采购信息管理系统是在采购中开展组织学习的基础与载体。整个采购过程产生海量数据，数据的整理、分析和利用是企业的重要工作。因此，建立采购信息资源管理战略与框架、推行采购管理信息化和数字化转型、加大采购信息管理系统案例学习力度，对采购管理科学化、网络化和战略性发展具有重要意义。采购信息管理系统是伴随采购信息化、采购平台化、采购数字化发展的必然结果。采购信息管理系统一方面要面向采购环节进行管理，另一方面也要满足采购过程的知识管理和组织学习的需求。本章重在结合新兴信息技术与服务推行采购管理数字化方案，通过采购信息管理系统相关案例分析采购信息管理系统的相关内容。

6.1 采购信息资源管理

6.1.1 采购信息

采购是商流也是信息流，采购信息资源管理是采购管理的重要内容。采购信息是组织的重要资源，从电子数据交换（EDI），到企业资源计划（ERP），再到供应链系统和采购推荐系统，采购信息管理系统伴随流程和技术的发展得到了广泛的关注。从流程来看，采购信息包括所购物料和其他相关物料的库存信息，所购物料的市场供应信息，供应商的物料供应能力、供应量、实力和资信信息，所购物料的名称、价格、规格以及替代品信息，所购物料的品质和其他信息。随着社会信息化、数字化治理模式的推进，特别是电子商务的发展，越来越多的企业开始加强采购信息管理。对于一些集团化的企业来说，采购过程都形成了线上和线下双渠道结合的采购格局。采购信息与其他信息一起构成企业的重要资源。

其一，制造商或零售商是外购物料的主要需求源，也是采购信息的输出主体。为了保质、保量地运送制造商或零售商所需要的物料，制造商或零售商的采购部门需密切合作，保持采购和货源的信息共享和沟通。

其二，商品与物料的设计、工程技术或制造部门应及时准备所需物料的规格与质量要求，以便与采购部门很好地沟通。无论是主生产计划，还是无缝对接的采购网络化平台，订单、物料、成本等信息都是采购基础信息。

其三，会计部门应密切配合法律部门，注重采购合同的执行和资金账目的往来。通过会计部门向供应商付款，采购商在收到货物时应及时通知货源供应商及其可能享受价格的折扣优惠等事项。会计部门负责采购商的信息处理，并负责保存存货记录、检查发票、监督货源供应商的履约情况。

其四，采购商负责采购信息的处理和货物接收信息等。在接收货物之前，采购商应负责采购信息的处理，与货源供应商保持密切的联系，才能根据货物的质量、数量与运送情况获得所运货物以及规格说明等信息。

6.1.2 采购信息分布

从信息分布特征来看，狭义的采购信息分布在采购计划管理、采购订单管理及发票校验三个部分。除此之外，采购信息还有材料与零部件信息、生产排程信息、库存信息、供应商信息、供需市场信息等。

（1）采购计划管理

对企业的采购计划进行管理，为企业提供及时准确的采购计划和执行路线。采购计划包括定期采购计划、非定期采购计划。通过对多对象、多元素的采购计划的编制、分解，将企业的采购需求变为直接的采购任务，系统支持企业以销定购、以销定产、以产定购的多种采购应用模式，支持多种设置灵活的请购单生成流程。

（2）采购订单管理

采购订单管理对供应商确认订单、发货、到货、检验、入库等采购订单流转的各个环节进行准确追踪，实现全过程管理。通过流程配置，可进行多种采购流程选择，如订单直接入库，或经过到货质检环节后检验入库等，在整个过程中，可以实现对采购存货的计划状态、订单在途状态、到货待检状态进行监控和管理。采购订单可以直接通过电子商务系统发向对应的供应商，进行在线采购。

（3）发票校验

发票校验是采购结算管理中重要的内容，是采购流程化与合法化管理的重要凭证。采购货物的暂估处理，劳务采购的处理，非库存的消耗性采购处理，直运采购业务处理，受托代销业务处理等均在此部分进行。供应链管理通过对流程进行配置，允许用户更改各种业务的处理规则，也可定义新的业务处理规则，以适应企业业务不断重组、流程不断优化的需要。

通过采购信息可以分析市场需求、制订采购计划；利用物流信息的流动，协调采购工作程序；分析物流信息，了解物料供应状况，选择供应商及市场新产品等。这些过程充分说明了采购信息在驱动采购流程中的基础性地位。

6.2 采购管理信息化与数字化

6.2.1 采购信息分析

采购信息分析是采购需求预测、执行和绩效评估的重要环节。采购信息分析能力对采购成本的控制、供应商的选择、采购谈判策略的选择的影响体现在国家和行业层面。企业内部的采购报告以采购信息流转路线为基础，采购信息分析依赖于采购业务的流程分析。常见的采购信息分析结果就是采购统计报表。例如，我国每年都要统计政府采购工作，通过分析发现采购总量的变化、采购价值的分布、采购对象的结构、采购方式的分布等。以工程、货物和服务的采购价值结构为例，这些信息可以反映我国政府采购对象的变化，采购方式的适配情况等。在一定程度上也反映了政府采购职能的改革方向和采购水平的高低。在极端情况下，采购信息也是监管采购的重要手段。通过采购信息的可追溯性，发现采购的合理性、必要性和创新能力。

采购流程因采购的来源、方式以及对象的不同而在作业细节上有所差异，但基本流程大同小异，一般都包含发现需求、概述需求、选择供应商、确定价格与采购条件、拟定并发出采购订单、货物跟催、验收货物、支付货款和维护采购记录，具体环节如图 6－1 所示。

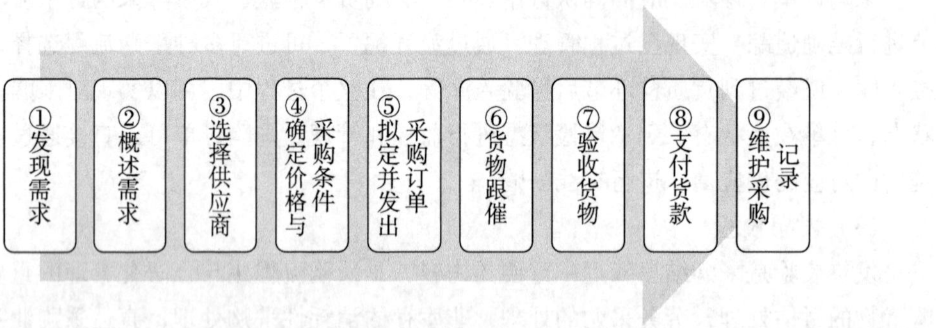

图 6－1 采购流程

建立采购流程，是为了方便来自采购和供应部门以外的信息流入，以便产生其他职能部门所需的信息。伴随采购流程产生的信息流入和流出，就形成了采购业务中的信息流。信息的传递形成信息流，如一个企业运用 ERP 系统，这样订单的录入作为一条信息会传递到下一个操作岗位，当需要制作提货单时，系统会提示库存产品的数量，这也是一种信息的流动。对信息流的正确理解是有效管理采购的关键。

根据采购流程，采购业务中信息流主要可以归纳为两大类，即企业内部和企业外部流向采购部门的信息流和企业内部从采购部门流向其他部门的信息流。企业内部的每一个职能部门的活动，或产生流入采购部门的信息，或需要来自采购部门的信息，也有可能既有信息流出也需信息流入。

企业内部流向采购部门的信息如图 6 – 2 所示。一部分是可从公司内部得到的物料需求申请类信息；另一部分是从公司内部得到的物料供应类信息。

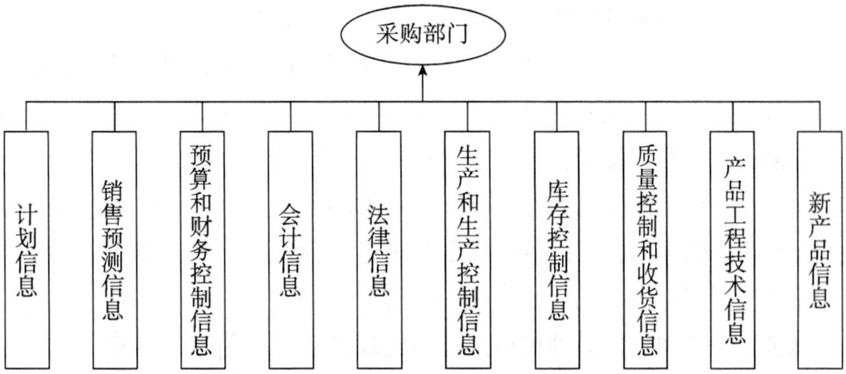

图 6 – 2　企业内部流向采购部门的信息

计划信息。计划对于采购部门有着特殊意义，有序的计划可以带来有序的采购和需求规划。计划可以让采购部门了解公司对设备和服务的长期需求，这样采购部门对于未来的建设需要和比较紧张的或是日益减少的原材料、零部件的供应等就可以进行有计划的准备，这对于采购部门来说至关重要。

销售预测信息。良好的销售预测有利于采购部门规划战略部署，如果采购部门能够提早知道可能需要的物料项目和数量，就可以处于有利地位，更容易在市场状况和公司需求之间取得最佳的平衡。

预算和财务控制信息。预算部门和财务部门提供的信息，对于采购部门决策很有帮助。预算部门和财务部门的信息使采购部门注意到公司财务控制职能方面的限制因素，这类限制不仅影响采购系统的运营费用，而且影响采购部门采取按需采购以外的其他库存政策的可能性。

会计信息。会计部门可提供的信息包括对供应商的货款支付、自制或外购决策的成本以及实际开支和预算的对比等内容。

法律信息。公司承担与物料或服务方面的采购合同相关的法律责任的主要活动，提供与合同和采购程序相关的信息就是法律部门的职责。

生产和生产控制信息。生产部门和生产控制部门提供的信息各不相同，前者提供的一般是关于物料质量要求方面的信息，后者提供的则是关于一个生产周期覆盖时段内物料需求的项目和数量信息。这些信息经过整理后可以为采购部门提供一个有用的规划采购和供应业务的工具。

库存控制信息。库存控制部门主要提供的是在给定的时段内需要采购或订购的物品的信息。在给定的时段内控制库存投资的库存策略决定了经济批量，而库存策略又受到公司的财务资源、未来规划、当前的市场状况和物流采购间隔期等因素影响。

质量控制和收货信息。这些信息主要是质量部门关于供应商供货方面提供的信息，如供应商能否按质、按量供应物料。这类信息对于采购业务顺利开展很关键。质量控制和收货信息是提高采购绩效的核心信息，其中，质量保障体系和质量检测信息是质量控制的基础。质量控制和收货信息管理常常以信息统计和检测设计为核心环节和要素。

产品工程技术信息。产品工程技术部门主要负责提供有关物料的信息和具体工艺、规格等方面的信息。产品工程技术信息是采购环节无缝对接的保障，也为订单执行、合同管理、仓储、运输、交付和结算提供工作安排的依据。

新产品信息。在市场经济的大环境下，新产品的开发对于一个公司在市场竞争中获胜很有帮助。但要使采购部门在新产品开发的环节中充分发挥作用，那么有关新产品的信息必须在项目开始时就到达采购部门。一般来说，产品开发部门关于新产品的信息比较复杂，缺少可参照的对象和标准化处理格式，因此新产品信息是越多越好，以便在采购信息分析中建立相应的标杆和原则，为建立新产品采购知识库提供主要数据。

企业外部流向采购部门的信息是驱动采购的重要信息。外部信息是采购工作的起点之一，运作高效的采购部门是企业与外界的一个主要连接点。采购寻源是获取外部信息的核心环节。采购部门要设置专业化的信息管理专员，时常从外部获得相应的大量信息，对于企业的经营至关重要。我们同样用图例来展示来自企业外部与采购相关的信息，如图6－3所示。

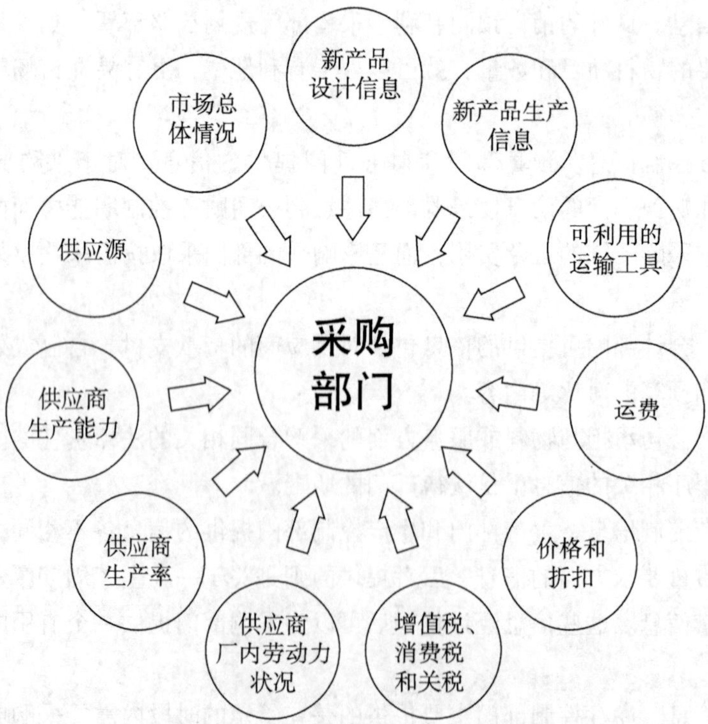

图6－3　来自企业外部与采购相关的信息

市场总体情况。有能力的采购人员和采购主管都能熟知市场总体情况，能够从供应商的销售人员、相关采购协会出版的各种出版物以及相关采购协会召开的会议中挖掘出有关价格、供求因素和竞争者相关方面的稳定信息流。

供应源。这类信息从供应商的销售员、各种广告媒体、特别的营业推广平台、贸易展会和会议中，以及供应商的财务、信息报告中获得。

供应商生产能力、生产率、厂内劳动力状况。这类信息对于采购部门确定库存策略和确保供应和生产的连续性具有重要意义。

增值税、消费税和关税与价格和折扣。任何和价格相关的信息对于采购部门来说都意义重大。从供应商或潜在的供应商的销售代表那里可以获得许多的价格信息。在预测价格趋势时，咨询顾问提供的有关经济发展趋势的建议非常有用。关税和其他税收时常变化，这就要求对其进行持续的跟踪了解。

运费和可利用的运输工具。近年来运输服务的类型、可利用性和费率对于物料价格的影响越来越大。采购部门要关注对物料成本起显著作用的信息，考虑如何为本部门所用。

新产品生产信息与设计信息。无论是新的还是旧的产品信息，对提高效率、降低成本和公司开发新产品都可能有价值，这就使得采购部门要对从外界收集的产品和服务信息进行处理，从而使公司内部相关部门对这些产品信息保持警觉。

在企业的内部，所有职能部门在某种程度上都和采购部门发出的或可从采购部门获得的信息有关。如图6－4列举了从采购部门获得信息的主要部门及人员。

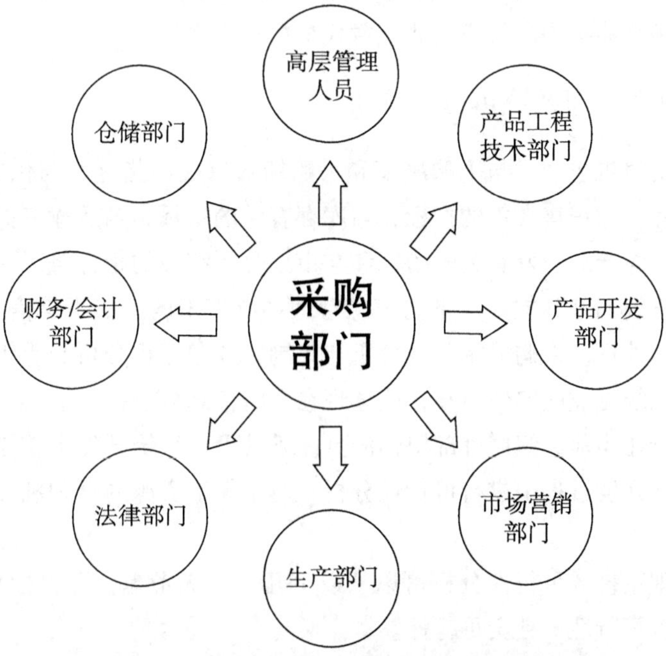

图6－4　从采购部门获得信息的主要部门及人员

高层管理人员。采购部门人员与市场紧密接触，可获得大量有关市场和行业状况的最新信息，这些信息经过妥善的处理后可以为高层管理人员经营公司提供有价值的信息。

产品工程技术部门。产品工程技术部门需要很多市场信息。尽管工程师可与供应商直接接触，了解产品和价格信息，但应视为例外。和工程师相比，有能力的采购专家或是跨职能团队可以通过寻找更好的供应商进行更有效的谈判。

产品开发部门。此部门可从与市场接触紧密的采购部门获得新的物料信息和价格信息。

市场营销部门。采购部门在与市场接触时，常常是供应商销售和商业推广计划的对象，所以采购人员可以接触到有新意的销售活动信息，这些信息对于市场营销部门可能有潜在的价值。

生产部门。采购部门可以向生产部门提供有关物料的相关信息，如物料可否购得、发运提前期、替代品，还有新的维修方面和辅助物料方面的信息，也能提供生产设备供应商的相关信息。

法律部门。采购部门提供给法律部门的信息是有关使用总括合同、无库存采购计划、运输协议在采购信息管理系统进行各种物料与零部件的采购时，签订采购合同必需的信息。

财务/会计部门。采购部门提供的有助于财务/会计部门计划的信息有物料成本和运输成本及其发展趋势，为应付需求突然变大造成的供应短缺而进行远期采购的必要性。

仓储部门。采购部门向仓储部门提供的信息对于仓储部门的库存政策的制定非常重要。例如，物料是否能买到、价格趋势、替代材料等方面的信息。

6.2.2 采购信息管理系统可行性分析

采购信息分析报告包括：与采购决策和采购绩效有关的指标，与供应商有关的指标，与财务有关的指标，与销售有关的指标，与库存有关的指标，与运输有关的指标，与质量管理有关的指标，与产品开发有关的指标和与市场分析有关的指标等。采购信息分析报告是采购信息管理系统的基础文件，采购信息管理系统带来的挑战不是信息的收集和统计，而是信息的分析与处理。采购成本差异分析与控制，业务流程分析与重组等，这些活动正是采购信息管理系统见效的实质所在，应体现在采购信息分析报告上。

可行性分析指在当前组织内外部协作的具体条件下，系统开发工作是否具备必要的资源和条件。在系统开发过程中进行可行性分析，对于保证资源的合理利用和避免浪费十分重要。

采购信息管理系统的可行性分析可以从以下几个方面考虑，即目标和方案的可行性、技术可行性、经济可行性、社会可行性。

目标和方案的可行性指的是目标是否明确，方案是否切实可行、是否满足组织进一步发展的要求等。

技术可行性指的是新系统的开发目标所需的技术是否具备，包括以下几个方面：人员和技术力量的可行性、基础管理技术的可行性、信息基础设施设备的可行性等。人员和技术力量的可行性包括考察科技人员的数量是否足够，其技术和开发能力如何，如果本单位缺乏这方面人才，有无与其他单位合作开发的可能。基础管理技术的可行性包括现有的基础管理技术、统计手段等能否满足新系统开发的要求。信息基础设施设备的可行性包括内部存储器安全保护设施，输入、输出设备，外部存储器和联网数据通信设备的配置、功能、效率等是否能满足系统开发的需要，以及这些设备的使用、维护及其充分发挥效益的可行性。同时，还要考虑操作系统、编译系统、数据库管理系统等配置及其功能是否满足系统开发要求，是否有现成的软件包或单位有能力编制相关程序，软件系统是否安全可靠，本单位对使用和掌握这些软件技术的可行性等。

经济可行性是指估计新系统开发所需要的投资费用和将来的运行、维护费用，如有多少资源可以利用、有多少资金可以投入、应该建立什么样规模的系统、资金分几批投入时投资效果最好等。另外就是研究系统建成后可能带来的经济效益是否有利。采购信息管理系统的经济效益有两个方面：一是直接经济效益，这是整个经济效益中很小的一部分；二是间接经济效益，它主要是从系统运行的技术指标等方面来考虑。采购信息管理系统的间接经济效益常常是巨大的。

社会可行性主要是指一些社会或个人的因素对系统的影响，如由于安全保密问题、体制问题、制度问题等，不能结合系统提供运行所必需的条件。另外，系统实施后将会给组织各方面带来很多变化，都有可能对采购信息管理系统的开发和开发后的运行带来很大的影响，所以这也是必须考虑和研究的因素。

这些信息分析和论证的结果形成企业采购信息管理系统的需求与功能，其中，功能的结合就形成采购信息管理系统的基本界面。在服务导向或使用者导向下，一般的集团企业采购信息管理系统首页界面如图 6 - 5 所示。

6.3 采购信息管理系统案例

采购数字化转型和采购信息管理系统体现了当今先进的企业管理思想，对提高企业的管理水平有着重要的意义。采购信息管理系统能够保证计划的准确性和采购的合理性，提升企业的竞争力。传统采购的重点放在与供应商进行商业交易的活动上，特点是重视交易过程的供应商的价格比较，从中选择价格最低的供应商作为合作者。ERP 模式下的采购及其特点是从采购管理向外部资源管理转变，从一般买卖关系向战略伙伴关系转变。采购信息管理系统是对整个采购过程进行监管的系统，因此需要保证各个环节监管到位，采购信息管理系统可以通过具有针对性的管理软件实施。

图6－5　采购信息管理系统首页界面

6.3.1　某集团采购信息管理系统的实现之旅

作为一家国内外知名的大型企业，该集团的采购信息管理系统并没有外人想象的那么复杂和昂贵。基于云服务采购平台，该集团以较低的成本打造了一个精干的采购信息管理系统。该集团是一家以保健品、药品和生物制品为核心业务，集研发、生产、销售于一体的健康产业集团，是国家级高新技术企业。

集团在国内建有完善的营销网络，拥有一级营销管理机构近40家、二级营销管理机构200多家、终端店铺2000多家，一线营销人员数万人。正是在这种复杂的情况下，该集团的采购管理工作面临着众多困难。

该集团原有采购过程全部人工控制，在整个采购过程中无法及时准确地了解采购状况，内耗增加，不利于集团的成本控制，甚至影响生产过程。如何在物资采购中全方位掌控第一手且准确的物资采购信息，并在此基础上不断完善并逐步建立物资采购及管理体系和模型，提高并保证数据及信息的可靠性和稳定性，同时有效保证企业原有信息化投资，延伸信息化系统的商业应用价值，将成为该集团本次物资采购信息管理系统建设的核心需求。

基于这种需求，该集团“就地取材”，选择了云服务采购平台来帮助自己构建采购信息管理系统。云服务采购平台有完整的基础设施、资源管理和软件服务网上交付模式，开发者可以通过设定界面属性来完成对业务系统的快速开发，自动生成代码语言。所以，对该集团来说，既可以单独采购标准化的云服务应用系统，实现自己的通用化需求，又可以通过快速开发平台，实现自己的个性化需求，这就比较完美地实现了“标准化产品+个性化定制”的需求。

根据该集团对采购工作管理的需求，云服务采购平台的实施人员和集团一起整理了系统建设的五大目标：构建虚拟化、网络化的供应商数据库，统一物资编码标准，规范采购行为管理，优化采购流程，推动二次开发和调整。

确定了建设目标后，云服务采购平台很快就为该集团开发出了非常实用的采购信息管理系统，这个系统包含了物资计划、物资询价、物资出入库管理、请款管理、物资编码、供应商管理、查询统计、系统管理等一系列功能模块。

目前，这个采购信息管理系统已经在该集团顺利运行，经受了多种考验，被证明是一个非常成功的系统案例。其成功主要表现在以下六个方面。

①体现了物资编码体系在管理系统中的有效应用。

②加强了集团物资需求计划、审核的管理，合理制订物资采购计划。

③加强了集团物资采购管理，降低物资采购成本，对采购进行可视化跟踪。

④加强了物资库存管理，减少物资库存资金占用，提高库存物资完备率。

⑤提高了供应商管理水平，保证了采购策略控制的准确性、高效性。

⑥为领导团队进行正确决策提供了全面完整的信息和可视化支持。

该集团通过云服务采购平台，以“标准化产品+个性化定制”的方式实现了低成本的个性化和数字化采购管理。

6.3.2 沃尔玛全球数字化采购案例

沃尔玛公司（以下简称“沃尔玛”）主要涉足零售业，多次荣登《财富》杂志世界500强榜首。该公司的营业方式主要包括沃尔玛购物广场、山姆会员店、沃尔玛商店、沃尔玛社区店四种。

沃尔玛素以精确掌握市场、快速传递商品和最好地满足客户需求著称。沃尔玛的业务之所以能够迅速增长，并且成为知名公司之一，是因为沃尔玛在节省成本以及在物流配送系统与采购供应链管理方面取得了巨大的成就。苹果公司联合创始人乔布斯曾经说过，如果全球的互联网技术（IT）企业只剩下三家，那一定是微软、英特尔和戴尔，如果只剩下两家，将只有戴尔和沃尔玛。这显然只是玩笑话，沃尔玛虽是零售业的翘楚，但无论如何还算不上IT企业。不过，沃尔玛对信息技术的执着追求却有目共睹，正是基于此，沃尔玛低成本战略才得以屡试不爽。在过去几年当中，沃尔玛以并购的方式将公司的整体数字化进程大幅推进。在中国，京东是沃尔玛O2O（线上到线下）战略发展的重要伙伴。此外，沃尔玛和腾讯的合作也非常紧密。

（1）沃尔玛发展全球采购网络的组织

在沃尔玛，全球采购是指某个国家的沃尔玛店铺通过全球采购网络从其他国家的供应商进口商品，而从该国供应商进货则由该国沃尔玛分公司的采购部门负责采购。沃尔玛结合零售业务的特点以及世界制造业和全球采购的总体变化趋势，在全球采购网络的组织上采取以地理布局为主的形式。

全球采购总部是沃尔玛全球采购网络的核心，也是沃尔玛的全球采购最高机构。在这个全球采购总部里，除了四个直接领导采购业务的区域副总裁向总裁汇报以外，总裁还领导着支持性和参谋性的总部职能部门。21 世纪初，沃尔玛将亚洲总部从香港迁到广州，以深圳为采购基地，再向周边延伸 20 个采购据点，从而使得沃尔玛中国分公司成为集团采购量第一大的国别分公司。

沃尔玛的全球采购网络相当于一个“内部服务公司”，为沃尔玛在各个零售市场上的店铺买家服务。其具体服务包括以下几个方面。①商品采集和物流。全球采购网络要尽可能地在全球搜索到最好的供应商和最适当的商品——沃尔玛的全球采购网络实际上担当了商品采集和物流的工作，对店铺买家来说，沃尔玛只有一个供应商。②向店铺买家推荐新商品。对于新商品，沃尔玛没有现成的供应商，它通过全球采购网络的业务人员参加展会、他人介绍等途径找到新的供应商和商品。店铺买家会到全球采购网络推荐的供应商那里与其直接谈判以及购买。③帮助其他国家的沃尔玛店铺买家采集货物。沃尔玛的全球采购网络为全世界各个国家的沃尔玛店铺买家采集货物，而不同国家之间的贸易政策往往不一样，这些差别随时都需要加以跟踪，并在采购政策上做出相应的调整。④调查、比较厂商和确定商品。沃尔玛的全球采购网络同时还对供应商的注册资金、生产能力等进行查证，对商品的价格和质量进行比较，对商品的技术性能进行测试与排序。在此基础上，沃尔玛对满意的厂商，就会安排各地的买家或需求方来直接和供应商进行谈判。

（2）沃尔玛的全球采购流程

沃尔玛的全球采购流程包括宏观和微观两个方面。

宏观方面，全球采购办公室是沃尔玛进行全球采购的负责组织。但是这个全球采购办公室不采购任何东西。在沃尔玛的全球采购流程中，其作用就是在沃尔玛的全球店铺买家和全球供应商之间架起买卖的桥梁。因此，沃尔玛的全球采购活动都必须以其采购的政策、网络为基础，并严格遵循其采购程序。在全世界商品质量相对稳定的情况下，只有紧密有序的采购程序才能保证沃尔玛采购足够量的货物。

微观方面，沃尔玛的商品采购指的是为保证销售需要，通过等价交换取得商品资源的一系列活动过程。其具体流程包括以下几个方面。①筛选供应商。沃尔玛在采购中对供应商有严格的要求，不仅对提供商品的规格、质量等方面有严格要求，还对供应商工厂内部的管理有严格要求。②收集商品信息及报价单。通过电子确认系统向全世界上千家供应商发送采购订单及收集商品信息和报价单，并向全球各地的沃尔玛店铺供货。③决定采购的商品。沃尔玛有一个专门的采办会负责采购。经过简单的分类后，采办会会用邮件的方式和沃尔玛全球主要店铺买家沟通，这个过程比较长。④与供应商谈判。决定了采购的商品后，店铺买家和采办人员对被看上的商品进行价格方面的内部讨论，定下大致的采购数量和价格，再由采办人员同厂家进行细节和价格的谈判。⑤审核并给予答复。沃尔玛要求供应商集齐所有的商品文件，包括商品目录、价格清单等，提交样品审核，沃尔玛会在审核后的90天内给予答复。⑥跟踪检查。在谈判结束后，沃尔玛会随时检查供应商的状况，如果供应商达不到沃尔玛的要求，则根据合同，沃尔玛有理由解除双方的合作。

沃尔玛的采购政策大致可以分为以下三个方面。①永远不要买得太多。沃尔玛提出，减少商品的采购数量，能够方便管理，更主要的是可以节省运营成本。沃尔玛的通信卫星、定位系统以及高效的物流系统使得它可以以最快的速度更新其库存，真正做到零库存管理，也使“永远不要买得太多”的策略得到有力的保证。②物美价廉。沃尔玛采购的第一个要求是物美价廉。在沃尔玛看来，供应商都应该弄清楚自己的商品跟其他同类商品有什么区别，以及自己的商品中究竟哪个是最好的。供应商最好能生产出一种商品专门提供给沃尔玛。沃尔玛最希望以会员价给顾客提供尽可能多的在其他地方买不到的商品。③突出商品采购的重点。沃尔玛一直积极地在全球寻找畅销的、有创意的、令人动心并能创造“价值”的商品。这些商品的核心特征是价格与质量。价值采购体验，给顾客带来一种令人兴奋、动心的购物效果，从而吸引更多的顾客尝试或持续性采购与消费。

（3）以人为本的数字化转型理念

在数字化转型过程中，沃尔玛推行的是“70% -20% -10%”理论。其中，10%是算法，20%是基础架构构建，而70%是人。当今时代是一个完全不同的时代，不仅要考虑生产和供给，还要考虑消费和需求。沃尔玛需要具备数字化的思维模式。

至于技术，沃尔玛从来不会说自己要成为一家纯科技公司，而是表示致力于成为一家以人为本的科技赋能公司。因为我们懂得，零售是关乎于人的业务，离不开人的因素，沃尔玛非常相信这一点。如果以业绩指标为例，中国沃尔玛在过去十年的业绩增长速度是很快的，增长主要来自电子商务板块，并且是由数字化创新直接驱动的。

实体门店的数字化转型是重点。沃尔玛跟京东合作时，双方利用现有的基础架构、供应链和商品优势，进行互通和整合。沃尔玛在京东平台上建立了多家旗舰店。沃尔玛跟京东在跨境电商领域也有合作，通过全球购服务把沃尔玛在美国、英国、日本、墨西哥等市场的畅销商品带给中国的顾客。

在这个过程中，实体店开始发挥着和之前传统门店完全不一样的作用。实体店不仅为顾客直接提供服务，同时还能为线上订单提供配送服务。沃尔玛在北京就有这样的一个实体店，每天可以处理的O2O订单高达5000多单。这只是一家实体店能够处理的线上订单量，全国实体店的业绩是非常惊人的。

实体店在数字化转型过程中，还有一个新职能——为云仓补货，成为云仓的“母店”。在零售O2O模式里，其中一个发展瓶颈是覆盖范围。比如，达达目前所能提供的1小时送达服务，仅限于实体店3千米范围内。北京或者上海，地理面积非常大，有非常大的消费潜力有待挖掘，沃尔玛有足够的品牌号召力，只需要让自己的服务变得更加唾手可得。于是，在实体店无法覆盖的地区沃尔玛开设了云仓。实体店的服务范围得以扩大，实体店也变成了线上顾客的一个体验场所。可见，店内数字化对沃尔玛至关重要。

数字化推进精准服务。在开展线上业务之前，沃尔玛在中国并不能准确知道自己的顾客是谁，顾客走进实体店，买了东西离开，整个过程沃尔玛无法知道他们是谁。每一位惠顾沃尔玛的顾客，都可以享受到天天低价的商品，之前沃尔玛为了贯彻这个策略从未推行会员制度。现在规则发生了改变，顾客在使用数字化工具时，和沃尔玛产生大量的触点和交互，从而让沃尔玛知道他们是谁。所以数字化转型，不仅要考虑顾客体验、运营效率，还要考虑如何深入了解顾客。数字化创新实现快速增长，不能只谈技术，更要谈如何部署，谈关于人、关于直接接触新技术的各个岗位。他们有些是直接操作这些技术的，有些是负责实体店防损的，有些是管理培训的，每一个岗位的人都要以非常敏捷的方式来面对数字化转型。对比只在线下购物的顾客，数字化购物的顾客一年里花在沃尔玛的时间要多出一倍。因为在数字化工具的帮助下，顾客更容易触达沃尔玛。

拥抱变革，迎接新零售，搭建创新生态系统。沃尔玛建立一个平台——Omega 8。这个平台汇集了北京、上海、深圳的多家初创企业。沃尔玛会告诉这些企业目前零售行业的痛点，沃尔玛的顾客和同事所遇到的一些难题。这些初创企业拥有能够解决其他行业需求，同时也适合零售行业的技术。

大家知道冰柜里有非常多的商品品类。比如，一个顾客来到冰柜前，从冰柜里的众多冷冻商品中翻拣出一件并拿走，这时沃尔玛的员工很难用肉眼判断冰柜中的哪些商品处于缺货状态。假设沃尔玛的冰柜平时有 20 个商品品类，但顾客拿走所需商品后，实际上只剩 16 个商品品类，数量差距很难用肉眼判断。所以沃尔玛就在冰柜中放置一个商品识别设备。每当顾客打开冰柜门时，设备就会自动开启相机拍下电子影像，记录下哪个位置的哪件商品被取走了，缺货问题 5 分钟内就能得以解决。

沃尔玛在全球比价、采购，通过规模化直采降低购物车的成本。今天，在沃尔玛全球门店有几百万个购物车，如果你用规模化采购，就能节省很多成本。在下一个历史阶段，沃尔玛就会关注如何让购物车产生更多的商业价值，怎么用它做广告，创造利润。沃尔玛现在还在测试数字化购物车。顾客把商品放进车内，购物车就可以识别商品，让顾客获得快速结账的购物体验。

复习思考题

1. 采购信息与物流信息的关系是什么？
2. 采购信息有哪些？如何获取？
3. 如何撰写采购管理信息化方案？
4. 采购部门发出信息的主要接收部门及人员有哪些？
5. 采购信息分析报告的具体内容包括哪些？
6. 数字化采购与采购信息化的区别是什么？
7. 论述采购信息资源管理与采购信息管理系统之间的作用机制。

综合材料分析

材料 1：新冠肺炎疫情下政府紧急采购的信息管理。

新冠肺炎疫情的实践表明，政府紧急采购具有以下四个主要特点。

首先是采购任务的紧迫性。新冠肺炎疫情下政府紧急采购往往直接关系到国家安全、利益和人民群众生命财产安全，它要求采购活动尽量紧缩时间，提高采购效率。但是，采购时间紧并不意味着对采购对象要求的降低，恰恰相反，由于新冠肺炎疫情下政府紧急采购的特殊性和重要性，社会关注度极高，对采购标的物的质量、数量、履约等指标有更高的要求。

其次是采购部门的单一性。新冠肺炎疫情等突发事件引发的紧急采购主体一般是单一的，然而供应商往往不是单一的。这就要加强采购过程中的供应网络信息管理能力。

再次是采购方式的多样化需要采购信息管理系统具有追溯功能。新冠肺炎疫情下政府紧急采购可以灵活采用公开招标之外的其他采购方式，如邀请招标、竞争性谈判、单一来源或者询价等。需要采用公开招标方式的，也会借鉴有关国际组织的政府采购规则，大大缩短公开招标的等标期。

最后是采购方法灵活性与采购行为规范化、监管难的矛盾拓展了信息共享的必要性。新冠肺炎疫情下政府紧急采购活动由于其时间的紧迫性，会根据采购时限的要求有选择地利用相应的采购方式并开辟绿色通道。采购程序简单、快捷化，但不等于无序化。新冠肺炎疫情下政府紧急采购在操作程序上强调速度，采购程序的每一环节都要求更高的效率，不能严格按照之前常态化的政府采购程序。

紧急采购过程中的资料、记录凭证、履约验收、后评估机制等不完整或缺失增加了采购信息管理的难度。在实际操作中随意性大，采购过程缺乏记录，不制定方案，缺少履约验收无手续等。在新冠肺炎疫情等紧急情况下，采购人员也应详细完整地记录采购的整个过程，且该记录应该尽可能清晰、完整，并清楚地标明此项采购是一项紧急采购，并记录下证明的事实和情况，相关文件必须按照有关要求存档。对于应该进行公示的采购，合同应在后续适当时机公布，并明确注明它是一项紧急采购。

紧急采购中如何选择供应商是关键。在合法和合规的前提下，首先建立供应商选择领导小组，并组建具有一定专业知识和采购经验的供应商评估机构；其次是选择适当的决策方法；再次是建立供应商履约验收、评估以及诚信评价系统；最后尽量选择诚信等级高、优质的供应商参与政府紧急采购，同时，发挥“特事特办”的机制也很重要。其中最为关键和复杂的就是供应商选择方法的确定和运用。选择并管理好供应商是新冠肺炎疫情下政府紧急采购中一个十分重要的环节，这不仅直接关系到项目的成败和效果，而且关系到采购目标最终能否实现。建立有效的供应商管理机制有助于在新冠肺炎疫情下提高政府紧急采购活动效率，规避风险。只有建立供应商履约验收、评估以及诚信评价系统，才能比较客观和有效地选择出合格的供应商参与新冠肺炎疫情下政府紧急采购。另外，新冠肺炎疫情下政府紧急采购也可以尝试采用从定点供应商中择优选取的方式直接确定。

材料2：新冠肺炎疫情下的应急医疗物资采购的信息管理。

新冠肺炎疫情刚袭来时，由于对病毒了解有限，屯物资、备库存都是基于个人的个性、知识储备、教育背景来展开的。在口罩采购方面，有的人提前意识到了口罩的紧缺，就赶紧提前采购了一些；有些人觉得用不着，等到新冠肺炎疫情蔓延，再想起来去买，可已经很难买到了。但是，伴随着全国的口罩产能增加，加上新冠肺炎疫情放缓，口罩价格也下降了，有些人却发现家里还有一大堆高价买回来的口罩。

买口罩是新冠肺炎疫情暴发前期的一件难事，要想有效地解决该问题，就要了解口罩的知识体系和采购的信息流动过程。口罩一般可以分为多个等级。不同的等级用于不同的场景，认清场景是口罩采购科学决策的基础。这种知识的普及很能缓解盲目采购和跟风采购。

以某大学校友会的医疗物资采购为例，剖析一下采购供应链中的关键信息与环节。供应商临时变卦、国内外医疗器械标准不一、货源和需求信息繁杂、国际运费飞涨等问题是该校校友们面临的基本问题。本次医疗物资采购行动临时组建的微信群里，74个校友每天近乎不停歇地反馈货源和医院需求信息，协调筹资和采购事项。快速运转、一个环节卡住就跑不赢时间是应急医疗物资采购的基本特征。这些校友都有非常专业的医学知识，会帮助其他志愿者普及海外医疗器械标准与国内标准的匹配信息，促进国内需求与国外货源的对接。以德国校友采购的物资为例，由德文专业医护知识的志愿者进行中德翻译、标准对照，再与相关医院医生进行确认，确认满足其接收标准后，才进行采购。此外，在物资跨国运输过程中，还需要寻找具有进出口贸易资质的公司，物资出入境清关也有许多复杂的手续要办理。

在运输环节，从美国俄亥俄州购买的9000只医用外科口罩，美国快递公司开出了2万美元（约合14万元人民币）的高昂运费，而相同规格的物资以往大约是2000~3000元人民币的物流费用；此外，德国校友再次寻得了一批新的医疗物资，但却要面对更高的航运价格。从口罩供应链的供给端看，东南亚地区存在着巨大的口罩货源。越南、泰国的纺织业非常发达，从周边国家调货是最快的推进方式。顺丰大理转运中心，是顺丰滇西地区最大的枢纽，是这个区域运输的重要力量。货机到港后，将进入海关，海关会第一时间查验物资，海关检验后放行才能进入顺丰转运。这一个环节需要共享大量信息，以保证采购顺利进行。

结合上述材料，分析采购信息的分布、数字化采购是否影响应急采购管理过程。整理相关资讯和采购谈判知识，基于一定的定性与定量方法讨论企业在紧急采购信息管理标准与机制构建中的作用。

7　采购风险管理

采购风险是指采购的最终效果与采购既定目标之间差距的不确定性。在一定的条件下它是客观存在的，也是企业所面临的风险之一。采购风险管理旨在科学均衡采购风险损失，实现成本、风险和价值的本质性契合。在采购实践过程中，造成风险的原因主要在于失策的战略战术、错乱的采购流程、落后的采购管理方法等。物资采购活动关系重大，涉及生产、工期、费用控制等，出现差错对企业供应及生产生活影响至深。采购风险管理，即企业围绕采购总体目标，通过预测风险、控制风险、调整风险管理手段，达到降低风险、增加利润的目的。

7.1　采购风险管理概述

7.1.1　采购风险管理概念

风险管理理论认为，风险源自能量的不均衡释放，自然资源、社会规则、技术发展所积累的能量在特定场景的释放就会形成风险。企业的采购风险主要有内部风险和外部风险两类。内部风险有采购计划风险、合同风险、验货风险、存量风险和责任风险等；外部风险有突发事件风险、技术风险、金融风险与质量风险等。从风险管理过程来看，采购风险的识别、评估和控制，构成了企业采购风险管理的三方面内容。一是识别能够引起采购不确定事件发生或造成采购损失危害过大的因素，找出采购事故发生或造成采购损失的潜在因素；识别应是一个动态循环过程，在企业内反复进行，随时根据实际情况判断风险项的增减，从而使风险清单更加全面。二是评估，采用适当的手段和方法，评估已识别的风险因素对采购的影响程度及发生的概率，按照发生的概率和损失的多少进行紧迫性排序；评估方法可以使用定性分析或定量分析，定性分析是基于人的经验，定量分析是基于设备与仪器的记录和监控数据。三是控制，针对识别出的关键风险，制定针对性的预防措施，利用相关资源进行风险降低或回避，以最小成本确保采购目标的实现，其目的是将风险限制在可控范围内，避免造成更大的损失。

从具体的形式来看，企业物资采购外因型风险有意外风险、价格风险、采购质量风险、技术进步风险等。企业物资采购内因型风险有计划失真风险、验收风险、存量风险和人为失职的责任风险等。在采购过程中，供应市场和采购行为都存在较多的不确定性因素，从而使得采购风险管理成为采购管理中不可或缺的环节。以采购运输为例，一些自然因素会致使运输延迟，这就有可能带来采购计划与库存的管理压力。另外，当运输危险品时，交通事故的发生也给危险品运输带来极大的安全风险。再如，一些采购人员的不当行为，也可能造成商业机密的泄露，甚至触碰法律底线，造成采购腐败或关系破裂。在本质上，采购风险的发生是采购体系内部权力、利益、资源的分布不均衡和不连续所造成的结果，合理地配置采购资源和权力是从根本上消除风险的前提。

7.1.2 采购风险管理过程

从狭义上讲，风险管理是基于不完整、不清楚的数据来预测和防控风险主体与风险要素。从广义上讲，风险管理是指由风险主体建立的内部管理组织，致力于实现风险管理目标。风险管理体系包括有关风险管理组织结构、组织活动及其关系的规则和规定。在现代企业中，大型集团企业都设立了专门的风险管理部门，也有一些企业安排采购部门实际负责企业采购风险管理，在相关风险机构的协调下，实现采购过程中各环节的风险管理和控制，这样的一个风险管理框架如图 7－1 所示。

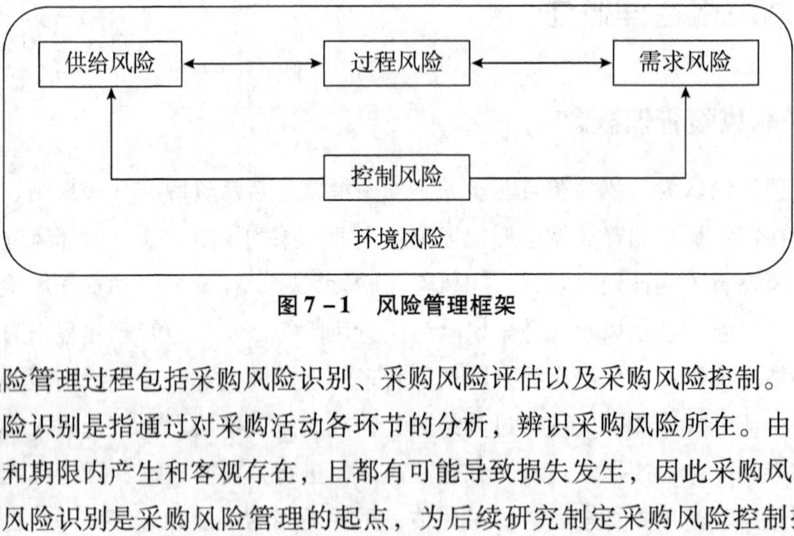

图 7－1　风险管理框架

采购风险管理过程包括采购风险识别、采购风险评估以及采购风险控制。

采购风险识别是指通过对采购活动各环节的分析，辨识采购风险所在。由于采购风险在一定环境和期限内产生和客观存在，且都有可能导致损失发生，因此采购风险是不可避免的。采购风险识别是采购风险管理的起点，为后续研究制定采购风险控制措施提供了条件。

采购风险评估是识别风险可能的后果及影响的分析过程。可以选择定性分析或定量分析的方法进行采购风险评估，进一步确定已识别采购风险对企业的影响，并根据其影响对采购风险进行排序，确定关键风险项，并指导采购风险应对计划的制订。风险率风险评估法是将某一风险发生的概率与企业容忍程度进行比较，并快速锁定超出企业风险容忍程度的风险指标的一种计算方法。其主要思路是：首先计算出每一类采购风险的发生概率，再将其与安全指标范围做比较，如果风险率超出安全指标范围，说明存在风险，且超出的幅度越大，说明存在的风险也就越高。

采购风险控制主要是指针对已经辨识出的采购风险，采取一定的应对措施进行干预，例如降低风险发生的概率、提高企业自身的抗风险的能力、通过商务活动将采购风险进行转移等，从而将采购风险发生时可能造成的损失降到最低。

企业常见的采购风险管理方法与应对措施主要有：安全库存、供应商质量管理、信息共享、合格供应商认证、目标成本等。安全库存是企业为了应对外界环境以及自身的各种不确定性，而设立的一个额外的缓冲，以确保在意外发生时企业能够正常从事生产经营活动。供应商质量管理是企业为了确保原材料或供应商提供的服务达到市场同类产品与服务或企业自身标准而采取的管理手段，只有符合企业要求的供应商才能为企业服务，成为企业供应链的一员。信息共享是指企业可以应用先进的信息技术，例如 EDI、ERP、CRM 等，与供应商共享企业信息，以减少信息传递问题导致的牛鞭效应，造成顾客需求的震荡、扭曲与延迟，给企业造成损失。合格供应商认证是指企业对其供应链上的供应商进行成本、企业信誉、生产能力、技术能力等各方面的考量，对考核合格的供应商建立清单，后期的物料采购将从合格供应商清单中选择，这是企业确保供应商供应质量与能力的一种手段。目标成本是指企业为了使产品具有市场竞争力，依据企业产品市场定位与售价来决定采购成本，只有能达到企业目标质量与价格的供应商才有资格提供物料或服务。

7.2　采购风险识别与评估

7.2.1　采购风险

从采购实践的统计结果来看，采购风险主要包括质量风险、供应商管理风险、库存管理风险和内部控制风险四个方面。

（1）质量风险

供应商所生产的物资可能会存在一定的问题，主要表现为物资性能不符合要求，造成物资质量出现问题；还有可能由于沟通及履约问题使得供应时间、物资规格以及物资数量出现了偏差；或者由于物资质量不过关，引发意外事故，造成工作现场出现人员伤亡，破坏企业社会形象；同时，当物资的生产原料出现问题时，其所生产出来的产品一定会存在质量问题，最终影响项目进度，使项目完工时间延后，影响企业的市场竞争力。例如一些汽车的召回事件，就是质量出现了问题。

（2）供应商管理风险

企业的采购项目涉及的原材料种类繁多且数量巨大，整个采购过程需要与不同的供应商展开合作。供应商是采购企业供应链上游最主要的合作伙伴，供应商的企业规模、生产水平、合作信誉等方面都存在不可控的风险因素，例如供货中断风险、成本过高风险以及合作关系变化风险等。供应商管理风险主要包括供应商所在地管理风险、供应商战略合作方式管理风险、供应商合作等级管理风险和供应商的考察淘汰管理风险。企业在采购过程中，对供应商的选择十分重要，良好的供应商合作伙伴，可以降低企业的采购风险，提高企业的采购质量和效率。

（3）库存管理风险

采购物资的库存管理是企业采购项目中的关键环节，特别是建筑企业采购的原材料种类很多，不同原材料周转时间不同、要求的库存条件也不同，存货期间的价格波动幅度也不同，因此库存管理的过程存在很多不可控制的风险点，主要从以下三个方面来考量企业库存管理的风险。第一，采购成本、税收费用增加，原材料周转率降低等。第二，库存成本增加，包括物资的管理费用、维护费用增加。第三，损耗增加，由于建筑材料的特殊性，对其保管、搬运以及摆放都有特殊要求。因此企业需要通过专业的管理、精确的计算以及全面的统计，来实时把握库存材料与工程进度、采购成本与库存成本之间的平衡，才能尽可能控制库存管理风险，提高材料周转率，降低库存成本，从源头上为企业开源节流。

（4）内部控制风险

内部控制风险的出现是内部控制过程中对采购工作的执行力不足，并且内部控制结构不完善导致。内部控制风险的产生对采购的后续工作有非常重要的影响。一方面，在内部控制过程中如果采购工作没有按照规定执行，奖惩制度明确但是很难落实，并且在采购计划审核过程中也仅是通过对供应商提供的资料进行审核，并没有真正考察，最终的审核结果并不理想。另一方面，内部控制的结构不够完善也是容易出现采购风险的原因之一。从定义上来说，内部控制的结构要有责任、权利的划分，但是通常工程管理人员身兼董事、监事、经理三个职位，这样在内部控制环节中很难发挥出应有的控制作用，管理者也更偏向独裁，风险防范意识弱。在采购管理上，如果内部控制并没有针对采购工作进行细节性、环节性和周期性的控制，那么内部控制则形同虚设。

7.2.2 采购风险识别

风险识别就是风险主体通过一系列方法逐渐发现自身风险点的过程。风险识别的目标就是找到潜在的风险，评估这些风险的严重性，并且找到产生这些风险的因素。因此，风险识别的步骤主要为以下两点：第一点，找到风险，或者说感知风险，通过调查识别出风险。第二点，风险分析，通过风险分析找到风险产生的原因和条件。只有通过风险分析，找到引发风险的所有因素，才能有针对性地采取措施对其进行规避。风险识别的途径无外乎两种，一种是通过外部力量进行识别，例如第三方审计和审核、咨询公司服务等。另一种是依靠风险主体自身的力量，根据经验和相关数据自行识别风险。

通过外部力量进行识别的途径虽然专业，但是给出的方案和报告过于客观，有的时候无法与企业的实际情况完全契合，并且从成本角度考虑，咨询的费用往往十分可观。因此相较于外部途径，企业可以通过内部特点自行识别风险，由此产生的主要方法有以下四种。

①问卷调查方法。该方法是一种基于风险分类识别风险主要原因的方法。风险分析者拥有自己的知识内容，并向相关人员和专家制定一些清晰、明确、有针对性且易于回答的问卷，以识别风险主体。该方法具有标准化的特点。一般而言，当问卷中的问题得到明确回答，或者具有较高认可度的选项时，通常表明存在某些潜在风险。

②头脑风暴法。这种方法主要是通过随机和临时讨论与感想触发专业的风险因素。非正式和和谐的讨论，容易产生打破规则的想法，积极思考与陈述，畅所欲言，能充分表达自己对风险的形成与发展的认知。头脑风暴法有助于培养人们的创造性思维，并可以专注于每个人的想法，共同解决问题。在无意识的引导和激发下，头脑风暴法十分有利于风险感知。

③流程分析法。企业生产过程的识别和分析是一种动态分析方法。该流程分析法是将风险主体的整个生产过程绘制成基于内部关系的流程图，确定并分析流程中的关键方面和缺陷，以识别风险点。该流程图在分析业务活动中的瓶颈方面特别有效。

④数据分析法。该方法指通过分析利用适当的统计分析方法收集的大量数据，提取有用信息并形成结论的过程。转化到风险识别上就是通过一些企业相关数据分析，总结出相应的结论或者识别出相应的风险。这个可以是采购价格分析、交货时间分析或者是财务报表分析。大数据时代，数据的连续跟踪与可视化处理技术，能最大限度地描述不确定性的场景，变认知为感知，对风险的全生命周期产生较全面的鉴定。

7.2.3 采购风险评估

风险评估是在风险识别的基础上，结合各类影响因素对风险发生的概率与损失的程度进行定量与定性综合评估的过程。风险评估的主要目的是全面、准确地了解企业的风险现状，发现企业存在的问题及相应的潜在危害，为企业进行风险控制提供现实依据。对于企业采购风险而言，由于存在不确定性与模糊性，主要的风险因素难以被量化，常将灰色系统理论与模糊理论应用于采购风险评估中来描述不确定性特征。

（1）灰色系统理论

灰色系统理论是一套为解决数据短缺、信息贫乏状况下不确定性问题而建立的理论。灰色系统理论的创立者为我国著名学者邓聚龙教授，该理论以“小样本”“贫信息”“不确定性系统”为研究对象，在系统论的基础上，运用数学方法对系统中有限的原始数据进行处理和挖掘，进而提取有用信息，借助部分已知信息推断并监控系统行为的发展规律和变化趋势。其中，灰色关联分析和灰色聚类分析作为灰色系统理论的重要组成部分，被频繁用于解决各类不确定性问题。

灰色关联分析是灰色系统理论中的基础内容之一，是提取数据内在规律的一种有效方法，自邓聚龙教授提出以来，已经在经济、管理等领域得到广泛应用。诸如社会系统、生态系统等一般系统的发展规律均为系统内多种要素相互作用的结果。因此，要想探索该类系统的发展趋势，必须首先找出其中起着主要影响作用的部分因素，探讨不同因素之间的相互影响关系，并弄清楚这些因素对于系统发展方向的影响方式分别是怎样的，分析其是能够促进系统的发展，还是会阻碍系统的进步。在抓住主次矛盾的基础之上，才能有重点、有方向地针对系统采取改进措施。而灰色关联分析正是一种可以很好地分析解决这类问题的手段，其基本思想是根据由部分已知信息得到的序列来绘制数列曲线，根据曲线的几何形状的相似程度对序列之间的关联程度进行判别。数列曲线越相似，表明相应序列之间关系越密切；数列曲线越不相似，则表明相应序列之间的关联情况越不明显。

灰色聚类分析是灰色系统理论的主要数据处理方法之一，主要用于在事先设定不同类别的基础上，评判观测对象对于各类别的从属情况。由于这一评价方法具有操作简单、实用性强的特点，且现实中存在着大量的灰色系统，从而被广泛应用于经济分析、环境分析、工程项目分析等各个领域。灰色聚类分析的基本原理是：运用数学方法对观测对象的各个特征指标进行综合处理，计算各观测对象属于每个灰子类的聚类系数，并通过聚类系数的最大值找出属于同一类的所有评价对象，从而形成一个聚类。由于聚类对象及聚类功能不同，灰色聚类又分为灰色关联聚类和灰色白化权函数聚类两种。其中，灰色关联聚类可用于合并系统内的同类因素，进而简化复杂系统。通过灰色关联聚类，可以在众多影响因素中找到基本类属同一分类的那些因素，进而在不丢失关键信息的前提下通过选取某一因素来代表这些因素。因此，灰色关联聚类在企业采购风险评价中可用于风险指标体系的构建。灰色白化权函数聚类可用于判断评价对象属于何类，以便在评价中对不同因素进行区别对待。

（2）模糊理论

模糊的概念最早源于美国控制论专家查德所提出的“模糊集合”，通过隶属函数表达难以划分边界的模糊现象。模糊数学的出现，打破了数学这一学科以精确现象为研究对象的固定思维，从而为解决不易精确的模糊事物提供量化的思路。

模糊综合评价是在模糊数学的基础上发展起来的，用于对难以进行定量描述的事物进行量化分析，通过设置隶属函数来明确事物的隶属等级，基于此而展开综合评价的方法。该方法能够通过构建一定的数学模型，将现实生活中不好定量描述的事物以及不确定性因素进行量化表述并分析，从而使模糊现象能够以更直观的方式展现在人们面前。

隶属函数是运用数学手段对模糊问题进行处理的基础，它反映了评判者对于评价对象的不确定性程度的判断值。在形成隶属函数时，需要在充分认识事物客观规律的基础上，对富有参考意义的经验进行吸收整合，从而存在一定程度的经验性与主观性，因此，隶属函数与事物实际情况的接近程度，主要取决于评判者对于事物认识程度，评判者的认识越充分，隶属函数也就越准确。在具体的使用过程中，一般通过模糊推理法、专家打分法、两两对比排序等方法来确定隶属函数。有了隶属函数就可通过模糊运算得到风险的综合值和风险发生的条件，最后再将模糊数转为实数或范围值。

（3）风险管理与收益

采购风险是客观存在的，风险管理的目标就是识别风险，建立风险与收益的关联。一般意义上的风险与收益关联管理图如图 7－2 所示。

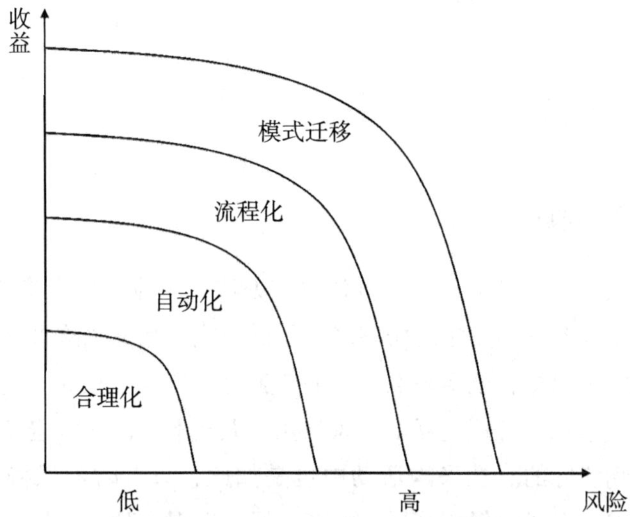

图 7－2　风险与收益关联管理图

图 7－2 表明风险管理有四个层次，即合理化、自动化、流程化和模式迁移。模式迁移就是看重风险带来的不确定性变局，在危机与变局中开创新的局面，获得不确定的收益。

例 7－1：采购风险分析。

有一期货采购基金，涨跌的概率都是 0.5。你每购买 1 元，若成功看涨，可以得到 1.6 元的利润，且原投资本金仍归还；若失败，则损失 1 元。在连续看跌的情境下，为了不把本钱亏光，采取了如下策略，总是拿你所持有的采购基金的一半去购买，则可以一直投资下去，不会破产。假定开始的采购基金是 1000 万元。如果采购 10000 次，平均来说采购基金最后还有多少钱？

解：假设投资者初始采购基金为 a 元，经 1 次投资后采购基金有两种可能：

①若成功，采购基金变为 $a_1 = a + 1.6 \times a \times 0.5 = 1.8a$；

②若失败，采购基金变为 $a_1 = a \times 0.5 = 0.5a$；

一期投资后的资本期望值 $E_1 = 0.5 \times (1.8a + 0.5a) = 1.15a$，依次类推，得到 $E_n = 1.15^n a$。

当采购 10000 次后，资本期望值为 $1.15^{10000} a$，这个资本期望值将大于 10^6 元，表明这是一个非常有前景的采购机会。

但是，由于采购的看涨概率为 0.5，在 10000 次采购中看涨与看跌的次数都可能很接近 5000 次。在看涨时，采购基金会由 a 变为 $1.8a$；在看跌时，采购基金会从 a 变为 $0.5a$。根据乘法的交换律和结合律得到在胜负次数确定下，采购基金的看涨和看跌顺序不影响收益数值。于是假设总投资次数为 N，看涨与看跌次数各半，投资 N 次后的采购基金变为 $1.8^{(N/2)}0.5^{(N/2)}a$，而这个数字通过分析会发现是非常小的。所以，这个采购机会不是个好机会。对比前后两种结果，发现要想完全认识采购风险，还需要进一步分析，但由于知识体系等问题，这里不做进一步的讨论。

7.3 采购风险控制

7.3.1 采购风险控制决策

采购风险控制决策是对风险提出处置建议和办法。风险管理人员通过制定有效措施，选择合适的方法，把风险事件发生的概率降到最低，或者减少风险事件发生时对外界造成的损失。为实现这样的目标，就要采取一定的措施。

首先是提升风险意识。管理过程中，风险往往无孔不入，绝对避免风险或者杜绝风险事件的发生，是不切实际的。在采购活动中也是如此，只有时刻保持风险意识，重视风险，时刻防患于未然，对风险保持警惕，才能够提早发现风险、积极应对风险，控制采购风险对企业经营管理的影响。

其次是以降低采购风险为风险控制的关键。与相关方选择协同一致、追求利益共同实现、防止出现零和博弈的局面，是可持续控制采购风险的措施。采购活动中，企业不应当仅仅考虑自身利益，应当将供应商、上下游产业链、用户的利益协同起来，通过互利互惠实现共赢，打造互信互通、和谐稳定的风险控制环境，为制定有效的控制措施、降低采购风险奠定良好基础。

最后是运用综合手段降低风险。在现代社会里，随着市场经济发展，企业经营者不可避免会遇到各种风险，应该综合研究、采取多种手段“多管齐下”，运用金融、期货、保险等手段，增加风险控制能力。比如对于采购周期长、金额大的物资进行采购时，应当考虑期货、基金等市场工具，把价格变动的风险通过对冲加以规避。

风险控制的策略主要包括防范风险、回避风险、减轻风险、转移风险、后备措施以及自留风险六种。

①防范风险。采取防范措施，减少损失发生的可能性。

②回避风险。主动放弃或拒接实施可能导致损失的方案。

③减轻风险。采取有效措施，尽可能地减少风险损失。

④转移风险。通过合同或者非合同的方式将风险转嫁给他方。

⑤后备措施。拟定应急预案，做好充分的准备。

⑥自留风险。企业自己承担风险，用内部资源弥补损失。

采购风险控制是有目的、有意识地通过计划、组织、控制和监督等活动来阻止和防范风险损失的发生，削弱损失发生的影响程度，以获取最大利益。通常是针对多种可能的结果，事先采取某种行动对风险源和风险条件进行干预，致使结果向预定的几种情况发展，但行动的真正结果究竟如何还是未知的。例如，证券交易的风险控制通常可以从制度、监督和自律管理等方面着手，以达到消除或减缓风险发生的目的。采购过程中的运输保险机制、公证过程、资金转付平台等也都是采购风险控制的重要措施。

转移采购风险的节点一般有三种，其一是将转移风险与合同订立结合在一起，即订立主义；其二则将转移风险与转移货物所有权结合在一起，即所有权主义；其三是将转移风险与货物交付结合在一起，即交付主义。一般，标的物的转移风险的节点采用交付主义，即动产的交付和不动产的交付。

自留风险是以内部资源来弥补损失。出现自留风险可能是因为该风险是不可投保的，或是因为投保成本大于获得利益。自留风险后将损失摊入经营成本中，或者建立意外损失基金，也可以借入资金或建立专业自保公司来应对风险。

7.3.2 采购风险应对与扩散

采购风险可以通过一定手段和有效措施加以防范和规避。采购风险应对是风险损失的转移、分摊、补救，也包括风险动因的控制与风险发生环境的治理等。

首先是建立与完善企业内部控制制度，加强员工教育，提高其素质。企业应建立与完善内部控制制度与程序，加强对员工——尤其是采购业务人员的培训和教育，不断增强其法律观念，做到依法办事，重视职业道德建设，培养团队精神，不断增强企业内部的风险防范能力，从根本上杜绝采购风险。

其次是加强对物资采购招标的监督。在物资采购招标过程中，企业应检查采购是否按照规范的程序进行，是否存在违规行为，采购经办部门和人员是否对供应商进行严格调查并每年对其进行一次复审评定。

再次是加强对采购全过程的监督。采购全过程的监督是指对计划制订、审批、询价、招标、合同签订、物资质量验收、物资采购绩效考核、付款和领用等所有环节的监督。其中，重点是对计划制订、合同签订、物资质量验收和物资采购绩效考核四个关键控制点的监督，以保证不弄虚作假。

①加强对物资需求计划、物资采购计划的审计。审计内容包括企业各部门物资需求计划、采购部门物资采购计划的编制依据是否科学；调查预测是否存在偏离实际的情况；计划目标与实现目标是否一致；采购数量、采购目标、采购时间、运输计划、使用计划、质量计划是否有保证措施。

②做好对合同签约的审计。签订采购合同当事人是否具有主体资格，是否具有民事权利能力和行为能力；采购合同当事人的意思表达是否真实；采购合同的主要条款是否符合国家法律和行政法规的要求；采购合同的主要条款是否完备，文字表述是否准确，合同签订是否符合法定程序。

③加强对物资质量验收的审计。审查合同的内容和交货期执行情况，是否做好物资到货验收工作和原始记录；审查物资验收工作执行情况，是否对物资收货、入库、发放过程都进行验收控制；审查不合格品控制执行情况；审查采购结算的执行情况，是否严格按合同规定付款；审查对合同履行违约纠纷的处理。

④加强对物资采购绩效考核的审计。是否建立采购管理的各个环节的考核制度并落实；是否明确规定出采购工作的数量和质量标准；采购绩效指标是否分解落实到各有关部门和个人。明确的标准和分层分解过程提高了采购风险过程的监控能力。

最后是分类完善采购风险防范措施。采取适时控制、盘活库存、及时清理和报批的措施应对存量防线。通过及时组织采购业务人员学习《民法典》等知识，定期进行合同追踪调查，降低合同风险；对供应商的产品质量、价格、财务状况等进行分类管理；加强预付款购货的追踪管理，防止发生欺诈行为；加强对采购人员进行行为道德的教育；建立商业贿赂管理办法，对违规行为进行严厉处罚。

从供应链环境下的融资过程来看风险扩散，假定零售商以批发价格向供应商订购一定单位的产品，并获得银行的贷款，零售商所获贷款与其资金需求之比是防控风险的关键参数。需求实现后，如果市场状况良好，零售商销售收入能同时清偿银行和供应商债务，供应商亦能清偿银行债务，两者都不违约；反之，若市场状况不理想，零售商存在信用风险，一旦违约，供应商可能遭受损失。若供应商从零售商回收的货款不能清偿自身银行债务，供应商也将违约。此时，零售商信用风险向供应商“传染”，即供应链上关联信用风险呈现传染效应。假设该供应链仅具有商业信用所导致的资产关联关系，由于供应商的信用质量对供应链整体价值更大，若零售商不能偿还供应商债务，则供应商也无法全额偿还银行债务，进而导致供应商违约或信用质量下降。因此，如果零售商不能同时偿还两笔债务，如果与供应商存在人际关联关系，零售商一般会选择保护供应商的信用质量，即选择优先偿还供应商的债务；如果与供应商不存在人际关联关系，零售商为保护自身信用质量，则会选择优先偿还银行债务。

总之，采购风险的应对重在重视、预测与提前处理和善后储备。以例 7-2、例 7-3 为例进行简要分析。

例 7-2：采购风险应急金。

某厂家报价为 80 万元的一台设备，报价有效期为 60 天。但某公司的采购计划审批要 7 个月，厂家在失效期的年膨胀率为 10%（月膨胀率约为 0.83%）。试问，该公司的采购预算幅度或应急金应为多少？

解：设 c 为应急金，$c = 0.83\% \times (7 - 60 \div 30) \times 80 = 3.32$（万元）

采购风险应急金是专门为采购风险和不确定成本而预留的费用，是一种常规和有效的采购风险应对机制。但是，这种机制受到资金限制不能被广泛推广。科学地设置采购风险应急金就要加强风险的分析和评估。例 7-3 就提供了一种采购风险扩散的推理方法，其基本方式是以贝叶斯定理为基础，进行采购风险的扩散与大小比较。

例 7－3：风险的概率计算。

假设供应市场发生突发风险事件时，企业遭受损失的概率是 0.7；供应市场不发生突发风险事件时，企业无损失的概率是 0.8。先验概率表明，$P(D)$ 代表供应市场发生突发风险事件的概率为 0.1；$P(N)$ 代表供应市场不发生突发风险事件的概率为 0.9。求企业有损失时供应市场会发生突发风险事件的概率是多大？

解：令"+"为企业遭受损失。于是 $P(+|D)$ 代表供应市场发生突发风险事件企业遭受损失的概率是 0.7；$P(+|N)$ 代表供应市场不发生突发风险事件企业遭受损失的概率是 $1-0.8=0.2$。

根据贝叶斯公式可知，

$P(D|+)=P(+|D)P(D)/[P(+|D)P(D)+P(+|N)P(N)]=0.07/0.25=0.28$。

因此，企业有损失时供应市场会发生突发风险事件的概率是 0.28，此概率表明，供应市场风险对企业的损失影响不大，但大于供应商市场突发风险事件概率，说明了供应链内采购风险的扩散现象。假设先验概率 $P(D)$ 为参数 k，要使得 $P(D|+)$ 大于 $P(+|D)$ 时，解得 $P(D)$ 大于 0.4。这种结果就表明供应市场与企业的风险关联比较强，企业的损失与供应市场的突发风险事件有较强的关联，供应链风险较大。

复习与思考题

1. 由于风险是未知的或不确定的，所以采购风险管理的过程也是根据风险进行制定的，请结合图 7－3 简述采购风险的管理要点和方法选择。

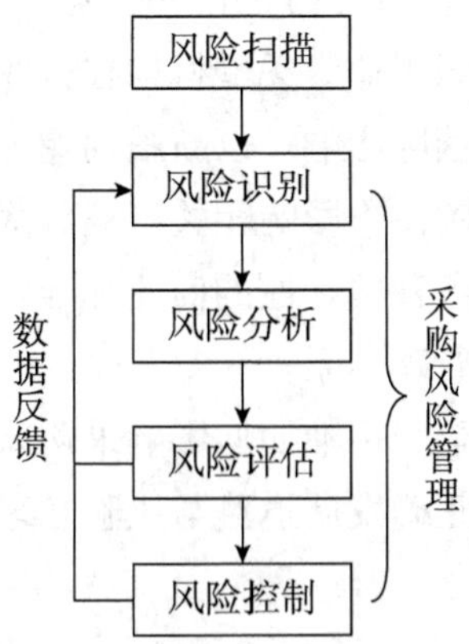

图 7－3 采购风险管理流程

2. 讲述你亲身经历过的采购风险事件，从中理解采购风险管理的重要性。
3. 简述采购风险主要包括哪些方面。
4. 简述模糊理论，结合相关采购事件设计基于隶属函数的采购风险评估方法。

综合材料分析

材料：采购风险扩散与管理体系。

新疆棉花是具有地域特色的优质农产品，伴随着产业链的完善，新疆棉业逐渐发展起来，并成为当地的优势产业。此前，新疆棉花年产量500多万吨，占全国棉花产量80%以上，相当于全国棉花消费量的60%。但是，网上的一则新闻，却引起了国内外的广泛关注。事情源于H&M在其官方发布的一则调查声明，声称集团严格禁止在供应链中存在任何类型的强迫劳动，无论哪个国家或地区。因此，未来将不再与位于新疆的任何服装制造工厂合作，也不从该地区采购产品，包括用于产品生产的棉花。

随后，GU（日本迅销集团旗下品牌）、耐克、阿迪达斯、GAP（盖璞）等29个品牌服装企业都发出相应声明，拒绝采购新疆棉花。随着热度发酵，越来越多的事实和关系浮出水面。从H&M的声明可以看出，H&M是基于BCI的判断以及一些所谓民间报告和媒体报道做出“停用新疆棉花”决定的。BCI（瑞士良好棉花发展协会）长期从事第二方可信度审核和第三方验证。

此后，淘宝、京东、拼多多等电商平台下架H&M相关产品。小米、华为等多款手机应用商店下架H&M商城App（应用程序）。曾与H&M有商务合作的艺人先后发表声明表示与H&M已无合作关系。安踏虽然是BCI成员之一，但安踏表示一直采购和使用中国棉产区出产的棉花，包括新疆棉，在未来也将继续采购和使用中国棉，必要时候启动相关程序退出该组织。

所谓“强迫劳动”子虚乌有，一个标榜专业、透明、环保的国际组织为什么要无端抹黑和封杀新疆棉花？西方一些政客和机构拿这一优势产业“做文章”，有多重目的。BCI通过打压新疆棉花，限制中国纺织工业。凭借机构在行业内的话语权逼迫加盟企业联合行动，引发连锁反应，造成更大的国际影响。以新疆棉花为对象的“体系打压”是将政治意图进行商业化包装，以吸引民众关注，影响相关产业壮大。“新疆棉花”事件说明国际贸易秩序不仅仅由商品关系构成，各种国际性的商业标准、产品标准或者一般行为准则也会直接影响国际采购供应链的风险管理体系。

结合上述材料，分析采购联盟与标准如何影响采购风险管理？整理相关资讯和采购风险管理知识，讨论可持续采购的正确发展道路与风险管理体系。

8 政府采购管理

随着经济复杂性水平提升和国家法制化建设的不断推进，政府在经济发展中的职能得到充分发挥，市场起到了至关重要的作用。政府采购是政府参与市场并治理市场的重要手段。政府采购的资金性质体现了取之于民用之于民的基本逻辑。目前政府采购管理部门对于政府采购管理工作极为重视，不断进行政府采购管理措施的创新与完善，努力提高政府采购的绩效。

8.1 政府采购管理基础

8.1.1 政府采购管理概念

政府，政即行政，府即机关，政府指国家权力的执行机关。政府是特殊机构，是有限或无限责任与义务的权力和权益保障组织，其职能是维护国家安全、消除社会隐患、促进科学技术进步、提高国民生产能力、优化社会结构。

“政府”是唐朝的“政事堂”和宋朝的“二府”两名的合称。唐朝的中央机关机构为三省六部，三省，即尚书省，下设吏，主管行政事务；中书省起草政令；门下省掌管出纳和常命，有审查诏令权力。唐朝为提高工作效率，将中书省和门下省合署办公，称为“政事堂”。宋朝将“政事堂”设于中书省内，宋初年还设立了枢密使，主管军事，其官署称为枢密院，并将中书省和枢密院并称为“二府”。“政事堂”和“二府”合称即为后来的“政府”。

这样的组织需要采购吗？在封建社会，政府采购的物品就是贡品，现在主要就是公共物品。最早的政府采购思想起源于18世纪亚当·斯密的《国富论》，当时认为政府采购越少越好，因为政府的消费对国民财富的增长不起决定性作用。其后，在萨伊的“供给创造自己的需求”理论下，政府被认为是公共财富的托管人，私人也可以供应公共消费品，公共土木工程可以刺激私人生产。这种思潮使得政府采购迅速发展，但出现了一些腐败和规模不经济的现象。马歇尔等学者的边际学说认为政府采购存在边际效应，建立科学化的政府采购是十分重要的议题。自此，政府采购的理论基础和实践活动得到广泛关注。

凯恩斯认为政府采购是宏观调控的手段。随着政府采购影响力的扩大，相应的制度也应运而生。公共选择学派认为政府采购人员具有“经纪人”特征，政府采购的模式应是委托代理；政府采购制度的建立要以建立、健全政府采购法律体系为重心；引入利润分享机制，允许政府组织对节约成本所形成的财政剩余拥有一定的自主处理权。在此基础上，制度经济学派认为政府采购的行为可以降低交易成本。

（1）政府采购管理的概念

政府采购是指国家机关、事业单位和团体组织，使用财政性资金采购依法制定的集中采购目录以内的或者采购限额标准以上的货物、工程与服务的行为。

政府采购当事人是指在政府采购活动中享有权利和承担义务的各类主体，包括采购人、供应商和采购代理机构等。

政府采购的对象包括货物、工程与服务。货物是指各种形态和种类的物品，包括原材料、燃料、设备、产品等。工程是指建设工程，包括建筑物的新建、改建、扩建、装修、拆除、修缮等。服务是指除货物和工程之外的其他政府采购对象。

政府采购的原则是公开透明、公平竞争、公正和诚实信用。公开透明原则是指有关采购的法律、政策、程序和采购活动对社会公开，所有相关信息都必须公之于众。公平竞争原则是指在政府采购中引入竞争机制，实现机会均等、待遇均等，使政府采购主体采购到优质价廉的商品和服务。公正原则是指采购人应该按照事先公布的原则对待所有的供应商，不偏袒和歧视任何供应商，不得滥用手中的权力。诚实信用原则是对参与政府采购双方的约束，对于政府来讲，可以减少交易费用，减少腐败行为，提高政府采购的效率；对于供应商来说，可以对其投标行为进行约束。

（2）政府采购的特点

政府采购是相对于个人采购、家庭采购、企业采购和团体采购而言的一种采购活动，与个人采购、家庭采购、企业采购或团体采购相比，政府采购具有公共性、特定性、非营利性、社会性、广泛性、行政性、规范性、影响力大等特点。下面具体来介绍这些特点。

①公共性。政府采购的资金来源为财政拨款和需要有财政偿还的公共借款，这些资金的最终来源为纳税人的税收和政府公共服务的收益。而个人采购的资金来源为采购主体的私有资金。实际上，从本质上来讲，正是采购资金来源的不同，才将政府采购和个人采购区别开来。

②特定性。政府采购的主体也称采购实体，主要指政府机关、事业单位和社会团体、公共机构等部门。政府采购的主体不具有生产性和消费性，与一般采购主体的自我需求与消费特征不同。

③非营利性。任何资金的使用都存在管理者责任问题。营利性市场组织通过优胜劣汰的市场机制，体现资金管理者责任及资金的使用效率。非营利性组织进行政府采购的目的不是营利，而是为了实现政府职能。

④社会性。政府采购的社会性实际上蕴含在其非营利性特征中，其为非商业性采购，不以营利为目标，不是为卖而买，而是为政府部门提供消费品或向社会提供公共物品。

⑤广泛性。政府采购的对象包罗万象，既有标准产品，又有非标准产品；既有有形产品，又有无形产品；既有价值低的产品，又有价值高的产品；既有军事产品，又有民用产品。为了便于管理和统计，国际上通行的做法是按其性质将采购对象分为三大类，即货物、工程和服务。

⑥行政性。个人采购可以按照个人的爱好、企业的需求做出决定。但是，政府采购作为组织性选择，就不能根据个人意志进行。

⑦规范性。政府采购不是简单地一手交钱一手交货，而是按照有关政府采购的法规，根据不同的采购规模、采购对象及采购时间要求等，采用不同的采购方式和采购程序进行的。每项采购活动都要规范运作，体现公开透明、公平竞争的原则，接受社会的监督。

⑧影响力大。政府采购不同于个人采购、家庭采购、企业采购或团体采购，其主体的购买力非常大。政府采购对社会经济有着非常大的影响，采购规模的扩大或缩小，采购结构的变化对社会经济发展状况、产业结构以及公众生活环境都有着十分明显的影响。正是由于政府采购对社会经济有着其他类型的采购不可替代的影响，所以，它已成为各国政府经常使用的一种宏观经济调控手段。

8.1.2　政府采购方式

《中华人民共和国政府采购法》（以下简称《政府采购法》）第二十六条规定，政府采购方式包括公开招标、邀请招标、竞争性谈判、单一来源采购、询价和国务院政府采购监督管理部门认定的其他采购方式。

（1）公开招标

公开招标是政府采购的主要采购方式，是指采购人按照法定程序，通过发布招标公告，邀请所有潜在的不特定的供应商参加投标，采购人通过某种事先确定的标准，从所有投标供应商中择优评选出中标供应商，并与之签订政府采购合同的一种采购方式。公开招标的具体数额标准，属于中央预算的政府采购项目，由国务院规定；属于地方预算的政府采购项目，由省、自治区、直辖市人民政府规定；因特殊情况需要采用公开招标以外的采购方式的，应当在采购活动开始前获得该区的市、自治州以上人民政府采购监督管理部门的批准。

（2）邀请招标

邀请招标也称选择性招标，由采购人根据供应商或承包商的资信和业绩，选择一定数目的法人或其他组织（不能少于三家），向其发出招标邀请书，邀请其参加投标竞争，从中选定中标的供应商。

采用邀请招标的条件如下。

①采购具有特殊性，只能从有限范围的供应商处采购的。

②采用公开招标方式的费用占政府采购项目总价值的比例过大的。

（3）竞争性谈判

竞争性谈判指采购人或代理机构通过与多家供应商（不少于三家）进行谈判，最后从中确定中标供应商。

采用竞争性谈判的条件如下。

①招标后没有供应商投标或者没有合格标的或者重新招标未能成立的。

②技术复杂或者性质特殊，不能确定详细规格或者具体要求的。

③采用招标所需时间不能满足用户紧急需要的。

④不能事先计算出价格总额的。

（4）单一来源采购

单一来源采购也称直接采购。当所购商品的额度到了限额标准和公开招标数额标准，但所购商品的来源渠道单一，或属于专利、首次制造、合同追加、原有采购项目的后续扩充和发生了不可预见的紧急情况不能从其他供应商处采购等情况时，采用该种方式进行采购。该采购方式最主要的特点是没有竞争性。

采用单一来源采购的条件如下。

①只能从唯一供应商处采购的。

②发生了不可预见的紧急情况不能从其他供应商处采购的。

③必须保证原有采购项目一致性或者服务配套的要求，需要继续从原供应商处添购，且添购资金总额不超过原合同采购金额百分之十的。

（5）询价

询价是指采购人向有关供应商发出询价单让其报价，在报价基础上进行比较并确定最优供应商的一种采购方式。采购货物的规格、标准统一，现货货源充足且价格变化幅度小的政府采购项目，可以采用询价方式采购。

采取询价方式采购的，应当遵循下列程序。首先，成立询价小组。询价小组由采购方的代表和有关专家组成，其中专家的人数不得少于成员总数的三分之二。询价小组应当对采购项目的价格构成和评定成交的标准等事项作出规定。其次，确定被询价的供应商名单。询价小组根据采购需求，从符合相应资格条件的供应商名单中确定不少于三家的供应商，并向其发出询价通知书让其报价。再次，询价。询价小组要求被询价的供应商一次报出不得更改的价格。最后，确定成交供应商。采购方根据符合采购需求、质量和服务相等且报价最低的原则确定成交供应商，并将结果通知所有被询价的未成交的供应商。

（6）国务院政府采购监督管理部门认定的其他采购方式

由于政府采购的特殊性，在除以上采购方式外，由于规模化集中采购或其他原因，对于一些特定采购对象还可以采用以下采购方式进行政府采购。

①协议供货与定点采购。

②网上采购。

③采购卡。

④涉及国家安全和秘密的采购。

⑤公开招标未能成立，且招标文件没有不合理条款、招标程序符合规定，重新公开招

标将影响采购项目实施的采购。

8.2 我国的政府采购管理

8.2.1 我国政府采购管理的现状

我国政府采购起步较晚，据财政部公布的《2020 年全国政府采购简要情况》描述，2020 年全国政府采购规模为 36970.6 亿元，较上年增加 3903.6 亿元，增长 11.8%，占全国财政支出和 GDP（国内生产总值）的比重分别为 10.2% 和 3.6%。从结构来看，货物、工程、服务采购规模分别为 9175.8 亿元、17492.4 亿元和 10302.4 亿元，占全国政府采购规模的 24.8%、47.3% 和 27.9%。从采购方式来看，公开招标、邀请招标、竞争性谈判、竞争性磋商、询价、单一来源采购规模分别占全国政府采购规模的 79.3%、1.1%、3.2%、7.7%、1.1%、4.3%。政府采购的范围从传统的货物类采购逐步扩展到服务类、工程类采购。其中货物类采购从通用类货物不断向专用类货物延伸，服务类采购从传统的专业服务快速扩展到公共服务等新型服务领域，工程类采购逐步纳入政府采购管理范围。政府采购资金构成从财政性资金逐步向单位自筹资金、银行贷款、BOT（建设—经营—转让）项目市场融资等方面扩展。

从组织和制度建设来看，我国初步具备了进行大规模政府采购的条件。首先各地普遍设立了政府采购机构。国务院明确规定财政部为政府采购主管部门，履行拟订和执行政府采购政策的职能，地方各级人民政府也相继设立政府采购管理机构。其次政府采购制度框架初步确立。《政府采购法》《招标投标法》等一系列规章制度，为依法开展政府采购工作提供了制度保障。

在新冠肺炎疫情影响下，全国视频会议系统的应用将更广泛，在政府机关的带领下，全国视频会议系统的应用率将持续增长。此外，2020 年，政府集中采购、部门集中采购、分散采购规模分别占全国政府采购规模的约 33.5%、11.1% 和 55.4%。政府采购政策功能持续显现。

8.2.2 我国政府采购管理存在的问题

（1）总体规模、结构需进一步提高和完善

政府采购规模仍有待扩大。根据国际经验，一国政府采购规模在达到当年财政支出的 30%、GDP 的 10% 时，才能为发挥政府采购政策功能打造出必要的活动空间。目前我国政府采购规模较小，明显制约了政府采购政策功能的有效发挥。政府采购结构不合理，我国目前很多地方还没有将工程采购列入政府采购范围。

（2）法律制度体系有待完善

我国政府采购的法律制度体系以《政府采购法》《招标投标法》两法为主体，辅之以众多地方性法规与规章。对政府采购行为做出规范的部门多达七八家，相互间自成体系、缺乏统一。在适用范围上，《政府采购法》以资金使用性质来确认适用主体范围，而《招标投标法》则是以项目适用客体进行界定；在采购模式上，《招标投标法》仅规定了分散采购，而《政府采购法》则规定了以集中采购为一般、分散采购为例外的原则。政府采购的法律制度体系中规定的适用范围、采购模式和监督主体的不一致，使得政府采购在实施环节中缺少明确的法律依据。

（3）集中采购机构设置有待规范

集中采购机构行政隶属关系不清。集中采购机构是政府依法设立的“非营利事业法人”，不但有行政主管部门且与其存在隶属关系，与《政府采购法》规定的“采购代理机构与行政机关不得存在隶属关系或其他利益关系”矛盾。《政府采购法》及相关地方管理条例规定集中采购机构和社会中介机构同为“采购代理机构”，这样的定位严重弱化了政府采购的严肃性，降低了政府集中采购的约束性和强制性。集中采购机构没有统一的主管部门，实行“采管分离”后，集中采购机构隶属于十多个不同的行政主管部门，且没有统一指导和领导。集中采购机构的发展缺乏协调性，处于“多头管、无人管”的混乱局面。

（4）监督体制有待加强

政府采购处罚力度不够，对“应采”者“未采”的现象没有有效的控制手段，对当前违法违规者也没有给予应有的惩戒。政府采购计划性差、随意性大。政府采购计划的编制和审批程序缺乏有效的约束，执行过程中随意变更采购计划较为普遍。政府采购制度存在缺陷和漏洞，部分采购活动形式上合法，但实际上存在围标、串标现象。采购文件编制上存在倾向性。在编制采购文件前，有些供应商会主动加强与采购人的沟通，采购人有时也需要供应商提供设计及咨询服务，这样会影响采购文件的公平性和公正性。人为干预过多干扰了采购规则。受地方保护主义和部门利益机制的驱动，某些地方政府常常强制规定购买本地产品，大型工程也指定单位自行承担，政府采购的“应采”和“未采”现象严重。

8.2.3 解决政府采购问题的对策

（1）进一步扩大政府采购范围、优化采购结构

首先，将行政机关、事业单位和社会团体组织的全部办公用品都纳入政府采购范围；其次，继续拓展政府采购领域，逐步提高工程项目和服务性项目在政府采购中的比重；再次，在资金范围上，将中央补助专款和年度追加预算资金纳入政府采购范围；最后，在采购模式上，继续做好政府集中采购工作，把政府集中采购目录做深、做细，逐步降低及分散采购限额。

（2）规范政府采购法律制度的制定

完善政府采购法律制度，应遵循国际惯例、借鉴国外有益的做法，建立和完善多层

次、系统性的政府采购法律制度体系。该体系应当包括三个层次：第一层次是以《政府采购法》为中心的法律制度体系，主要包括《政府采购法》《招标投标法》等；第二层次是地方性的政府法律制度体系，包括地方政府采购管理条例（或办法）和采购目录，审计监督、合同监督、招标投标管理办法等；第三层次是以《中华人民共和国政府采购法实施条例》为中心的法律制度体系，包括实施细则、政府采购招标投标和合同监督管理办法，以及其他有关的规定、办法和通知等。

（3）加强集中采购机构建设

制定集中采购机构管理办法，为集中采购机构的设立划定标准，在采购规模、合同数量、人员数量和资格等方面作出规定，规范机构的设立。理顺集中采购机构的行政隶属关系。该机构可由同级人民政府管理，也可设立全国政府采购委员会，统一管理全国政府采购的相关工作，确保处理争议的机构的独立性和公正性。统一集中采购机构的预算体制，对目前集中采购机构采取的全额拨款、自收自支、差额拨款三种预算体制进行统一，并进一步完善对集中采购机构的绩效评估体系。规范部门集中采购和社会中介采购行为。部门集中采购和社会中介采购是对集中采购制度的削弱，应对其范围进行规范，对其规模进行控制。强化政府采购从业人员的教育和培训，充分利用社会培训力量和资格职称考评制度，加强相关人员的教育和培训，并逐步推行执业资格制度。

（4）完善政府采购监督体制

建立健全由中国共产党纪律检查委员会、中华人民共和国审计署、政府采购监管部门、集中采购机构及供应商组成的政府采购内外监督体制，形成采购、付款、验收三个关键环节相互衔接、相互制约的局面。政府采购计划应列入预算，并保证计划编制的全面性和计划执行的刚性。建立供应商资格审查制度，对符合条件的供应商发放市场准入资格证书，对在政府采购活动中有违纪违规行为的供应商，给予取消资格或其他相应处罚。完善评标委员会制度，评标委员会的人员组成要以专家评委为主，同时要建立更大规模的、可操作性强的专家评委数据库。理顺采购机构与监督机构的关系，相关监管机构应支持采购机构的工作，“多履行裁判员的职责，少参与运动员的比赛”，做到“到位不越位”。

（5）加强对国家税务系统政府采购的管理

在政府采购工作中，应当不断扩大政府采购规模，加强政府采购集中采购目录和国家税务系统部门集中采购目录的落实力度，逐步降低分散采购限额，灵活选取适当采购方式，稳步推进批量采购试点，处理好效率与质量的关系。完善国家税务系统政府采购制度体系，在系统内逐步统一采购档案的格式和内容，规范各类政府采购事项和操作规程，避免出现各地国家税务机关各自为政的局面。构建国家税务系统“三位一体”的政府采购领导体制，加快省级以上国家税务机关的政府采购机构设立，明确市级以下国家税务机关采购职能归口财务管理，充分发挥政府采购领导小组的组织协调职能，切实发挥政府采购职能单位的合力。建立国家税务系统政府采购监察室全程监督制度，严格领导小组集体议事制度，加大对委托采购机构的监管力度，对政府采购全程监控，将采购结果纳入财务公开范围，真正打造国家税务系统阳光采购。

8.3 政府购买服务创新

8.3.1 政府购买服务体系的碎片化

社会碎片化、经济扁平化和事务国际化使得政府购买服务成为公共服务治理的重要制度安排。信息技术的快速发展，加快了知识的碎片化传播，形成了基于知识交换的社会碎片化，同时也带来经济的扁平化。当前，在改革和创新的双重驱动背景下，一些"失灵"，如资源失灵、政府失灵、政策失灵、效率失灵、市场失灵的出现使得政府购买服务越来越复杂。其中，碎片化是造成局面复杂的重要原因之一。虽然一些研究人员认为碎片化造成多头治理和管理程度增加，但从创新所需要的异质性和要素细分逻辑来看，碎片化也是加速政府购买服务创新的重要路径。

首先，政府购买服务体系的碎片化表现在供给制度与需求诉求的分割。市场供给缺失和制度顶层设计不力是政府购买服务体系碎片化的主要原因。当前的研究强化了公共服务基于供给视角的研究，但缺少对服务运转、服务消费与满意度的研究。没有激发市场服务创新的活力，使得服务出现结构性过剩。其次，管理体系和能力的碎片化造成政府购买服务的"九龙治水"，虽然部分研究和实践指出了政府购买服务在制度、过程和绩效中的发展重点，但主要资源和能力都围绕"谁来买""买什么""如何买"而展开，没有进行买前论证，没有进行"为什么买""买与造的结合"的运营系统设计。简单地处理"买的必要性"和"谁来买"的衔接，直接忽略买的需求和预算管理，势必造成管理体系的碎片化。最后，碎片化发生在公共价值层面，民众诚信、国家富强、社会法治之间的对等耦合和平等交易被分割开来，以社会绩效为目标的公共价值呈现碎片化。碎片化集中在某一个点上，通过比较和学习，发挥区域碎片和领域碎片的针对性和专业化作用，在一定程度上可以加速政府购买服务创新的步伐。

8.3.2 政府购买服务的制度与生活创新

（1）以制度变革统领政府购买服务创新

政府购买服务的制度包括常见的政策、法治和理念规范等内容。政策是诱发政府购买服务创新的直接动力。《中共中央关于全面深化改革若干重大问题的决定》中体现的让市场成为配置资源的重要机制和事务性政务外包的原则、《中共中央关于全面推进依法治国若干重大问题的决定》的法治政府建设方向和《关于改革社会组织管理制度促进社会组织健康有序发展的意见》等政策构成政府购买服务创新所需要的市场环境、购买主体的责任规范和承接主体的能力要求。它们为进一步处理好政府与市场、政府与社会的关系给出了新的方向。与这些制度改革相呼应的就是《政府采购法》《中华人民共和国预算法》等法律条文的修正，其降低了准入门槛和操作的随意性风险，推动了政府采购市场的开放式发展。特别是相关法律实施条例的出台，更是为服务的购买落地提供了明确的操作办法。

制度创新加强了政府购买服务的顶层设计能力，相对于新公共服务而言，“掌舵”“划桨”“服务”都没有“购买”效率高、效用大。“掌舵”和“划桨”无形中左右了民意和社会组织，使得自由和独立性发生越轨，这是可怕的，会造成资源浪费、能力下降和价值扭曲。“服务”的协商机制无法满足众口难调的局面，“购买”通过契约精神和明细的责任条款，触动长期的行政关系。依赖“购买”交易平台和渠道，可以缩短制度交易时间并提高学习能力，并在“购买”中实现平等合作。但是，目前的政府购买服务制度创新仍然面临巨大的挑战，例如，公共服务资源的产权制度和购买的激励制度都需要进一步发展，以构成制度生态和可持续性发展模式。

预测政府购买服务的事态要以政府职能转变为基础，提出政府购买服务的要素、概念和框架。政府购买服务的制度创新带来了新的规范和理念。其一，以“购买”行为推进政府与市场、政府与社会的平等合作。相对于“行政”“服务”而言，通过引导推进主体供需均衡，促进服务的供给侧改革。其二，“服务”相对于货物和工程而言，其创新之处在于以结果和使用价值为导向，而不是以生产、管控和价值为基础。这与服务型制造和信息化社会的基本运作模式相一致。同时，“服务”以人为本，强调了社会、公众的参与，也体现了服务型政府的特征。其三，“购买”“服务”创新了服务的流转过程，是一种面向增量的混合式创新，是制度变革的产物。它通过逐步放开政府采购市场来激活契约精神，提高服务质量，发现新服务，外包新服务，并实施“空心化”战略推进组织变革，为政府减负，为民众增福。

（2）生活是政府购买服务创新的重要内容

从社会弱势群体的保障性服务，到小康社会的养老、医疗和教育服务，都在反映服务的生活本质和主题。这为政府购买服务的内容创新提供相关要素，也表明了服务的本质是以生活为主题，生活是政府购买服务创新的重要内容。

生活通过“文化渗透”和“行为重塑”影响行政的事实判断和价值选择。生活也就是过日子，其过程不同于行政权力执行过程。生活对行动的指导表现为表象性知识的理性规范和背景性知识的关系约束。生活中存在的信任关系能加速行政创新，生活中的琐事需要全部“打包”，不能通过硬性的规定来生产、分配与交付。在集体、社区和个人之间，随着公共生活和私有生活的交互影响，不同的政治智慧、社会文化和家庭信仰之间交互碰撞，增添了生活的元素。

保障民众能够幸福地生活是政府的重要职责，以生活的自由为原则推行政府购买服务的内容创新。幸福的生活以购买为起点，社会的自由生活更需要全面的政府购买服务体系。生活的重点是政府购买服务创新的方向，通过构建生活和制度的对应关系激发公民的参与信心。生存和生活需求是政府购买的基本内容，生活质量和水平的提升过程创造更多服务内容，带动政府购买服务内容创新。基于生活资源的获取过程构建服务的政府购买平台，可以保证购买的公平性，进一步完善政府购买的社会关系网络，促进生活价值与社会价值的融合。例如，当前公众生活的信息需求就应该推行政府采购，这能进一步帮助政府引导舆论，也能降低信息成本和减少信息拥堵。从生活出发创新购买方式、服务内容和购买服务的方向，可以提高管理效率，发挥服务的人本价值。

8.3.3 政府购买服务的技术与服务创新

政府购买服务的技术与服务创新表现在两个方面，即一方面技术与服务成为政府购买的重要内容，另一方面支撑政府购买服务的技术发生巨大的变化。购买的内容与支撑技术两者相互影响，购买内容的创新需要新的支撑技术，支撑技术的创新能扩大和创新购买的内容，它们的相互影响共同推进政府购买服务创新。

技术与服务成为政府购买的重要内容体现了技术与服务的自身属性，其比货物和工程更具有使用价值或在使用中更能创造价值，显然有更高的效率和更低的风险。与制度创新呼应，技术进步促进社会变迁，特别是国际化和全球化的技术浪潮，更是掀起了技术驱动的制度创新与国际融合。例如，一些公共交通、公共水电的技术进步完全颠覆了原有用电和用车服务模式，使得政府购买服务的技术与服务创新成为预防制度危机的重要工具。虽然技术与服务采购面临更多的不确定性，但也正是因为不确定性，使得市场或其他组织方式不能很好地支持这些内容的发展。以购买的方式获取这些技术与依托技术的服务，并通过规模化实现不确定性价值的分享，有利于政府购买服务制度得到快速推行。

支撑政府购买服务的技术发生了巨大的变化。在现有的创新模式中，基于信息技术和信息系统的支持，服务外包、特许经营、契约化等推动原有委托、代理、管家关系演化，并形成全面合作的契约化和社会化技术与服务。通过契约可以提升政府购买服务的质量，强调社会关系和提高网络的公共性、独立性和自主性。服务的社会化加速要素的自由流动和整合。制度与生活的契约化规范了分工与分家的关系。这让社会有更多发展空间，通过网络化关系与服务，实现社会包容和嵌入的价值创造。同时，基于契约化的生活是调节公平的基础，也是改善竞争与合作环境的核心。依托契约化提高政府购买服务的全面承接能力，以契约精神推进社会价值创造，让技术与服务成为政府购买服务创新的重要工具和内容。

8.3.4 政府购买服务的管理与治理创新

（1）管理创新

政府购买服务的管理创新要以资源—能力—价值的链式创新为主。交易成本和新服务运动的集成化为政府购买服务的资源—能力—价值的链式创新提供了管理机制。相对于行政、网络和多中心而言，构建基于资源—能力—价值的服务链是政府更好的选择。

公共资源交易平台促进了政府购买服务的供给侧改革，这些资源既是购买主体权力的象征，也是公共服务所依托的载体。规范化、规模化出售这些资源，有利于政府和市场对等关系的建立。通过加速资源的流动，激活了不同的资源链接，让自然分布比较碎片化的要素得到进一步的流动，同时能够与行政化分配相互补充。资源是服务的承接载体，资源的背后是物质和技术。《公共资源交易平台管理暂行办法》表明了公共资源交易对政府购买服务的影响范围。针对服务直接载体所依靠的物质和技术基础，涉及工商、税收等管理技术职能，也涉及国土、环保等领域的物质保障。特别是在 PPP（政府和社会资本合作）模式推进中，以人为本就是以服务为引领。政府购买服务是服务于资源产权、使用权、消费权的细分与整合，并与现行的行政管理、社会自治一起构成系统的服务策略。

政府的服务角色定位能激励更多的公民参与，符合“大众创业、万众创新”的精神要义。服务和资源的分离，不仅加速了分工，也提高了不同的专业化能力。让不同的主体只做自己最擅长的事务，其他事务都外包给其他主体。政府购买服务能推进以沟通和分工为基础的外包体系发展。短期的交易制度变成长期的委托管家制度，其过程中的资源整合机制以组织间的学习、培训为基础，有意识或无意识的知识转移与知识溢出提升了组织的知识吸收能力。相关文件就是通过实施系统化、规范化、专业化的培训以提高社会组织的发展能力、分类能力和创新能力。通过学习趋同或聚类，嵌入社会网络，参与社会竞争和淘汰。

这种链式创新体现了服务生产、运转与交付的集成。服务与产品的分离，需要市场化机制作为支撑。市场中的技术创新网络是服务生产的重要平台，技术的进步能够实现外包和逆向外包的有序更替。在由生产、运转和交付构成的服务链中，资源、能力和服务彼此依赖、聚合，形成多维度的合作，例如，PPP 模式中的公私资金的合作、项目阶段的合作、政府—社会—市场主体的合作等。同时，资源—能力—价值的合作是市场事理、社会人理、政府法理的融合，也是服务链和供应链思想在政府购买服务中的直接应用结果。

（2）治理创新

主动组织而非被动行政、整体均衡而非局部最优、涌现而非独立出现、竞合互动而非单打独斗是协同的核心。政府购买服务的协同创新就是依靠智慧数据库和专家，科学授权，创造网络效应，通过信息共享、同步运行和主动参与，以降低单一服务或行政中心的全生命周期风险，促进关系协同、价值共创和自主秩序发展。

随着政府购买服务市场的成长，采购者、生产者、运营者、消费者和供应商之间的联系更加密切，其在运营和监管过程中成为政府购买服务活动中相互制约的相关主体。与一般的购买关系中的买卖主体不同，传统的政府采购中政府既是买方也是卖方，存在多重委托代理关系，在政府购买服务的网络化合作过程中，采购者从买方中独立出来并接受出资人的委托和监管；生产者从卖方中独立出来并成为市场和社会的主体，成为自身的代理人。

在服务购买过程中，服务生产、运作和交付环节的分离与协同促进了服务的专业化和分布式发展，形成现代服务系统。这种服务系统具有科层制的纵向高效沟通机制，也具有扁平化的横向整合能力。供应商和采购者的对等沟通、协同决策和联合运营使得服务资源聚集、服务交付和需求响应在时空和效用上得到高度整合。例如，在当前的 PPP 模式中，涉及的主体和主体间的关系就是一个多任务、多层次的生产者、采购者、使用者、评估者协同的系统。在 PPP 项目运作中实现服务生产、运作与交付的分离与协同，通过整合公私相关资源，实施节约式创新，从而保障制度与生活需求主导的政府购买与生产技术体系的匹配与协同。

总之，链式创新有助于政府购买服务管理创新和治理创新的同轨，搭建生活与服务的交互情景。政府购买服务的管理创新就是在制度与生活引领技术与服务的过程中，实施路径的整合、优化与预警，完善政府购买服务创新生态。

8.3.5 政府购买服务的方式创新

公共服务与货物和工程相比有着显著差异。一方面，公共服务具有无形性、多变性、不可量化性；另一方面，公共服务更加关注满足社会公共服务需求、改善民生、转变政府职能等多重目标。因此，政府购买服务在方式选择上也因公共服务的特殊性而需要更具适用性的方式。

（1）对法定采购方式的改革与探索

近年来，不少地方政府从政策层面对政府购买服务方式进行了规定，其中，苏州市、九江市、上海市、泰安市人民政府分别对定向委托方式提出了具体规定，认为对于“运作较为成熟、社会效益良好”“标的金额不大、实施期限不长、行业专业特殊的非竞争性服务”“市场条件尚不成熟，只有一家潜在承接主体”“续签”“尚不具备政府采购条件但直接关乎民生”的公共服务项目可以依法采取定向委托方式，并适当延长服务年限。

（2）以竞争性评审与定向委托为代表的非法定采购方式的探索

不少地方政府对法定采购范围之外的政府购买服务的方式进行了一定的探索，普遍采用的方式包括竞争性评审、定向委托等。例如，广东省财政厅在 2012 年发布了《广东省财政厅关于政府向社会组织购买服务供应方竞争性评审的管理办法》，来规范政府购买服务的供应商竞争性评审。山东省财政厅发布的《山东省政府购买服务竞争性评审和定向委托方式管理办法》，明确提出购买主体购买不属于《政府采购法》适用范围（即政府采购集中采购目录以外且采购限额标准以下）的服务项目，可采用竞争性评审和定向委托方式确定承接主体。这一项政策有利于部门单位对不属于《政府采购法》适用范围的政府购买服务项目采用更加灵活并且具有指导性意义的方式进行购买。

①竞争性评审，是指购买主体对具备有效竞争条件的服务项目，通过评审小组对意向承接主体提交的响应文件进行综合评审，根据评审结果确定承接主体的购买方式。竞争性评审的适用条件是承接主体市场发育程度较好、具备有效竞争条件的服务项目。山东省对竞争性评审方式开展了比较广泛的实践，目前不少政府购买服务项目都采用了该方式。例如，济宁市人力资源和社会保障局政府购买服务竞争性评审项目结果公告显示，济宁市人

才服务中心（服务购买方）通过竞争性评审方式，购买了“孔孟之乡·文化济宁——名校人才直通车”现场招聘活动；淄博市临淄区政府购买服务竞争性评审项目公告显示，临淄区发展和改革局拟通过竞争性评审方式，购买了“国有景区门票价格定价成本调查”服务项目。

②定向委托，是指在特殊条件下，购买主体按照规定程序，将政府购买服务事项交由特定的承接主体承担的购买方式。一般适用于以下情况：因落实公共政策需要对承接主体有特殊要求的，因签订战略合作协议需向特定主体购买服务的，通过政府购买服务方式支持事业单位分类改革的，保证与原有项目的一致性或者服务配套要求的，承接主体市场发育不足的。

这一方式也是各地购买主体较早进行探索并且具有丰富经验的一种方式，不少地方都对定向委托方式作出了具体规定。例如，山东省济南市政府的一个政府购买服务定向委托项目公告显示，济南高新技术产业开发区管理委员会发展战略与宣传策划局（服务购买方）通过定向委托方式，组织实施了该区政务信息公开及舆情服务购买项目。再如，浙江省舟山市购买公共文体服务项目。根据项目的规模和服务方式的不同，分为招标项目和定向服务项目，其中定向服务项目要根据完成质量和需求单位评价核定拨款，项目完成后根据群众满意度评价、社会效应等对活动进行绩效评价并存档，这不仅实践了定向委托方式，还根据项目特点采用了多元购买方式。

（3）在政府购买服务中探索使用凭单制

我国对凭单制的探索也是从教育券开始的。近年来我国引入教育券，并在浙江省长兴县的实践活动中取得了一定成果。随着教育券的引进与成功探索，政府购买服务领域也开始探索凭单制形式在该领域的可行性与必要性。在顶层设计中，政府逐渐明确了在政府购买服务领域运用凭单制的前提条件，以凭单制形式实施的政府购买服务项目，应当采用竞争方式确定不少于 3 家服务供应机构同时作为承接主体，对市场竞争较为充分、服务内容具有排他性并可收费的项目，鼓励在依法确定多个承接主体的前提下采取凭单制形式购买服务。贵州省还创新性地在科技领域应用了凭单制，在全国率先实施科技创新券凭单制政策，采取无偿资助方式向企业发放科技创新券，专用于企业向高校、科研院所、科技服务机构等单位或其他企业购买科技创新服务和技术成果，合同履行完毕后，由科技创新服务单位持科技创新券到贵州省科技厅兑现。可见，各地已从政府层面开始推动凭单制在政府购买服务领域的探索与实施。

不少地方和领域针对凭单制在该地方和领域的适用类别做出了详细的要求与规范，目前应用较广的有教育券、养老券与科技创新券。教育券分别从发展民办教育、老年教育、学前教育、职业教育、农民工子女义务教育等角度出发，推进教育普及与教育平等，以实现基本公共服务均等化。养老券分别从推进居家养老服务、经济困难失能老人养老服务、居家养老信息平台建设等角度提出以政府购买服务的方式，按一定金额标准发放养老券。科技创新券主要是推动社会使用科技创新券发展政府购买服务，用于促进科技成果转化、强化实施创新驱动发展战略、优化营商环境、优化服务培育、壮大经济发展新动能、加快新旧动能接续转换、中小微企业贷款风险补偿等多个方面。

8.4 政府采购管理案例

8.4.1 政府采购案例分析

例 8－1：政府采购使心脏支架从上万元降到几百元。

此前，心脏支架集中带量采购拟中选结果公布，此次是国家首次组织高值医用耗材集中带量采购，共有 11 家中外企业 26 个冠脉支架产品参与投标。据了解，国家集中带量采购心脏支架首年意向采购量超过 107 万个，涉及 27 个品种，金额超过 123 亿元，占据心脏支架市场规模的 80%。

最终通过公开竞价，10 种中标产品价格均不超过千元，均价从 1.3 万元左右下降至 700 元左右，最低仅 469 元。与 2019 年相比，相同企业的相同产品平均降价 93%，国内产品平均降价 92%，进口产品平均降价 95%。按意向采购量计算，预计节约 109 亿元。

（1）一年要用掉 150 万个心脏支架

心脏支架为什么会成为国家启动高值医用耗材集中带量采购后进行的首个品种呢？

一方面，心脏支架同时具备市场需求的急迫性和支架技术的成熟性两个特征。心血管疾病是一种高致死率的常见病，多年来稳居我国居民常见死亡原因的前三位，而心脏支架植入手术是最有效减少患者死亡的一个手段。

公开数据显示，国产心脏支架品牌价格在 7500～18500 元，进口心脏支架品牌价格在 11400～23300 元，而同代心脏支架在巴西只要 2183 元，美国患者则需要支付 6403～18507 元，法国零售价 6881 元，印度将其调整为 756 元。据介绍，中国医用耗材市场规模 3200 亿元，其中高值医用耗材 1500 亿元。而心脏支架的总费用就达 150 亿元左右，占到全国高值医用耗材总费用的十分之一。

由此可见，心脏支架费用调控需求十分迫切。

另一方面，技术成熟，有一定的国产化比率也便于集中带量采购的实施和执行。心脏支架已经诞生很多年，技术相对成熟。更难能可贵的是，国内企业的产品在一定程度上可以和国际大厂竞争。数据显示，当前我国心脏药物洗脱支架国产化比率已经达到 80% 左右。如此一来，不仅价格容易谈，本土企业也可以在进入采购名单后迅速抢占市场，推动国内企业的发展和进步。

相反，国产化比率很低的品种由于议价权基本由海外企业把持，比较难以推行集中带量采购，即便执行集中带量采购，国产企业也缺乏足够的产品进行进口替代。

综上所述，由于临床用量较大、竞争充分，“充分竞价”的条件已经成熟，心脏支架成为国家首个高值医用耗材集中带量采购的品种较为合适。

（2）降低渠道费与差价

从1.3万元左右下降至700元左右，降幅确实较大，但争议却随之而来：为何以前的心脏支架那么贵，现在又是如此便宜？

过去，心脏支架的成本主要在于前期的研发投入，在产品未获得注册证之前，早已经历长期的动物实验、临床试验，还有注册审批环节，各环节均有高额费用。此外，过去流通环节的费用加成使得价格虚高。

有人形容高值医用耗材里的价格水分就像水盆里的毛巾，拎起来就淋水，根本不用挤。心脏支架不同于寻常药品，几乎无法寻求院外市场，医院乃耗材企业的“兵家必争之地”。因此企业不得不费心经营销售渠道，“养着”大批销售队伍。而且由于市场太大，一家企业很难做到跑遍全国，因此就给了众多销售公司生长的土壤。而销售公司为了攫取利润，就会在出厂价上再度加价。

现在药品价格虚高关键在于销售费用高。国家主动集中采购的核心是带量采购机制，相当于供需双方直接见面，把中间所有销售费用节省下来，这是降价幅度大的主要原因。

经历了将近十年的市场变革，目前三代心脏支架早期的研发成本已填补完全，再加上集中带量采购省去了多级流通环节，700元均价已十分接近生产造价成本。

而至于老百姓担心的质量问题，专家认为完全不用担心。国内医疗器械植入类产品都是严格经过动物实验、临床试验的，同时集中带量采购专家对产品技术与质量评价严苛，中标产品的质量是靠谱的。

官方亦对此回应称，在集中带量采购前，天津市有关部门紧急调研医疗器械质量监督检验中心，对检测能力进行摸底，保证中选产品质量可追溯。确保每一个产品应用到患者身上是安全的，是有效的。

不过还是要防范医院为了多赚钱，最终给患者的价格并没有降下来多少。

所以，这次把心脏支架价格降下来，只是令人欣慰的第一步。如何兑现这一利好采购，之后还需要加强监管，让病人真正用上可靠、性价比高的心脏支架。

（3）政府采购引导行业发展

降价后，有的专家提出降价幅度如此之大不利于企业未来发展，行业也将萎缩。中标结果公布后的第二天，医疗器械公司的股价就应声大跌。据相关数据统计，申万行业分类表中共有78家医疗器械上市公司，其中多达71家当天收跌，总市值合计蒸发超过700亿元。

行业生态预计发生较大变化，长期行业逻辑面临转变，心脏支架进入低毛利时代，流通端利润空间大幅压缩。降价后预计净利率水平在0%～10%，按照均价700元的中标价测算，估计单个心脏支架的净利润空间压缩至0～70元。此前单个心脏支架预计净利润在640～1440元，降价后对心脏支架利润率影响预计较大。

不过对此也有不同声音认为本轮心脏支架集中带量采购，并没有对心血管介入高值医用耗材实施全线降价，实施支架手术的导管、球囊等产品尚未纳入其中。更何况集中带量采购的量仅为实际需求量的67%至70%，已经为厂商留下了充足的缓冲空间，允许市场和企业充分发育。

此外，从去年参与试点地区的集中带量采购结果来看，尽管中标价格较产品原价降幅较大，但中标价格并未低于产品出厂价，通过带量机构反而增加了公司销量。参考“4 +7药品”集中带量采购，由于终端价格的下降，终端使用率提升较多，品种总销量提升45%，其中集中带量采购入选品种量提升225%。

中国老龄化问题日益突出，心脏支架行业依然处于高速增长的态势。在这个大背景下，整个行业的创新和创造力不会因为此次集中带量采购而消失。相反，集中带量采购有利于提升行业集中度，未来创新能力强的企业将崛起。当广大患者面对几百元的老产品和疗效更好的几千元的新产品，即使没有医保支持，多数患者也会选择更贵的和效果更好的新产品。

曾有投资者在互动平台上提问此番中标的某医疗称：我国国家组织高值医用耗材集中带量采购正式启动，心脏支架被确定为首个采购品种，采购结果有望于近期正式执行，请问对公司心脏支架产品将会产生什么影响?

对此，某医疗回复称，从公司中标的经验来看，在渠道价值体系的重塑上，预期销售费用和市场费用会有一定降低。国家集中带量采购的本质是压缩中间流通环节，对于生产厂家来说不仅会降低市场和销售费用，同时也会促进头部企业的进一步成长。整体来看预期较乐观，公司也在积极配合国家心脏支架的集中采购。

问题：

1. 结合上述案例分析政府采购的政策作用与采购中的管理趋势。
2. 针对案例标题和内容分析政府采购对采购价格的影响。

例 8 -2：高校政府采购改革。

高校作为重要的社会团体，其费用来源主要是财政资金，因此必须按照政府规定来执行采购活动。某双一流大学近5年来，采购管理部门发生了三次变化，最初的采购部门是学校的实验设备处下属组织；其后，实验设备处拆分为国有资产处和采购管理中心；再后来两个组织合并在一起，命名为采购管理中心。

(1) 采购管理中心主要职能

①贯彻执行国家关于国有资产管理、采购管理、实验室管理方面的法律法规、政策和规定，制定并实施学校国有资产管理、采购管理和实验室管理的规章制度。

②负责学校国有资产配置、使用和处置管理，对学校各类经营性资产保值增值进行监督管理，维护国有资产的安全与完整。

③负责学校各类集中采购的组织、单位自行采购活动的指导和监督。

④负责学校本科教学实验室建设规划、各类实验室仪器设备运行管理及实验室安全

管理。

⑤负责协助人事部门做好实验系列专业技术队伍建设，指导教学科研单位做好实验技术人员管理和考核。

⑥负责学校资产、采购和实验室信息化的建设与管理等工作。

⑦承担学校安排的其他工作。

（2）采购管理中心成立之初出台的管理规定

学校采购工作实行“统一领导、归口管理、分工负责、管采分离”的管理体制。学校成立采购工作领导小组（以下简称领导小组），统一领导、协调学校各类采购工作。采购管理中心负责学校采购工作的归口管理，财务处负责采购资金管理，各业务主管部门负责采购立项管理、合同履行及项目验收。

领导小组是在校长领导下，全面负责学校各类采购工作的领导和决策机构。领导小组组长由分管采购工作校领导担任，成员由采购管理中心、财务处、审计处、纪检监察室等部门主要负责人组成。领导小组下设办公室，办公室设在采购管理中心，办公室主任由采购管理中心主任兼任。领导小组议事和决策主要形式为领导小组会议。领导小组会议由组长召集并主持，参加人员为领导小组成员和议题涉及的部门负责人。领导小组组长根据议题情况可邀请纪委书记和其他校领导参加会议。

领导小组主要职责如下。

①指导和监督各职能部门履行工作职责，规范采购行为。

②审议学校采购工作规章制度及相关政策。

③听取并审议学校年度政府采购预算编制和执行情况报告。

④审议学校采购活动中重大投诉问题。

⑤审定学校采购评审专家库成员。

⑥审议和决定采购工作中的相关重要事项。

采购管理中心负责学校各类采购工作的归口管理，其主要职责是：贯彻落实国家和上级主管部门关于采购工作的法律法规和政策，制定学校采购工作相关规章制度，宣传采购工作相关法律法规、规章和政策。负责牵头组织学校年度采购预算编制，负责根据采购项目具体情况确定采购方式，组织技术参数论证和评审办法论证工作，负责政府集中采购项目申报，联系、配合政府集中采购机构做好政府采购工作。

具体工作如下。

①负责学校集中采购项目的组织实施，委托采购代理机构代理采购事宜。

②通过公开招标或其他采购方式确定学校相关协议定点供应商，负责对协议定点供应商进行管理。

③负责单位自行采购活动的指导和检查。

④负责学校采购评审专家库的建设和管理。

⑤负责学校采购信息化建设和学校各类采购平台的系统管理。

⑥负责学校法定代表人授权范围内的采购合同签订，参与采购合同履行后的验收工作，负责政府采购项目有关资料的上传。

⑦协调处理采购过程中的相关问题，向领导小组报告采购执行情况，负责各类集中采购资料的归档管理。

财务处负责审核采购预算及督促预算执行，其主要职责如下。

①负责审核学校采购预算和采购经费。

②负责将学校年度采购预算通过省财政管理信息系统进行申报。

③负责采购资金核付，督促采购预算执行。

业务主管部门负责主管项目的有关采购管理工作，其主要职责如下。

①负责主管项目的可行性论证、立项报批、采购预算编制与审核采购经费落实情况等前期工作。

②根据采购预算，制订主管项目的采购计划。

③负责初审使用单位提交的采购项目需求参数和评审办法。

④负责采购过程中的技术支持，配合采购管理中心做好采购工作。

⑤负责采购合同商定并会签合同，负责采购合同履行与项目验收，做好项目的绩效评价和动态跟踪。

⑥负责职能范围内相关协议定点供应商的监督履约工作。

采购项目按照管理职责由相关主管部门负责管理，不能确定主管部门的由使用单位负责管理。采购项目中含不同采购对象的，以项目属性或占项目资金比例最高的采购对象确定主管部门。

采购项目使用单位和项目负责人的主要职责如下。

①提出采购需求和预算，保证采购项目的科学性、合理性。

②拟定采购需求参数并落实经费。

③配合各职能部门完成采购工作，参与采购合同商定。

④组织完成单位自行采购限额以下的相关采购工作。

⑤负责领用采购形成的资产，保证资产的安全完整和使用效益。

（3）采购管理中心业绩

该校采购管理中心成立后，积极建立采购工作管理体系，进行采购信息化建设、进口设备“投代分离”和快速采购以及地区高校采购联盟组建，在线演示了采购管理信息系统、实验材料管理系统、校内网上竞价系统、学校网上商城等平台。

该采购管理中心依照政府采购法律法规，结合学校实际，在政府采购“放管服”政策落实、内控机制建设、采购制度建设、信息化建设、工作创新和优化服务等方面积累了一系列好的经验，逐步形成了自己的采购管理模式，得到了上级主管部门充分肯定和“兄弟院校”的普遍认可，在全国高校政府采购工作中形成了良好的示范效应。

采购管理中心成立后的第三年年底，该采购管理中心获评“全国政府采购十佳采购单位”荣誉称号，是全国唯一获此奖项的高校采购单位。该采购管理中心老师获评“年度高校政府采购优秀业务标兵”荣誉称号。后来，通过网评和会评，该校又一次荣获“2020年度政府采购先进高校”称号。

自采购管理中心成立以来，全面实行“统一领导、归口管理、分工负责、管采分离”的管理机制，建立了以政府采购为主、学校集中采购为辅、单位自行采购为有效补充的采购体系。采购管理中心通过建章立制，学校先后出台了《××大学采购管理暂行办法》等9个校内采购管理规章，编制了《××大学采购业务流程》等10个内部工作流程文件，不断完善采购内部控制管理；开发上线了“采购管理系统”“电子招投标系统”等8个信息化平台，实现了基于“互联网+采购”的线上管理、交易、监督、服务等全流程采购管理；率先在全国高校开展“同城高校采购评审专家库共建共享”工作，并已向全国推广；率先在全国开展高校联合面向贫困县采购学生食堂米面油工作，助力精准扶贫；牵头联合省内部分高校调研周边省份经验做法，联名向上级主管部门提出了省属高校进口产品“投代分离”的建议并获得批准，有效提高了省属高校政府采购预算执行进度；牵头联合省内相关高校依托省级招标投标协会，成立了面向全省高校交流服务的“××高校采购专业委员会”，勇担服务全省高校责任，充分发挥省属龙头高校示范作用和辐射效应。

该校迈入“双一流”建设行列以来，采购管理中心紧紧围绕学校“双一流”建设目标，凝心聚力、开拓创新，以教学、科研和管理需求为导向，共完成一流学科建设相关采购项目325个，合同金额7.12亿元，其中货物服务类项目314个，合同金额5.03亿元；工程类项目11个，合同金额2.09亿元，全力保障服务了学校一流学科建设，为学校事业发展提供强有力的支撑和保障。

（4）特色采购

项目名称：××大学年度职工生日蛋糕采购项目。

项目编号：0068－17LXFW1570375。

招标（采购）方式：公开招标。

招标（采购）公告发布日期：20××年8月31日。

开标（采购）日期：20××年9月20日。

中标供应商名称：×××市超港食品有限公司。

中标供应商联系地址：×××市高新区机电产业园杨林路。

中标（成交）折扣率：7.5折（75%）。

主要中标或者成交标的的名称、规格型号、数量、单价、服务要求：××大学年度职工生日蛋糕采购一批。

评标委员会成员名单：×××，×××，×××。

招标（采购）人名称：××大学。

地址：××××××九龙路111号。

联系人：××××。

联系方式：×××××××××。

招标（采购）代理机构名称：×××利信工程管理股份有限公司。

地址：×××市××路1779号××××大厦六楼。

问题：

1. 结合案例分析高校政府采购组织的属性与演化的过程。

2. 简述该校采购管理中心成功转型的原因。

8.4.2 政府采购纠纷处理案例

例8-3：千里之堤，溃于蚁穴。

【案情概述】

2020年8月27日，Z招标公司接受G采购人委托，就该单位“××项目”组织公开招标工作。10月15日，Z招标公司发布了招标公告，招标文件发售日期为10月15日至11月5日，共有4家供应商购买并按时递交了本项目的投标文件。经评审，评标委员会推荐C公司为项目第一中标候选人。随后，G采购人确认评标结果，Z招标公司发布中标公告。

中标公告发布后，投标人S公司于11月15日向Z招标公司提出质疑，称：中标产品没有实质性响应招标文件关于“适配网口”的要求，该条目为“★关键指标项”，不满足则废标，中标应无效。Z招标公司答复称：评标委员会依据招标文件和评标文件进行评审，各投标人对其所提供招标文件的真实性承担法律责任。S公司对质疑答复不满，向财政部门提出投诉。

【调查情况】

本案争议的焦点是，中标产品是否满足招标文件关于“适配网口”的技术指标要求。因此，财政部门调取了本项目的招标文件、投标文件和评标报告等资料。调查发现，本项目招标文件规定“适配网口”为“★关键指标项”。C公司在投标文件中的应答为以“USB口+USB网卡集成器”的方式提供网口。C公司认为，中标产品虽未配置网口，但是采用了“USB口+USB网卡集成器”的具体实现方式，可以满足招标文件对“适配网口”的要求。评标报告显示，7位评审专家均未发现C公司投标文件未实质性响应招标文件的实质性条款，并且在评分标准（技术指标）中给了C公司40分满分。

【问题分析与处理情况】

本案中的投标人与评标委员会对招标文件的理解均存在一定问题。

一是投标人没有准确理解招标文件的要求。投标人应准确响应招标文件的要求，完全满足实质性条款。本案中，C公司主观认为，其投标产品可以采用“USB口+USB网卡集成器”的方式达到“适配网口”的技术要求。

二是评标委员会未严格按照招标文件进行评审。评审专家要熟悉和理解招标文件，认真阅读所有供应商的投标文件，逐一进行符合性检查。评标委员会认为投标文件的相关事项需要做进一步澄清的，应当给供应商时间让其反馈。本案中，评标委员会没有认真阅读并准确理解招标文件对于实质性条款的要求，导致C公司的投标文件中采用“USB口+USB网卡集成器”的实现方式替代“适配网口”，没有引起评标委员会的足够重视，做出了错误判断。

因此，财政部门认为：本案中，C公司采用“USB口+USB网卡集成器”的实现方式未实质性响应招标文件关于“适配网口”的要求，可能产生额外的故障点，影响G采购人的采购效果。评标委员会未严格按照招标文件进行评审，违反了财政部《关于进一步规范政府采购评审工作有关问题的通知》（财库〔2012〕69号）的相关规定。

综上，财政部门做出处理决定如下：根据《政府采购供应商投诉处理办法》（财政部令第20号）相关规定，C公司投标文件不符合招标文件的实质性要求，投诉事项成立，本项目中标结果无效，确定下一候选人为中标供应商。

例8-4：“自身分歧”的采购文件。

【案情概述】

2020年6月15日，K代理机构接受采购人委托，就该单位“灯具设备采购项目”组织公开招标工作。6月30日，采购人确认了招标文件，K代理机构在中国政府采购网上发布了招标公告。7月5日，K代理机构在中国政府采购网上发布了变更公告。招标文件发售日期为6月30日至7月25日，共有5家供应商购买了本项目的招标文件。开标前一个工作日，K代理机构与采购人共同从专家库中抽取了评标专家。到招标文件规定的投标截止时间，5家投标人均按时递交了投标文件。

本项目采用综合评分法进行评标，评标委员会对实质上响应招标文件要求的投标人进行价格、商务和技术综合评价打分后，按综合评分由高到低的顺序进行排列，向采购人推荐了3家中标候选人。K代理机构在得到采购人确认的评标结果后，在中国政府采购网发布了中标公告。

公告发布后，A公司对本次评标结果提出质疑，称：中标供应商B公司投标产品不满足招标文件关于技术指标m的要求。K代理机构在受到质疑后，组织原来的评标委员会进行复核。原来的评标委员会出具的复核意见称：K代理机构已于7月5日发布变更公告，公告中已将产品技术指标m降低为n，但因工作失误，其中部分内容未作相应变更。更正公告发布后，通过邮件和电话的方式分别通知各投标人。从投标人提交的投标文件内容来看，各投标人已理解投标产品的技术指标由m降低为n。在评审中，评标委员会以n为评标的基础标准进行评标，认为B公司提交的产品符合招标文件要求。同时，评标委员会对实际提交产品符合技术指标m的投标人予以了加分。A公司对此质疑答复不满，向财政部门提出投诉。

【调查情况】

本案争议的焦点是，采购文件中关于产品技术指标要求存在互相矛盾的情况，应如何处理。因此，财政部门调取了本项目的采购文件、响应文件和评标报告等资料。调查发现，原招标文件中对产品技术指标共有四处要求为 m。采购人、代理机构及潜在投标人现场勘察后，认为应将产品技术指标由 m 降低为 n。7 月 5 日，代理机构发布更正公告，将技术指标更改为 n，但由于采购人和代理机构的工作失误，在更正公告中，仅将两处技术指标降低为 n，另外两处技术指标仍为 m。在评审过程中，关于产品技术指标，评审委员会以 n 为评标的基础标准进行评标，对符合技术指标 m 的予以加分。

【问题分析与处理情况】

本案反映了政府采购中因采购人和代理机构的工作失误，导致采购文件中关于产品技术指标互相矛盾的问题。

本项目采购活动中，由于采购人和代理机构的工作失误，采购文件中关于产品技术指标的要求不一致，导致部分供应商按技术指标 m 投标，部分供应商按技术指标 n 投标。同时，因采购文件中对产品技术指标的要求不同，致使参加投标的供应商范围和所投产品的型号及报价也不同，直接影响评审环节，对采购结果的公正性造成了影响。

综上，财政部门做出处理决定如下：根据《中华人民共和国政府采购法》第三十六条第二项的规定，本项目招标采购中出现了影响采购公正的违法、违规行为，责令采购人进行废标处理。针对本项目招标文件和更正公告编制不规范的问题，责令限期整改。

例 8－5：被“独宠”的特定金额合同。

【案情概述】

2020 年 3 月 28 日，Z 招标公司接受采购人委托，就该单位“物业消防运行服务项目”组织公开招标工作。自 4 月 4 日发布招标公告开始，招标过程历经了发售招标文件、开标和评标，共有 6 家投标人参与投标活动，经评审，B 公司综合得分最高，被推荐为第一中标候选人。采购人确认评标结果后，Z 招标公司发布了中标公告。随后，投标人 F 公司向财政部门提出举报，称：招标公告中，对供应商设置了“自 2017 年至 2020 年三年内须具有 1 个（含）以上合同金额在 200 万元（含）以上物业管理服务业绩”的条件，属于以不合理的条件对供应商实行差别待遇或歧视待遇。

【调查情况】

本案争议的焦点是，采购文件将特定金额的合同业绩作为供应商的资格条件是否构成以不合理的条件对供应商实行差别待遇或歧视待遇。因此，财政部门依法调取了本项目的招标公告、招标文件、投标文件等相关材料。调查发现，Z 招标公司于 4 月 4 日在中国政府采购网发布招标公告，该公告第十一条第五款对供应商资格设置了“自 2017 年至 2020 年三年内须具有 1 个（含）以上合同金额在 200 万元（含）以上物业管理服务业绩”的规定。

在调查取证阶段，采购人和 Z 招标公司答复称：本项目的业绩要求是从项目的专业特点和实际需要出发作出的规定；同时，其所要求的合同业绩金额低于本项目的招标预算金额，不属于以不合理的条件对供应商实行差别待遇或者歧视待遇。

【问题分析与处理情况】

本案反映了政府采购活动中出现的两个相关问题。

一是采购文件将特定金额的合同业绩作为投标人资格条件是否合法合规的问题。本案中，招标公告对供应商200万元合同业绩的资格条件要求不具有合理性：其一，采购方对200万元合同业绩的限定无法提供合法有效的依据，虽然200万元的要求低于项目的预算金额，但该限定与项目本身的预算金额并无直接关联，采购方提出的该合同业绩金额限定低于项目招标预算金额的说法无法证明该200万元合同业绩要求的合理性；其二，采购人和代理机构有多种方式可以实现对供应商履约能力的考核，将特定金额的合同业绩设定成资格条件并非唯一的方式，而这种方式会构成“以不合理的条件对供应商实行差别待遇或者歧视待遇”，违反《中华人民共和国政府采购法》第二十二条的规定；其三，“合同金额”的限定虽然不是直接对企业规模的限定，但由于合同金额与营业收入直接相关，实质是对中小企业营业收入的限制，构成对中小企业实行差别待遇或者歧视待遇。

二是采购文件编制中违法行为的法律责任问题。在政府采购活动中，虽然采购人委托了代理机构从事政府采购代理活动，但招标文件的编制是由采购人和代理机构共同完成的，且最终须经采购人书面确认。所以，采购人和代理机构须共同为采购文件编制中的违法行为承担责任。

因此，财政部门认为：该项目招标文件将供应商具有特定金额的合同业绩作为资格条件，违反了《中华人民共和国政府采购法》第二十二条：“采购人可以根据采购项目的特殊要求，规定供应商的特定条件，但不得以不合理的条件对供应商实行差别待遇或者歧视待遇”，以及考虑到任何单位和个人不得阻挠和限制中小企业自由进入本地区和本行业的政府采购市场，政府采购活动不得以注册资本金、资产总额、营业收入、从业人员、利润、纳税额等供应商的规模条件对中小企业实行差别待遇或者歧视待遇。

综上，财政部门做出处理决定如下：根据《中华人民共和国政府采购法》第三十六条、第七十一条，以及《中华人民共和国政府采购法实施条例》第七十一条第（二）项的规定，决定该项目中标无效，责令采购单位重新开展采购活动，并对采购人和Z招标公司作出警告的行政处罚。

复习思考题

1. 简答政府采购的概念。
2. 分析政府采购的理论演化过程。
3. 比较政府采购方式的差异与原因。
4. 结合政府采购发展趋势，分析我国政府采购的问题是什么。如何突破这些问题？突破问题的关键是法制吗？
5. 对相关政府主体进行政府采购案例分析。

6. 分析政府采购政策作用的影响机制。

综合材料分析

材料 1：政府采购的数字化采购改革。

政府采购的数字化转型动力一是数字化技术的发展，二是政府采购法律法规的修订。《政府采购法》修订的总方向是建立绩效型政府采购新制度，实现从程序导向到结果导向和用户导向的转变。这一重大改革有着重要的国内外背景和条件。国内方面，充分考虑了国内的基本制度条件，尤其是以预算制度改革为中心的财政改革。第十二届全国人民代表大会常务委员会第十次会议通过了关于修改《中华人民共和国预算法》的决定，建立了绩效导向的新型预算制度；其后，《中共中央 国务院关于全面实施预算绩效管理的意见》发布，要求构建全方位预算绩效管理格局，同时提出在政府采购领域实行预算绩效管理；接着中央全面深化改革委员会通过的《深化政府采购制度改革方案》对全面进行政府采购改革提出了明确要求。

从国际形势来看，在 21 世纪的第二个十年，联合国国际贸易法委员会、世界贸易组织、欧盟和世界银行对相关国际政府采购规则先后进行了系统性修订，这项工作已经基本完成。联合国国际贸易法委员会修订了此前的《贸易法委员会货物、工程和服务采购示范法》；世界贸易组织政府采购委员会公布了《政府采购协定》（GPA）新文本和各方新一轮出价，GPA 新文本生效；欧盟公布三部新版欧盟公共采购指令；世界银行紧随其后发布新采购体系。这些国际政府采购规则的上述变化，从外部发展和对接需求等角度推动我国政府采购法改革与修订。

《政府采购法》的颁布，在很大程度上参照了当时的国际采购制度文件。当时的政府采购理论认为，只要是充分的缔约竞争程序，就能够达到价格的合理和订单分配的公平。因此，缔约竞争程序在那个时间段被看作政府采购的主要标志。什么叫政府采购？往往被认为就是实行公开招标。现在这个观点已经不再那么绝对和简单。人们已经意识到实行竞争制度，需要看竞争条件是否具备，还要看竞争程序是否有助于实现采购目标。这一观念的转变，引导了大范围的政府采购制度的系统性改革。

为了充分体现绩效型采购的要求，目前的法律修改征求意见稿构建了一个新型政府采购的制度框架。它的主要特点就是倾向于实行双向轨道制，既有采购方与供应商之间的合同性关系，又构建了采购性财政管理关系。这两个体系是并行不悖的。法律修正征求意见稿提出的需求管理和基于绩效合规的监督活动，是整个采购活动的法定环节。这些环节主要着眼于提高采购人的绩效管理效能，规范有关监督机关对采购人及其采购后果的监督程序。在这些环节中，采购人与供应商之间的关系不具有主导性。

在政府采购过程中，采购合同的履行对于提高采购绩效水平是至关重要的。绩效导向的政府采购主要依靠什么产生绩效？一个基本的观念是，可以通过供应商的创新性供给活动产生采购的绩效，尤其是依照合同约定的条件在合同履行中的创新性供给活动。这就需要通过合同制度的改进来激发和维持供应商的创新性供给能力。那么，借助什么样的制度能够实现这一点？法律修正的征求意见稿规定了新型合同类型，特别是基于成本的收益合同和基于绩效的支付合同，两者都是有助于提高绩效水平的制度设计。这里需要进一步改进的有两个方面。第一个方面是适应普通服务和工程服务大幅度增加的合同设计问题。过去和现行的采购活动多以货物采购为主，所以合同制度更多地体现着货物采购的特点，不能很好地适应法律适用范围扩大后的新需求。第二个方面是考虑新型风险及其法律责任的制度设计。创新活动的本身和后果具有不确定性，如何克服由不确定性引发的风险及其法律责任，需要在法律中作出规定。

鉴于合同履行及其监督是实现绩效目标的重心所在，所以合同订立在法律中的比重应当向下调整，由此带来的一个重大变化是本法对工程服务及其相关经营服务的规范作用将大幅度提高。目前的法律修正征求意见稿提及工程适用《招标投标法》。《招标投标法》是竞争缔约方面的法律，主要适用于合同订立活动。工程服务采购及其相关经营服务采购在合同履行阶段应当依照本法进行，接受本法的规范。因此，在修订该法的工作中，还应对工程服务及其相关经营服务的合同履行进一步强化规范。即使是合同订立方面的竞争缔约制度，也应考虑制度的统一问题。目前看来，统一竞争性采购缔约立法的条件正在成熟。以什么样的方式推进统一和达到什么程度和形式的统一，都可以进行讨论和论证。在竞争缔约方面的制度统一，有助于推动政府采购的高质量发展和高质量对外开放。

全面推进数字技术应用可提高政府采购绩效和质量。在这个背景下，如何在政府采购领域推进数字采购是一个非常有价值的话题。从政府采购演化趋势角度看，所有的制度性变革都是以它能够使用的技术为假设前提的。如果技术基础发生了重大变化，整个制度设计的思路也要做重大调整。由于数字技术的迅速推进，工业时代所形成的市场规制手段受到了严重挑战。市场的形态、产业的形态、经济的形态都在发生变化，企业的采购形态也在发生变化。这种情况下，我们不得不把数字化采购作为适应信息化时代，或者说从工业时代走入后工业时代必须加以考虑的一个方面来进行研究，看看如何在制度上得到体现。

中国共产党第十九届中央委员会第四次全体会议通过的《中共中央关于坚持和完善中国特色社会主义制度 推进国家治理体系和治理能力现代化若干重大问题的决定》正式提出了数据的生产要素属性。传统工业时期的土地、劳动、资本和技术，都将不可避免地被数字技术所嵌入或者融合，数据可以作为重要生产要素发挥作用。生产要素的结构发生变化后，生产、流通、消费和分配都将发生变化。财产形式也将发生重大变化，无形资产将成为重要的财产形式，进而将出现新的交易模式以及交易风险。我们在制度上必须适应经济领域和市场领域发生的这些变化。

在政府履职中形成的公共数据是政府占有和支配的重要资源。由于部分公共数据将进入有偿使用领域，公共数据可能成为政府采购中的政府方交易资源。随之带来了公共数据的资产化、价值开发和交易规则等方面的法律事项，包括权属形成、交易价格、责任形式以及风险的克服等问题。支持数字化转型的新基建工程项目，不但事关金融和实体经济的数字化转型进程，也将极大地改变政府投资人对公共基本建设的监管方式和政府投资绩效评价方式。新基建工程项目的服务含量比传统的工程项目更高，服务内容包含着更快的技术创新过程以及由此带来的更大的不确定性。因此，传统的工程项目管理方式必须进行结构性改革，并在改革中形成政府采购制度的新格局、新框架。

由于数字化的应用，政府采购效率与企业采购效率之间的对比和竞争将出现新的局面，公共部门和企业部门之间的竞争也将出现新的内容。当前，企业特别是大企业都在积极推进数字化采购，认为这将为企业创造新的价值。从企业采购的经验看，数字化采购的重心是利用大数据分析和人工智能等技术对供应链和供应商进行管理，而不限于对互联网的利用。政府采购应当适应应用数字技术和数字经济发展的进程，在“互联网＋政府采购”的基础上更进一步，全面进入数字政府采购的新境界和新场景。

政府采购制度改革的重要内容，是以采购人和使用人为中心构建新的采购体制和采购机制。以采购人为主体的采购将增加分散采购的比重。现行的采购制度是以集中采购为主要规范对象进行设计和实施的。在分散采购增加的情况下，为了使采购人正确合规地履行采购职责，应当设立一系列与其采购形式相适应的交易制度和监管制度。这就必须关注采购人本身的采购能力，包括提高采购效率的能力、对采购制度的遵守能力等。数字技术的应用具有赋能的效果，不但有助于提高采购人适应数字经济的采购能力，还有助于提高政府和社会对采购人的监督效能。

综上，数字技术和国际相关行业的环境变化分别从内外驱动我国政府采购的职能创新和法律体系完善。

材料 2：政府采购激活新市场。

我国的政府采购制度经过多年的发展，不仅规范和节省了财政支出，也承担起更多政策功能，有力支持着国家各项事业的发展。提高政府采购公共服务资金使用效益，维护社会公共利益；购买贫困地区农产品，助力脱贫攻坚；扩大绿色采购范围，发挥环保示范效应；扩大中小微企业采购合同份额，支持国家宏观调控目标实现就是政府采购激活市场的多种渠道与模式。

伴随采购规模的扩大，我国政府采购需要持续提高采购规范性、透明度，通过“明白账”促进政务公开；建立全流程信息公开机制、开展“阳光下的交易”是保障规模效应的基础。

政府采购链接市场的机制之一就是发展“政采贷”。在构建“政采贷”的过程中，首先，政府部门要乐当“红娘”，善于主动联系多家银行和非银行金融机构开展政府采购支持中小微企业信用担保、信用融资业务，为投标企业提供有政策保障、手续便利的信用担保、信用融资渠道。其次，要加强宣传，要求代理机构将金融机构名单联系方式作为招标文件的附页告知每一位潜在投标供应商。有贷款需求的投标企业，可以直接联系相关金融机构进行信用评估、获得授信额度。再次，要做好配套服务，实时共享中标企业名称、项目名称、中标金额等信息，方便金融机构有针对性地提前对接相关企业进行信用评估，在最短的时间内获得融资帮扶。最后，规范货物类合同、提前授信与限时审批也很重要。为把政府采购的信用价值和及时便利性的优势释放出来，银行或金融机构主动与有贷款意向的企业对接，先行调查、核实企业的生产经营管理、销售、财务、履约还款能力等情况。对优质中小微企业客户的资金需求，无须其提供额外的担保材料，并针对性给予优惠利率。

结合上述材料，分析政府采购的创新过程，分析政府采购融入和促进市场经济发展的机理及其演化动力。

9 采购库存控制与管理

采购与库存密切相关，采购是造成库存变化的源头，库存量是采购决策的重要依据之一。在一定的场景下，采购成本与库存成本存在效益背反。如何统筹采购与库存是采购管理的重要分支，本章将从确定性需求和随机需求两个视角分析采购库存的常见模型，即定量采购模型、定期采购模型、ABC 分析法模型、报童模型和订货点模型。这些模型重点不在数字自身的实际指导意义，而在创建和求解模型过程中产生的管理寓意。此外，还从供应链视角分析采购与库存，介绍了供应商管理库存，联合库存管理，协同、规划、预测和补货等采购库存管理模式。

9.1 采购库存模型

9.1.1 确定性需求采购库存

单品种采购是指某一品种大批量的订购，可以分为定量采购和定期采购。所谓定量采购是指每当库存量下降到预定的最低库存量时，以经济订货量（EOQ）为标准进行采购补充的一种方式。当库存量下降到订货点（R）时马上按预先确定的订货量（Q）发出货物订单，经过订货提前期（L），收到订货，库存水平上升。采用定量采购必须预先确定订货点和订货量。通常订货点的确定主要取决于需求量和订货、到货间隔时间这两个要素。在需求量固定和订货、到货间隔时间不变的情况下，不需要设定安全库存，订货点由以下公式确定。

$R = L \times D/365 + S$

式中，D 是年需求量，S 表示安全库存。图 9－1 展示了定量采购的原理。

当需求量发生波动或订货、到货间隔时间是变化的时候，订货点的确定方法较为复杂，且往往需要安全库存。通常以总库存成本最低时的经济订货量为每次订货时的订货量。定量采购的优点是由于每次订货之前都要详细检查和盘点库存（看库存是否降到订货点），能及时了解和掌握商品库存的动态；因每次订货量固定，且是需要确定好了的经济订货量，所以方法简便。定量采购的缺点是经常对商品进行详细检查和盘点，工作量大且时间长，从而增加了库存保管维持成本。该方式要求对每个品种单独进行订货作业，这样

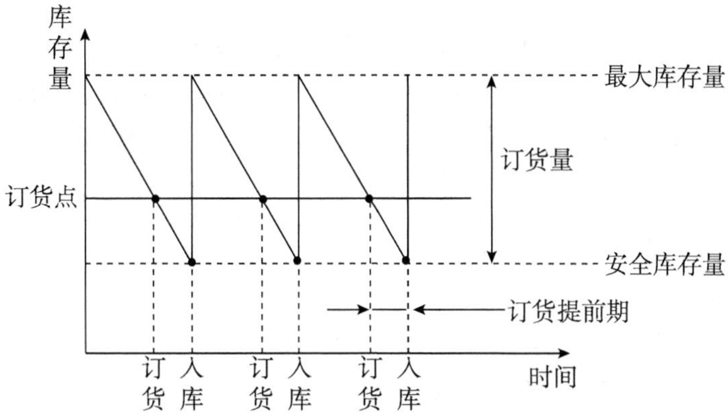

图 9-1 定量采购的原理

会增加订货成本和运输成本。定量采购适用于品种数目少但占用资金大的商品。

(1) 定量采购模型

定量采购的作业流程是先确定应采购商品的现有库存量，然后根据用户的需求和现有库存量确定商品的需求量。

具体按以下公式计算库存量：库存量 = 现有库存量 - 提取库存量 + 在途库存量 - 延期交货量。

当库存量小于或等于用户的订货量时，向供应商发出订货单，请求订货。定量采购要求规定一个特定的点，当库存量到达这一点时就应当进行订货并且订购一定的量。订货点往往是一个既定的数，当可供货量（包括目前库存量和已订货量）到达订货点的时候，就应当进行一定批量的订购。以下这些假设与现实可能有些不符，但它们为我们提供了一个研究的起点，并使问题简单化。这个场景的基本假设如下。

①产品需求是固定的，且在整个时期内保持一致。

②订货提前期（从订购到收到货物的时间）是固定的。

③单位产品的价格是固定的。

④存储成本以平均库存量为计算依据。

⑤订货或生产准备成本固定。

⑥所有对产品的需求都能满足，也就是不允许延期交货。

根据上述假设，建立库存模型时，首先应假设利息变量很小，然后建立订货量与采购成本之间的函数关系。在此我们关心的是成本，下面是有关的等式。

年总成本 = 年采购成本 + 年订货成本 + 年存储成本，即：

$$TC = DC + (D/Q)S + (Q/2)H$$

上面的式子中，TC 为年总成本；D 为年需求量；C 为单位产品成本；Q 为订货量（最佳订货量称为经济订货量 Q^*）；S 为每次订货成本；H 为单位存储成本，通常，单位存储成本以单位产品成本的百分率表示。例如 $H = i \times C$ 式子中，i 是单位存储成本的百分率。

等式右边，DC 指年采购成本；（D/Q）S 指年订货成本，年订货次数 D/Q 乘以每次订货成本 S；（$Q/2$）H 是年存储成本，平均库存 $Q/2$ 乘以单位存储成本 H。

在此基础上确定订货量 Q，以使年总成本最小。我们对 Q 求导数，并设其等于零。具体计算过程如下。

$$TC = DC + (D/Q)S + (Q/2)H$$

$$\frac{d_{TC}}{d_Q} = 0 + \left(\frac{-DS}{Q^2}\right) + \frac{H}{2} = 0$$

经济订货量 $Q^* = \sqrt{2DS/H}$

因为该模型假定产品需求和订货提前期固定且没有安全库存，则此时订货点 R 为：$R = dL$。

式中，d 为日需求量，且已知；L 为订货提前期，也为已知常数。

定量采购系统是对库存量进行连续监控，且当库存量降至订货点时就进行订货。该模型中，缺货的风险只发生在订货提前期，则订购的公式如下。

$$R = dL + z\sigma_L$$

式中，R 为订货点；d 为日需求量；L 为订货提前期；z 为既定服务水平；σ_L 为订货提前期中使用量的标准差。

计算过程如下。

$$\bar{d} = \frac{\sum_{i=1}^{n} d_i}{n}$$

式中，n 为天数。

日需求量的标准差如下。

$$\sigma_d = \sqrt{\frac{\sum_{i=1}^{n}(d_i - \bar{d})^2}{n}}$$

i 天的标准差如下。

$$\sigma_L = \sqrt{\sigma_1{}^2 + \sigma_2{}^2 + \cdots + \sigma_i{}^2}$$

即：短缺概率 × 年需求量 = 每次订货短缺量 × 年订货次数

$$(1-P) \times D = E_{(Z)}\sigma_L \times (D/Q)$$

简化为：

$$E_{(Z)} = \frac{(1-P)Q}{\sigma_L}$$

式中，P 为期望服务水平。

（2）定期采购模型

定期采购是指按预先确定的订货间隔期间进行采购补充库存的一种方式。企业根据过去的经验或经营目标预先确定一个订货间隔期间。每经过一个订货间隔期间就进行订货，每次订货量都不同。在定期采购时，库存只在特定的时间点进行盘点，例如每周一次或每月一次。当供应商走访客户并与其签订合同或某些顾客为了节约运输费用而将他们的订单合在一起的情况下，必须定期进行库存盘点和订货。另外一些公司采用定期采购是为了促进库存盘点。例如，销售商每两周打来一次电话，员工就明白所有销售商的产品都应进行盘点了。

在定期采购时，不同时期的订货量不尽相同，订货量的大小主要取决于各个时期的使用率。它一般比定量采购要求更高的安全库存。定量采购时对库存连续盘点，一旦库存量到达订货点，立即进行订购。相反，标准的定期采购模型是仅在盘点期进行库存盘点。这就有可能在刚完成订货后，由于大批量的需求就使得库存降至零，这种情况只有在下一个盘点期才被发现，而新的订货需要一段时间才能到达。这样，有可能在整个盘点期和订货提前期会发生缺货。所以安全库存应当保证在盘点期和订货提前期内不发生缺货。定期采购的原理如图9－2所示。

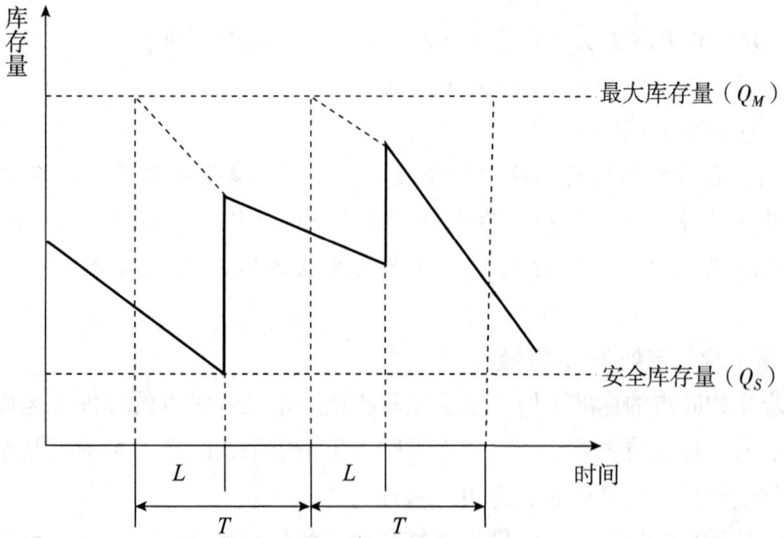

图9－2 定期采购的原理

定期采购是一种基于时间控制的订货方法。它主要是确定一个订货周期（T）和一个最大库存量（Q_M）。这个订货周期，就是控制库存的订货时机；这个最大库存量，就是我们控制库存的一个给定库存水准。然后每隔一个订货周期，就检查库存发出订货单。订货量的大小就是最大库存量与当前实际库存量的差。

订货周期一般根据经验确定，主要考虑确定生产计划的周期时间，常取月度或季度作为库存检查周期，但也可以借用经济订货量的计算公式确定使库存成本最低的订货周期。

最大库存量是满足订货周期加上订货提前期的时间内的需求量。它包括两部分：一部分是订货周期加订货提前期内的平均需求量，另一部分是根据服务水平保证的供货概率的保险储备量。即：

$Q_0 =（T+L）r+ZS$

式中，Q_0为目标库存量，T为订货周期，L为订货提前期，r为平均日需求量，Z为服务水平保证的供货概率查正态分布表对应的t值，S是订货周期加订货提前期内的需求变动的标准差。

依据目标库存量可得到每次检查库存后提出的订货量如下。

$Q=Q_0-Q_t$

式中：Q_t表示在第t期检查时的实有库存量。

例9-1：目标库存例题。

某货品的需求率服从正态分布，其平均日需求量为200件，标准差为25，订货提前期为5天，要求的服务水平为95%，每次订货成本为450元，年保管费率为20%，货品单价为1元，企业全年工作250天，本次盘存量为500件，订货周期为24天。计算目标库存量与订货量。

解：$(T+L)$期内的平均需求量$=(24+5)\times200=5800$（件）

$(T+L)$期内的需求变动标准差$=(24+5)^{\frac{1}{2}}\times25\approx135$（件）

目标库存量：$Q_0=5800+1.96\times135\approx6065$（件）

订货量：$Q=6065-500=5565$（件）

本例表明，在采购周期的不确定性增大时，定期采购模型中需要较多的安全库存来保障给定的服务水平。这些安全库存在一定程度上保障了订货周期和订货提前期内的需求变化。这就是为什么一些关键物品、价格高的物品不用定期采购，而用定量采购的原因。

（3）定量采购与定期采购的区别

提出请求采购时点的标准不同。定量采购提出请求采购时点的标准是当库存量下降到预定的订货点时，提出请求采购；而定期采购提出请求采购时点的标准则是按预先规定的订货周期，到了该订货的时点时，提出请求订购。

请求采购的商品批量不同。定量采购每次请购商品的批量相同，都是事先确定的经济订货量；而定期采购每到规定的订货时点，请购的商品的批量都不相同，可根据库存的实际情况计算后确定。

库存商品管理控制的程度不同。采用定量采购时，要求仓库作业人员对库存商品进行严格控制和精心管理，经常检查、详细记录、认真盘点；而采用定期采购时，对库存商品只要进行一般的管理，简单的记录，不需要经常检查和盘点。

适用的商品范围不同。定量采购适用于品种数量少、平均占用资金多、需重点管理的A类商品；而定期采购适用于品种数量多、平均占用资金少、只需一般管理的B类、C类商品。

(4) ABC 分析法模型

对于单一品种的采购，不存在重点选择的问题，因此不需要进行 ABC 分析。但是对于多品种采购，由于存在先采购什么后采购什么、重点保证采购什么的问题，所以就存在确定品种重要程度和采购优先权的问题。为确定品种的重要程度，就要进行品种的 ABC 分析。

ABC 分析法最初来源于人口理论。意大利经济学家帕累托在研究人口理论时发现，占人口总数极小比例的人口却拥有占财富总数极大比例的财富，而占人口总数极大比例的人口却只拥有占财富总数极小比例的财富。即所谓“关键的少数与次要的多数”理论。后来发现这个理论在其他事物当中也存在。于是人们就把这个理论逐渐推广使用开来。

例如，在库存管理中，一个仓库里存放的物资品种成千上万。但是，只有少数品种价值高、销售速度快、销售额高、利润高。而大多数品种则价值低、销售速度慢、销售额低、利润低。于是，仓库管理人员就将利润高的那一部分少数品种划成 A 类，实行重点管理；而将利润低的大部分品种划分为 C 类，实行一般管理；剩余的一部分为 B 类，根据情况可以实行重点管理，也可以实行一般管理。具体内容如表 9 - 1 所示。

表 9 - 1　　ABC 分析法示例

类别	物资特点	品种占比	销售额占比	管理类别
A	价值高，销售额高，品种少	10%	70%	重点管理
B	价值略高，销售额略高，品种略多	20%	20%	可重点管理，也可一般管理
C	价值低，销售额低，品种多	70%	10%	一般管理

其中，A 类、B 类和 C 类物资所占的比例都是主观确定的，一般分别取 10%、20% 和 70%，但是这个数字也没有一个绝对的标准，多一点、少一点都是可以的，只要符合“多数、少数”的概念就可以了，在实际生活中可以根据具体情况灵活确定。在实践操作中常常表现为不同的仓库、不同的货物等，即 A 类的放在一起，B 类的放在一起，C 类的放在一起。

对物资按重要程度分类之后，就可以进行重点管理了。我们对 A 类物资实行重点管理，对 C 类物资实行一般管理，对 B 类物资可以实行重点管理，也可以实行一般管理。

这里所谓的重点管理，包括对物资的库存量严密监视，保证供应，不使其缺货。一般采用定期采购，并且加强维护保管，不损坏物资，保证物资质量。对这些物资的管理，要不惜花费大量人力、物力和财力。由于这类物资品种比较少，所以即使我们人力、物力和财力有限，要精心管理这些少数品种也是完全有可能的。而少数品种的效益占总效益的绝大部分，所以精心管理好它们，就保证了绝大部分效益。

这里所谓的一般管理，是指对物资的库存量实行一般监控，在数量上不要求那么严格。在订货上一般采取定量采购或联合采购，以节省费用。在保管上也是一种基本的一般的保管措施。由于这一类物资的品种多、价值低、销量低，效益不是那么高。所以我们采取一般管理既是必要的，也是可能的。

对于 B 类物资，我们根据情况可以实行重点管理，也可以实行一般管理。这一类物资的品种不是太多，效益不是太少，都处于中间水平。所以我们可以根据自己的情况确定对该类物资管理的程度。如果人力、物力、财力充足，就重点管理，不充足就一般管理。

在人力、物力、财力有限且要保证重点物资供应时，可以用 ABC 分析法确定要重点管理的采购物资对象。

采购管理中，在对物资进行 ABC 分类时，其依据要根据该物资对于客户需求的重要性来确定。这时确定重要性的主要依据如下。

①对于用户企业生产的重要性。例如，该物资是用户企业生产所需的主要物资，或者是关键物资。

②是不是用户企业需求量最大的物资。

③是不是贵重物资。

确定了重要性判别指标后，我们就需要按照一定的步骤进行 ABC 分类。

第一步是进行统计分析，选定一个合适的统计期。通常情况取过去一个月或几个月。选定统计期的基本规律是：比较靠近计划期，运行比较正常。

第二步是分别统计出所有物资在统计期中的单价、销售量和销售额，并对每种物资制作一张 ABC 分析卡，标明物资名称、物资编号、单价、销售量、销售额。如表 9－2 所示。

表 9－2　　ABC 分析卡

物资名称：		物资编号：
单价	销售量	销售额

第三步是将 ABC 分析卡按销售额由大到小的顺序排列，并按此顺序给各物资添上物料编号。

第四步是把所有 ABC 分析卡依次填写到 ABC 分析表中，并进行累计统计。从单件销售额最高的品种开始，首先把品种累计 10% 左右、销售额累计 70% 左右的划分为 A 类；接着依次累计，把品种累计 20% 左右、销售额累计 20% 左右的划分到 B 类；最后把品种累计 70% 左右、销售额累计 10% 左右的划分为 C 类，这样就得到 ABC 分析表，如表 9－3 所示。

表 9 - 3　　ABC 分析表

物资编号	品种（%）	品种累计（%）	单价（元）	销售量（个）	销售额（元）	销售额累计（元）	销售额累计（%）	分类
1 2 3 4	2. 22 …	2. 22 4. 44 6. 66 8. 88	480 470 200 8	3820 1680 1060 23750	1833600 789600 212000 190000	1833600 2623200 2835200 3025200	66. 8	A
5 6 … 13	2. 22 …	11. 1 13. 32 … 28. 9	29 45 … 1. 5	6000 3820 … 40000	174000 171900 … 60000	3199200 3371100 … 4012365	88. 6	B
14 15 … 44 45	2. 22 …	31. 1 33. 3 … 97. 7 100	10. 2 11. 25 … 1. 2 1. 0	4880 3700 … 1335 1606	49776 41625 … 1602 1606	4062141 4103766 … 4527607 4529213	100	C

注：表中数据存在四舍五入，不进行机械处理。

以上是以销售额大小为依据的 ABC 分类的例子。ABC 分析法的应用很广，在采购管理中，可以根据具体情况，运用各种办法来确定采购品种的重要性类别，并根据品种的重要性类别来确定品种采购的优先程度。下面通过一些具体情况来讨论。

情况一，某单位购买多个品种的物资，但是常常可能由于某个原因，不能一次采购齐全，这时就要进行分类、分批次采购。其主要表现为采购资金不够、运力不够、采购地区不同等。

这时为了确定物资采购的优先顺序，就要进行物资的重要程度分析。物资的重要程度分析可以采用以下方法进行。

如某商场经营 10 种商品，如以其利润大小为依据，对它们进行 ABC 分类，如表9 - 4 所示。

表 9 - 4 是按品种的利润分类的情况，也可以按销售量分类，或按商品的价值分类等，这里不再讨论。

生产企业中有一些情况不能简单地采用以上方法，例如配套产品。企业为了生产某种产品，需要成套的零部件，少了某一个零部件，就不能生产出该种产品。在这种情况下，一般要成套采购。在品种上不能够分类，但可以在采购数量上进行控制，并且持续进行库存量跟踪监控，多次轮番采购、轮番供应，确实保障成套供应。

在有些情况下，企业生产某个产品所需的各个零部件并不是同等重要的，即有所谓的关键零部件和普通通用零部件。哪个是关键零部件，哪个是普通通用零部件，只有在生产过程中的人员最清楚。关键零部件，一般为产品的主体，或是用量大，或是具有核心功能或重要功能，或是价值高，或是精度高，或是稀缺品，或是代用品少，或是不易获取的零部件。普通通用零部件，一般为用量少，或是代用品多，或是不稀缺，或是不重要，或是很容易获取的零部件。我们如果要想确定多个产品的相对重要性，也有多种分析方法，可以采用定量分析，也可以采用定性分析。在定性分析中，最常用的是评分法和一一对比法等。

表 9－4　　某商场以其利润大小为依据进行的 ABC 分类

（单位：百元）

品名	单件利润	销售量	利润	利润率（保留一位小数）（%）	累计利润率（%）	品种百分比（%）	品种累计百分比（%）	ABC分类
A	100	10	1000	53.3	53.3	10	10	A
B	50	5	250	13.3	66.6	10	20	
C	10	20	200	10.7	77.3	10	30	B
D	8	20	160	8.5	85.8	10	40	
E	100	1	100	5.3	91.1	10	50	C
F	20	4	80	4.3	95.4	10	60	
G	5	10	50	2.7	98.1	10	70	
H	10	2	20	1.1	99.2	10	80	
I	2	5	10	0.5	99.7	10	90	
J	5	1	5	0.3	100	10	100	
合计			1875	100	—	100	—	—

评分法的原理，就是聘请一些专家，针对所有需采购的物资品种关于某个或某些指标的相对重要性进行评分，然后将评分结果进行统计分析从而得出各品种的相对重要性。

设为评价 m 个品种的优先权顺序，制定了有 n 个评价指标的评价体系。因为一般情况下，这 n 个评价指标的重要性不一定是一样的，可以通过层次分析法等得到权重，因此分别赋予权数如下。

$w_j(j = 1,2,\cdots,n)$

然后，又聘请了 q 个专家，对 m 个品种关于 n 个评价指标分别进行评分。一般情况下，每个专家的重要性也不一样，因此给每个专家一个权值 $u_k(k = 1,2,\cdots,q)$。设第 k 个专家对第 i 个品种（$i=1, 2, \cdots, m$）关于第 j（$j=1, 2, \cdots, n$）个指标的评分为 P_{ijk}。则第 k 个专家对第 i 个品种的评分值如下。

$P_{ik} = \sum P_{ijk} w_j$

而各个专家对第 i 个品种的评分值 P_i 如下。

$P_i = \sum P_{ik} u_k$

根据 P_i 的大小就可以确定各个品种的优先权顺序。

情况二，多个单位购买同一种产品。多个单位购买同一种产品，一般先是一次订货，然后是一次进货。如果使用持续时间长，也可以多次进货。在不能一次采购齐的情况下，一般是采用多次轮番采购、轮番供应的方式，依次保障各个单位的供应。每个单位的供应优先顺序，一般是根据各个单位需求时间的先后次序确定，先需要的先供应，后需要的后供应。

情况三，多个单位、多个品种采购。这是一般情况，它是以上两种情况的综合。既要用到 ABC 分析法确定各个品种的重要程度，又要根据需求单位的情况，确定各个单位之间的供应先后顺序。合理采用实时轮番采购、依次轮番采购等办法进行多单位、多品种的采购供应工作。

9.1.2　随机需求采购库存

（1）报童模型

报童每天早晨购入当日报纸，需在当日销售。如果报童某天早晨多准备了一些报纸而没有卖出去的话，由于报纸的时效性，剩余的自然就成了废旧报纸，或折价出售或卖废品，则报童将会有报废损失。但是，早晨如果准备少了，又会因为失去销售机会而少赚钱，则报童又有缺货损失。那么这个报童每天应该购入多少份报纸才能使他当天的利润最大化？这就是报童问题。

进一步用变量描述这一问题。购入量 x 是决策变量，一天的需求量不能事先确定，但可根据以往销售情况估计需求分布。每天早晨报童买入 x 份报纸，假设他一天当中可以卖出 y 份。当 $x > y$ 时，当天他就要剩余（$x - y$）份报纸，报童就相应产生一定的报废损失 C_0（过期成本）；当 $x < y$ 时，就会造成（$y - x$）份的缺货，该报童也会因此产生一定的缺货损失 C_u（该多卖而未多卖的损失）。如何根据需求分布以及各种费用参数确定决策变量 x，以使费用的期望值达到最小（或者使利润最大）。

报童问题是一个典型的单周期随机库存问题。单周期随机库存需求也称一次性订货，这种需求的特征是偶发性，物品生命周期短，因而很少重复订货。在现实中单周期随机库存控制有广泛的应用，主要是与日常生活有关的消费产品的销售与存货决策问题。例如报纸、圣诞树、日历、时装、易腐烂物品（新鲜水果、蔬菜、海鲜）以及有效期短的物品（杂志、专用仪器的备件）等的订货。这些物品购进后必须立即售出，如果未售出或未使用，则不能跨期持有，至少不能不受损失地持有。例如，剩余的新鲜水果会降价出售，过期的杂志廉价出售给旧书店等。单周期随机库存问题广泛存在于服务领域。

此外，由于科学进步速度加快，产品生产周期不断缩短，在一些生产资料产品的销售过程中，报童问题也日益突出。当生产厂商完成某一型号产品的最终生产，接下去将停止这类产品的生产转而生产新型号的产品，产品的缺货会使用户转移购买需求，导致该企业的市场份额减少；而一旦产品未售出，还可能产生处置剩余产品的费用。这对企业的经营会产生重要影响。所以单周期随机库存问题近年来逐渐被国内外学者广泛关注。

随着库存理论的发展和完善，人们对单周期随机库存问题的研究也不断深入，发现将模糊理论及逆向物流应用到单周期随机库存决策中，将能够更好地解决实际问题。

假设报童订购保证最优量为 Q^*，这时其损失的期望最小。

$$h\sum_{d=0}^{Q^*}(Q^*-d)P(d)+k\sum_{d=Q^*+1}^{+\infty}(d-Q^*)P(d)\leqslant h\sum_{d=0}^{Q^*+1}(Q^*+1-d)P(d)+k\sum_{d=Q^*+2}^{+\infty}(d-Q^*-1)P(d)$$

式中，h 为单位损失，d 为需求量，$P(d)$ 为需求量的概率分布，k 为单位收益。

根据边际分析法可得：

$$\sum_{d=0}^{Q^*-1}P(d)<\frac{k}{k+h}\leqslant\sum_{d=0}^{Q^*}P(d)$$

例 9－2：报童模型例题。

某报亭出售某种报纸，每售出 100 张可获利 15 元，如果当天不能售出，每 100 张赔 20 元。根据以往经验每日该报纸的销售量对应的概率 $P(d)$ 如表 9－5 所示，试问报亭每日订购多少张该种报纸能使其赚钱的期望值最大。

表 9－5　　　　每日该报纸的销售量对应的概率

销售量（张）	500	600	700	800	900	1000	1100
概率 $P(d)$	0.05	0.10	0.20	0.2	0.25	0.15	0.05

解：已知 $k=15$，$h=20$，$k/(h+k)\approx0.4286$

对照表格，可得 $Q^*=800$ 时成立。

（2）订货点模型

所谓订货点，就是仓库必须发出订货的警戒点。到了订货点，就必须发出订货，否则就会出现缺货。因此，订货点也就是订货的启动控制点，是仓库发出订货的时机。

由于订货是与库存控制密切相关的，所以订货点也是库存控制的一个决策变量。它在采购和库存控制中也有重要的作用。

订货点采购的基本原理，就是在仓库运行中，设定一些订货控制点，进行有控制的订货，使得仓库的库存量能在最好地满足用户需求的条件下实现库存量最小。制定订货控制策略的依据和目的就是最好地满足用户需要，控制的方向是使库存量最小。

最好地满足用户需求是采购的宗旨。但是要做到“最好地满足”却是最难的事情。因为，这里的用户需求都是未来的用户需求，还没有实际发生，我们只能依据用户需求的历史和现状去预测或估计它。但是，未来的情况是变化的、不确定的，特别是在市场经济环境下，市场需求瞬息万变，未来实际发生的用户需求可能与我们的预测或估计值差别甚大。为了尽量缩小这种差别，需要提高我们的预测水平。这就需要深刻地分析需求变化的规律和市场变化的规律。规律掌握得越好，预测就越准，就越能做到“最好地满足”用户需求。严格地说，在这种随机变化的情况下，要做到100%满足用户需求是很困难的。

控制订货，就是控制订货参数。最主要的订货参数有两个，一是订货时机，二是订货数量。订货时机，就是订货点；订货数量，就是订货批量。订货点采购就是通过控制订货点和订货批量来进行有序订货、进货，达到既满足用户需求又使库存量最小的目的。

在仓库的运行中，我们既可以把库存下降到某一个特定的水平作为订货点，也可以把某个确定的事件作为订货点。前者用在定量采购中，后者用在定期采购中。

定量采购中，把一个特定的库存水平作为订货点，通常叫作订货警戒点。

我们在日常的仓库运行中，随着出库的进行，库存量会慢慢下降。保管员们都会知道，库存量下降到一定程度，就应该进货，否则就会产生缺货。但是对于库存量究竟下降到什么时候应该订货、进货，就有些弄不清楚了。但是其都有一个直观的观念，就是我们发出订货要求时还剩下的库存量应该能维持在订货、进货的过程中的出库消耗，也就是说，在下一次所订货物到库、入库之前，应该能维持出库消耗。这种思想也就是我们确定订货点大小的依据。

实际上，我们把订货点 Q_k 定义为：

$$Q_k = \text{“}D_L\text{”}$$

式中，“D_L”为订货提前期的需求量。所谓订货提前期的需求量，就是在整个订货提前期内出库消耗的物资总量。

式中订货提前期的需求量“D_L”是一个随机变量。所谓随机变量，就是其取值范围是随机变化的，时大时小，没有一个固定的值。但是它的取值都落在一定的数值范围内，并且其中的取值都有一个发生概率。

在库存控制中最常用的随机分布是正态分布。正态分布的特点是在变量取值的平均值处发生的概率最高，由平均值向两边变化，取值的概率迅速变小。整个密度曲线呈一个钟形。

正态分布有两个特征参数：一个是平均值 $\overline{D_L}$，另一个是标准偏差 σ_D。如果“D_L”服从正态分布，则可以表示成：

$$\text{“}D_L\text{”} \sim N(\overline{D_L}, \sigma_D)$$

并且有：

$$\text{“}D_L\text{”} = \overline{D_L} + \alpha\sigma_D = \overline{D_L} + Q_s$$

式中，α 是安全系数，它表示标准偏差的个数；Q_s 是安全库存量，它等于安全系数与标准偏差的乘积。

订货提前期的需求量又是由需求速率和订货提前期的长度决定的，如图9－3所示。需求速率，是单位时间的需求量，也就是每天仓库物资的出库消耗量，也是每天库存物资减少的数量，或库存下降速率。需求速率越大，订货提前期越长，订货提前期的需求量越大。一般情况下它们都是随机变量。因为，需求速率是依据需求人数、单人需求量的大小求出的，可知其可能是时大时小的。订货提前期的长度也受人员、车辆、运力、路况、天气等具体情况变化的影响，也可能是时长时短的。

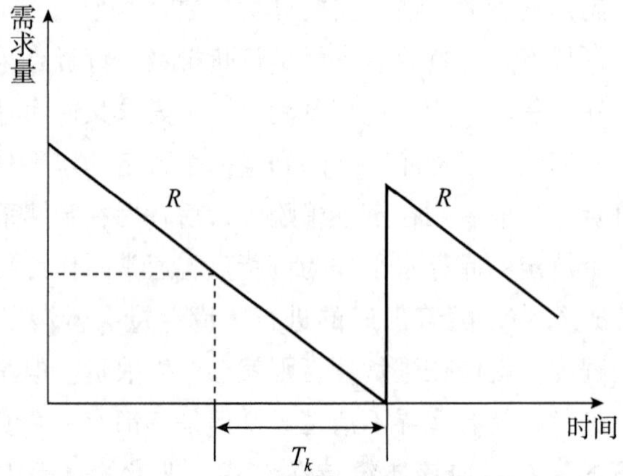

图 9－3　订货提前期的需求量

如果订货提前期用 T_k 表示，需求速率用 R 表示，则“D_L”等于 R 和 T_k 的乘积。根据定义，可以推知订货点就等于订货提前期的需求量。因此，在正态分布下，订货点可以由下式求出。

$$Q_k = \overline{D_L} + \alpha\sigma_D = \overline{D_L} + Q_s = \overline{R} \cdot \overline{T_k} + \alpha \sqrt{\overline{T_k}\sigma_D{}^2 + \overline{R}\sigma_T{}^2}$$

式中，σ_D 为订货提前期的需求变化标准差；σ_T 为需求速率的标准差；$\overline{R}$ 为需求速率的平均值；$\overline{T_k}$ 为订货提前期内单位需求的平均值。

9.2　供应链采购与库存

9.2.1　供应链采购

供应链采购是一种供应链机制下的采购模式。采购不再由采购者操作而是由供应商操作，即供应商掌握库存。其原理是只要用户把自己的需求信息向供应商及时传递，由供应商根据用户的需求信息，预测用户未来的需求量，并根据这个预测需求量制订自己的生产计划和送货计划。

供应链采购的特点是在供应链管理模式下，采购工作必须做到准时，即供应商要按照买方所需物料的时间与数量进行供货，从而在适当的时间、地点，以适当的数量和质量提供买方所需的物料。其中，对供应商的选择和质量控制是关键。采购方式是订单驱动，用户需求驱动制造订单，制造订单驱动采购订单，采购订单再驱动供应商。这就使供产销过程一体化，采购管理由被动库存驱动变为主动的订单驱动，真正做到了对用户需求的准时响应。从而使采购、库存成本得到大幅度的降低，提高了流动资金周转的速度。

从采购性质看供应链采购是一种基于需求的采购，是一种供应商主动型采购，是一种合作型采购。

从采购环境看，供应链采购的采购环境是一种友好合作的环境，而传统采购的采购环境是一种利益互斥、对抗的环境。从信息情况看，供应链采购一个重要的特点就是供应链企业之间实现了信息连通、信息共享。从库存情况看，供应链采购是由供应商管理库存。从送货情况看，供应链采购是由供应商负责送货，而且是连续、小批量、多频次地送货。从双方关系看，供应链采购活动中，买方企业和卖方企业是一种友好合作的战略伙伴关系。从货检情况看，传统采购由于是一种对抗关系，所以常常以次充好、低价格买进而高价格卖出，甚至假冒伪劣、短斤少两，买方进行货检的力度大，工作量大，成本高。

（1）供应链采购与传统采购的比较

在传统采购模式下，需方同供方经过洽谈后，要下达采购订单，供方要把需方的采购订单转变为用户订单，然后安排和协调计划并进行加工制造。在这个过程中，需方要不断地跟踪，甚至要派出专人常驻供方监督生产。供方在产品生产完工后要进行质量检验，先储存在自己的成品库，然后发货给需方。需方在接到货物后，还要进行一次检验，然后入原材料库或配套件仓库，等生产有需要时，再发料到生产部门。

在供应链采购模式下，需方和供方是合作伙伴，供方是经过资格认证的，质量和信用是可信的。采购作业通过电子商务平台，一次性把需方的采购订单自动转换为供方的销售订单；质量标准经过双方协议，由供方完全负责保证，不需要二次检验。由于信息畅通和集成，采用供应商管理库存（VMI）的方式，把供方的成品库和需方的原材料库或配套件仓库合二为一，仅在需方生产需要时，才把供方的产品直接发货到需方的生产线，减少了供需双方各自分别入库的流程。新的流程与传统流程相比，减少了许多不增值的作业，如订单的下达和接受转换、生产跟踪、质量检验、入库、出库。依靠信息技术和互联网的支持，采购管理发生了本质的变化。在这种采购模式下，信息沟通成本、采购成本、库存成本都有明显的改善，提高了供应链的竞争力。

综上所述，供应链采购与传统采购在采购业务流程等方面有所不同。供应链采购简化了采购业务流程，大幅度提高了采购效率，降低了采购成本。

供应链对采购管理的要求复杂，是考虑到采购管理涉及的内容很多。制订采购计划、采购人员管理、采购资金管理、供应商管理、谈判及合同管理、采购成本管理、采购评价等影响供应链运营管理过程。如果企业的战略是以供应链为中心提高企业的竞争力，则对采购管理提出了新的要求，通常要进行供应链管理，体现在以下四个方面。

①提高反应速度和准确性。供应链管理的方法有很多，但其核心还是资源的整合以及如何提高供应链的反应速度和准确性。比如快速反应的重点就在于对消费者的需求做出快

速反应，要求供应链上各环节的信息共享，缩短需求的预测周期，从而提高预测的准确性，提高库存周转率，从而降低库存。互联网的普及以及企业资源计划（ERP）的使用有助于反应速度和准确性的提高，并有助于采用准时采购，另外，各种预测方法和技术的应用可以提高需求预测的准确性，从而在制订采购计划时更加有效。

②加强成本管理。该方法强调消除系统中不必要的成本和费用，给客户带来更大的利益，通过改善业务流程，采用连续补货等技术来提高效率。成本管理是供应链管理的重要思想，如何降低采购成本是管理实践的焦点内容，但在实际应用中一定要坚持系统的观点，即系统的总成本最小而不是某一环节上的成本最小。

③加强对供应商的管理。传统的供应链管理中，供应链成员间处于一种对立竞争的关系。对于企业来说，供应商的选择主要侧重于采购价格，在竞标条件下，最终中标的应是报价最低的一家。价格是要关注的，但这容易造成只注重价格的短视行为，不利于企业的长期发展。因此现代供应链管理强调从战略的角度选择合适的供应商，并把其看成是一种资源，加强管理和培养，形成长期的合作伙伴关系，让供应商参与到需求预测、新产品开发、质量管理、物流管理等活动中。

④加强采购的执行力和风险管理。许多企业已经认识到了供应链管理的重要性，并正在进行业务流程再造。因此，在管理实践中需要更强的执行力作为支撑，需要加强流程管理，提高谈判技巧，加强合同管理，加强风险管理等。此外，从合同签订到执行的全过程中可能会出现许多问题，比如支付问题、交货期管理问题、质量问题、风险防范问题等。

（2）供应链环境下的采购

在传统的采购管理中，企业一般只注重短期的经济利益，使得供方和需方之间建立的是一种临时性、短期性的合作关系。同时，传统的采购流程使得企业对市场变化和客户需求的响应较为迟钝。由于供需双方在信息的沟通方面缺乏有效的手段和及时的信息反馈，当市场的需求发生变化时，需方不能根据实际的市场变化更改原有的订货合同。因此，在实际需求减少的情况下会造成库存的增加，而当需求增加时又会出现供不应求的现象。

传统的采购流程是典型的非信息对称博弈过程，缺乏主动性，很大程度上是为了补充库存而采购。采购部门对生产部门的生产进度和需求情况并不是很了解，采购部门制订的采购计划不能很好适应生产部门的需要。

随着时代的发展，采购方式和采购流程正在发生变化，形成了供应链环境下的采购流程，其与传统的采购流程最根本的区别是，企业内部的信息流更加通畅并且采购方和供应商结成了合作伙伴关系，能对供应商进行有效的管理，能够选择最优的供应商，并动态确定合理的订货数量，从而能保证采购的低成本、高质量、高效性和柔性。供应链环境下的采购流程的主要特点如下。

①简化交易过程、降低成本。由于双方建立了合作伙伴关系，签订供应合同的手续大大简化，不再需要双方多次反复协商，交易成本也因此降低。同时，质量和交货期也能够得到保证，使得采购物料直接进入制造部门，简化了许多采购工作流程，如减少了订单的

下达、接受转换、生产跟踪等环节。

②确保产品质量。采购原料的质量与最终产品的质量有很大的关系，采购方和供应商是供应链上的合作伙伴关系。这意味着供应商的资格认证、产品质量、信用程度都是可靠并值得信赖的，这有助于保证产品质量。

③改善系统的流程。不同于传统的“推动式”采购，供应链环境下的采购方式发生了改变。“推动式”采购是先制订采购计划，再执行采购，然后组织生产，最后将产品推向市场。而供应链环境下的采购方式是订单驱动的，是一种“拉动式”的采购，即由需求直接决定采购。这种采购方式简化了采购工作流程，因此采购的准确度和效率大大提高。

④信息共享、降低风险。合作伙伴关系的信息传递方式发生了变化，双方共享信息，减少了信息失真，提高了双方的应变能力。双方在供货过程中不断进行信息反馈，修正供货计划，使供货与需求保持同步。这可以使得采购的决策过程透明化，避免了信息不对称可能造成的成本增加，减少了环境不确定性带来的风险，如运输过程中的风险、信用的风险、产品质量的风险等。

9.2.2　供应链库存控制策略

（1）VMI 模式

随着供应商管理的发展，国外的一些知名的大公司如宝洁和沃尔玛，开始合作开展一种名为“供应商管理库存”的计划，经过一段时间的合作，效果显著，供应商按时发货，库存降低，库存周转率提高。现在这种方法已经被广泛地应用于零售业、电信行业和钢铁行业。

《物流术语》（GB/T 18354—2021）中对供应商管理库存（VMI）的定义为：按照双方达成的协议，由供应链的上游企业根据下游企业的需求计划、销售信息和库存量，主动对下游企业的库存进行管理和控制的库存管理方式。实施 VMI 时，无论是供应商和制造商之间、供应商和零售商之间还是制造商和零售商之间，其实都是供应链上游企业和下游企业之间的关系。

VMI 是供应链“横向一体化”战略思想的体现，其主要思想是供应商在客户的允许下设立库存，确定库存水平以及维持这些库存所采取的策略。VMI 以实际或预测的消费需求和库存量作为市场需求预测和库存补货的解决方法，即由销售资料得到消费需求信息，供应商可以更有效地计划、更快速地反应。它是一种在供应链环境下的库存运作模式，本质上，它将多级供应链问题变成单级库存管理问题。

图 9－4 是 VMI 运行结构图，企业与供应商交换的不仅仅是库存信息，还包括企业的生产计划、需求计划和采购计划，以及供应商的补货计划和运输计划。VMI 有多种运作形式。

供应商提供包括所有产品的库存决策软件，客户使用软件执行库存决策。客户拥有库

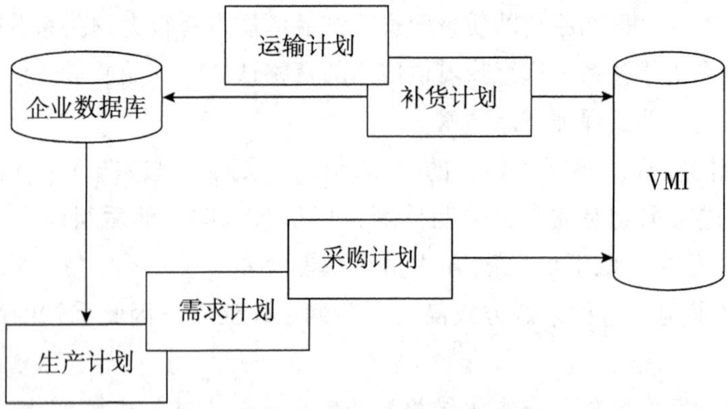

图 9－4　VMI 运行结构图

存所有权并管理库存。在这种方式下，供应商对库存的管理和控制范围有限，所以供应商受到客户的制约比较多，实质上不是完全意义上的供应商管理库存。

供应商在客户的所在地，代表客户执行库存决策，管理库存，但是库存的所有权归客户。在这种方式下，供应商在客户所在地直接管理库存，供应商也可以充分了解到库存信息，但是库存的所有权不属于供应商，所以供应商在进行库存决策时的投入程度有限。

供应商在客户的所在地，代表客户执行库存决策，管理库存，拥有库存所有权。在这样的方式下，供应商几乎承担了所有的责任，其活动也很少受到客户的监督或干涉，是一种完整意义上的供应商管理库存方式。供应商可以十分清楚地了解到自己产品的销售情况，供应商也可以直接参与销售。

供应商不在客户的所在地，但是定期派人代表客户执行库存决策，管理库存。在这种方式下，供应商拥有库存的所有权，在客户所在地或是在分销中心保有库存，以求根据需要及时快速地补充。库存水平由供应商决定。

VMI 的优势表现在对供应商、对客户和对供应链三个层面。

对供应商来说，VMI 下双方信息的共享，使得供应商可以获得下游企业的必要经营数据，直接接触真正的需求信息。VMI 能使供应商利用这些需求信息调节库存水平，合理安排生产，提高由预测驱动的物料管理活动的准确性，减少分销商的订货偏差，减少退货。供应商与下游客户发展长期合作的战略关系，进行有效沟通，这有利于供应商在激烈的竞争中提高竞争优势，增强市场竞争力。

对客户来说，VMI 使客户更加有效地利用企业外部资源，将其从库存陷阱中解放出来，客户不需要占用库存资金，不需要增加采购、进货、检验、入库、出库、保管等一系列的工作，能够集中更多的资金、人力、物力用于提高其核心竞争力。

降低成本，提高服务质量。与客户自己管理库存相比，供应商在对自己的产品管理方面更有经验，更专业。供应商可以提供包括软件、专业知识、后勤设备和人员培训等一系列的服务，使客户的服务水平提高的同时降低库存管理成本。

降低缺货风险，避免库存积压。在 VMI 的基础上，供应商可以实时了解企业库存的消耗变动情况，并结合合理预测进行及时的物资补充，降低客户的缺货风险；根据市场需求的变化，及时调整生产计划和采购计划，既不造成超量库存积压，又不占用资金、增加费用。

对供应链来说，除了对供应商和客户有益处，VMI 还有利于整条供应链的优化。从整个供应链来看，供应商既是物流的始发点，又是资金流的节点，同时还是信息流的端点，由供应商拥有下游企业库存管理的权利，可以建立起下游企业与供应商的长期合作伙伴关系，稳定供应链的上下游，促进供应商与下游企业的交流，缩短交货提前期，降低供应链的整体库存水平。

VMI 降低了供应链库存成本。VMI 促进双方合作伙伴关系的建立，还有效降低双方付款、运输、收货等交易成本。VMI 提高了供应链的柔性。VMI 还可以大大缩短供需双方的交易时间，使上游企业更好地控制其生产经营活动，加快供应链的整体响应速度，提高整个供应链的柔性。

但是 VMI 也有不足之处。VMI 中供应商和零售商协作水平可能受到各种因素的限制，如软件的情况。VMI 对于企业间的信任程度要求较高。VMI 中的框架协议虽然是双方协定的，但供应商处于主导地位，决策过程中缺乏足够的协商，难免造成失误。VMI 的实施减少了库存总费用，但在 VMI 系统中，库存费用、运输费用和意外损失不是由用户承担，而是由供应商承担的。由此可见，VMI 实际上是对传统库存控制策略进行“责任倒置”后的一种库存管理方法，这无疑加大了供应商的风险。

所以，在实施 VMI 时需要对其优势和不足进行全面分析。VMI 的实施应遵循以下原则。

①合作性原则。VMI 模式的成功实施，客观上需要供应链上各企业在相互信任的基础上密切合作。其中，信任是基础，合作是保证，供应商和客户都要有较好的合作精神，才能够进行较好的合作。

②互利性原则。VMI 追求双赢的实现，即 VMI 主要考虑的是如何降低双方的库存成本，而不是考虑如何就双方成本负担进行分配的问题，通过该策略使双方的成本减少。

③互动性原则。VMI 要求双方在合作时采取积极响应的态度，以实现反应快速化，努力减少因信息不畅而引起的库存费用过高的状况。

④目标一致性原则。VMI 的实施，要求企业在观念上达到目标一致，并明确各自的责任和义务，具体的合作事项都通过框架协议明确规定，以提高操作的可行性。

⑤持续改进原则。持续改进使供需双方能共享利益并消除浪费，这也是一个反馈与优化持续联动的过程。

VMI 实施的准备主要是指针对实施 VMI 所必需的一些支持，主要是技术支持，包括商品的标识、EDI/Internet（互联网）、条码、连续补给程序等。

①商品的标识。供应商要有效地管理客户的库存，必须对客户的商品进行正确识别，

为此需要对客户商品进行编码，通过获得商品的标识，与供应商的产品数据库相连，以实现对客户商品的正确识别。

②EDI/Internet。供应商要有效地对客户的库存进行管理，采用电子数据交换（EDI）进行供应链的商品数据交换是一种安全可靠的方法。为了能够实现供应商对客户的库存进行实时掌握，供应商必须每天都能了解客户的库存补给状态。而采用基于 EDIFACT 标准的库存报告清单，能够提高供应链的运作效率，每天的库存水平（或定期的库存检查报告）、最低的库存补给量都能自动生成，这样大大提高了供应商对库存的监控效率。客户的库存状态也可以通过 EDI 文件的方式通知供应商。在 VMI 系统中，供应商有关装运与发票等工作都不需要特殊的安排，主要的数据是顾客需求的物料信息记录、订货点水平和最小交货量等，客户要做的是能够接收 EDI 订单，以及利用该系统发放采购订单。

③条码。为了有效地实施 VMI，应该尽可能地使供应商的产品条码化。条码是 ID（身份识别码）代码的一种符号，是对 ID 代码进行自动识别且将数据自动输入计算机的方法和手段。条码技术的应用解决了数据录入与数据采集的“瓶颈”，为 VMI 提供了有力的支持。

④连续补给程序。连续补给程序策略将客户向供应商发出订单的传统订货方法变为供应商根据客户库存和销售信息决定商品的补给时间和数量，这是一种实现 VMI 管理策略有力的工具和手段。为了快速响应客户降低库存的要求，供应商通过和客户建立合作伙伴关系，主动提高向客户交货的频率，使供应商从过去单纯地执行客户的采购订单变为主动为客户分担补充库存的责任，在加快供应商响应客户需求速度的同时，也使客户库存水平减少。

VMI 实施的步骤包括确定目标、建立客户情报信息系统、建立销售网络管理系统、建立供应商与客户的合作框架协议、组织结构变革。

①确定目标。根据企业的情况不同，目标的确定可以从以下几个方面着手：降低供应链上产品库存，抑制“牛鞭效应”；降低买方企业和供应链成本，提高利润；增强企业的核心竞争力；提高双方合作程度和忠诚度。

②建立客户情报信息系统。实施 VMI，首先要改变订单的处理方法，供应商和客户一起确定供应商的订单业务处理过程中所需要的信息和库存控制参数，然后建立一种订单的处理标准模式，最后把订货、交货和票据处理各个业务功能集成在供应商处。要有效地管理客户库存，供应商必须能够获得客户的有关信息。通过建立客户情报信息系统，供应商能够掌握需求变化的相关情况，把由客户进行的需求预测与分析功能集成到供应商的系统中来。

③建立销售网络管理系统。供应商要想很好地管理客户库存，就必须建立起完善的销售网络管理系统，保证自己的产品需求信息和物流畅通，为此，必须保证自己产品信息的可读性和唯一性，解决产品分类、编码的标准化问题，解决商品存储运输过程中的识别问题。

④建立供应商与客户的合作框架协议。实施VMI的双方要想达成一致的目标，就要明确各自的责任和义务，实现对实施的具体细节用一个框架协议确定下来，确定应用模式、订单业务的处理流程，设定库存控制方式、信息的传递方式、费用分摊方式等。这个框架协议由双方共同监督实施，双方根据VMI具体运行情况，经过协商对框架协议条款进行修改，消除不合理环节，减少浪费。还要对相关的违约责任进行规定，如供应商错发货或延迟供货引起的损失和费用如何承担；如果用户信息系统出错，提供的错误信息导致供应商出错，损失费用如何分摊；如果用户取消订货但由于信息系统或沟通渠道的原因，导致供应商已经送货，具体由什么样的负责人对存货负责等。

⑤组织结构变革。实施VMI后，为了适应新的管理模式，需要对组织机构进行相应的调整。供应商要建立一个VMI职能部门，负责对VMI服务的监控和维持与客户之间的关系。

上述实施步骤给出一个可行路径，但在实施VMI过程中还应注意信任问题、技术问题、库存所有权问题、资金支付问题等。

①信任问题。VMI的成功实施依赖于相互之间的信任，客户要信任供应商，不要过多干预，尤其是在利益分配上，相信供应商是站在整体上去看问题的，是为了供应链整体争取最大利润和谋求长远发展的。供应商也要相信客户，相信客户提供的各种信息是真实的。只有相互信任，才能通过交流解决实施过程中面临的各种问题，使双方受益。

②技术问题。VMI要求库存控制和计划系统都必须是实时的、准确的，只有采用先进的信息技术，才能保证数据传递及时和准确。比如，采用EDI/Internet技术将销售点信息和配送信息分别传输至供应商和零售商，利用条码技术和扫描技术来确保数据的准确性。但是采用这些技术的费用一般都很昂贵，可能会导致成本的增加。

③库存所有权问题。实施VMI之前，在客户收到货物时货物所有权也随之转移，而在实施VMI之后，供应商一直拥有库存的所有权直至货物被售出。由于供应商对库存管理的责任和成本都增加了，因此在制定利益分配机制时要充分考虑到这一点，以使双方共享供应链的总利润。

④资金支付问题。货款支付的具体时间问题就属于资金支付问题。在实践中，推行VMI远比想象的要复杂。在VMI推行的实际过程中会面临许许多多的困难，但是只要合作双方本着利益共享、风险共担的原则，积极努力推行，一定会成功，最终一定会使双方实现“共赢”的目标。

（2）JMI模式

VMI在长期的工作过程中已被证明是比较先进的库存管理方法，但如前面所述，该方法有着许多的局限性。为克服VMI的局限性和规避传统库存控制中的“牛鞭效应”，联合库存管理（Joint Managed Inventory，JMI）应运而生。

联合库存管理是一种在VMI的基础上发展起来的上游企业和下游企业权利责任平衡和风险共担的库存管理模式。联合库存管理强调供应链中各个节点企业同时参与，共同制订库存计划，使供应链过程中的每个库存管理者都从相互之间的协调性考虑，保持供应链各个节点之间的库存管理者对需求的预期保持一致，从而消除了需求变异放大现象。JMI 模型如图 9－5 所示。

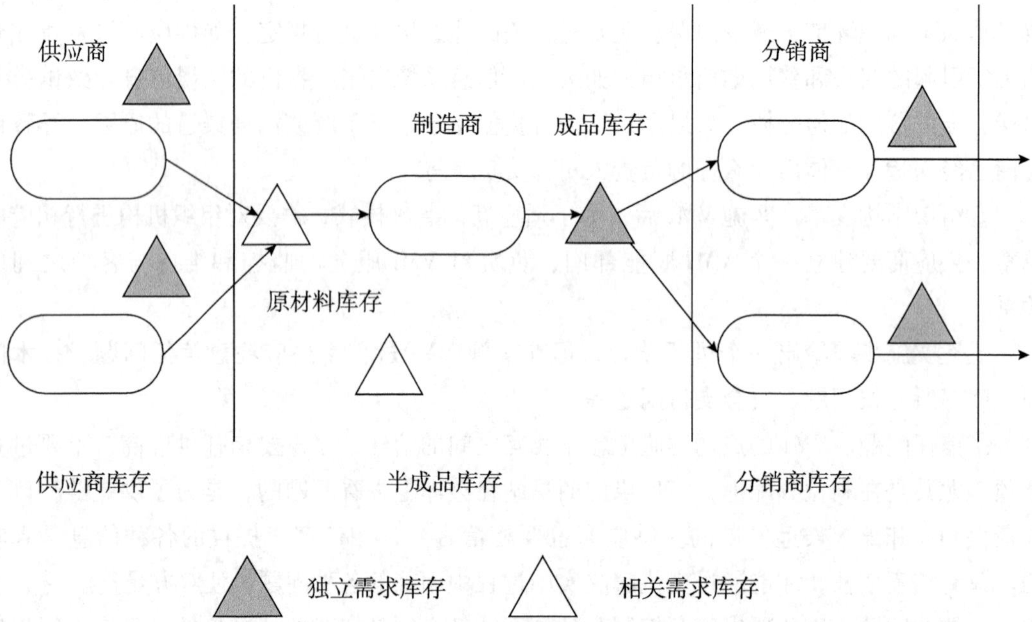

图 9－5　JMI 模型

JMI 的定义决定了其优势与劣势，在库存级别、库存成本、库存信息管理等方面的优势如下。

①由于联合库存管理将传统的多级别、多库存点的库存管理模式转化成对核心企业的库存管理。核心企业通过对各种原材料和产成品实施有效控制，就能达到对整个供应链库存的优化管理，简化了供应链库存管理运作程序。

②联合库存管理在减少物流环节、降低物流成本的同时，提高了供应链的整体工作效率。联合库存管理可使供应链库存层次简化，运输路线得到优化。在传统的库存管理模式下，供应链上各企业都设立自己的库存，随着核心企业的分厂数目的增加，库存物资的运输路线将呈几何级数增加，而且重复交错，这显然会增加物资的运输距离和在途车辆数目，相应的运输成本也会大大增加。

③联合库存管理系统把供应链系统管理进一步集成为上游和下游两个联合库存协调管理中心，从而消除了部分由于供应链环节之间不确定性和需求信息扭曲现象导致的库存波动。通过联合库存协调管理中心，供需双方共享需求信息，因而提高了供应链的稳定性。

④从供应链整体来看，联合库存管理减少了库存点和相应的库存设立费及仓储作业费，从而降低了供应链系统总的库存费用。供应商的库存直接存放在核心企业的仓库中，不但保障核心企业原材料和零部件供应、取用方便，而且核心企业可以统一调度、统一管

理、统一进行库存控制，为自身快速高效地生产运作提供了强有力的保障条件。这种库存控制模式也为其他科学的供应链物流管理（如连续补充货物、快速反应、准时化供货等）创造了条件。

同时，由于联合存在的多主体、多层面、多内容的复杂性和不确定性限制，JMI 的劣势具体表现为建立和协调成本较高；企业合作联盟的建立较困难；建立的联合库存协调管理中心运作困难；联合库存的管理需要高强度的监督。

JMI 实施策略包括建立供需协调管理机制、发挥两种资源计划系统的作用、建立快速响应系统和发挥第三方物流系统的作用四个方面。

为了发挥联合库存管理的作用，供需双方应从合作的精神出发，建立供需协调管理机制，明确各自的目标和责任，建立合作沟通的渠道，为供应链的联合库存管理提供有效的机制。没有一个协调的管理机制，就不可能进行有效的联合库存管理。建立供需协调管理机制，要从以下四个方面着手。

①建立共同合作目标要建立联合库存管理模式。首先供需双方必须本着互惠互利的原则，建立共同的合作目标。为此，要理解供需双方在市场目标中的共同之处和冲突点，通过协商形成共同的目标，如提高用户满意度、增加利润和降低风险等。

②建立联合库存的协调控制方法。联合库存协调管理中心担负着协调供需双方利益的角色，起着协调控制器的作用。因此需要对库存优化的方法进行确定。这些内容包括如何在多个需求商之间调节与分配库存，库存的最大量和最低库存水平的确定，安全库存的确定，对需求的预测等。

③建立一种信息沟通的渠道或系统信息共享是供应链管理的特色之一。为了提高整个供应链的需求信息的一致性和稳定性，减少由于多重预测导致的需求信息扭曲，应增加供应链各方对需求信息获得的及时性和透明性。为此应建立一种信息沟通的渠道或系统，以保证需求信息在供应链中的畅通和准确性。要将条码技术、扫描技术、POS（销售时点）系统和 EDI 技术集成起来，并且要充分利用互联网的优势，在供需双方之间建立一个畅通的信息沟通桥梁和联系纽带。

④建立利益的分配、激励机制。要有效运行基于联合库存协调管理中心的库存管理，必须建立一种公平的利益分配制度，并对参与联合库存协调管理中心的各个企业（供应商、制造商、分销商或批发商）进行有效激励，防止机会主义行为，增加协作性和协调性。

在发挥两种资源计划系统的作用方面。为了发挥联合库存管理的作用，在供应链库存管理中应充分利用目前比较成熟的两种资源管理系统，即制造资源计划（MRPⅡ）系统和配送需求计划（DRP）系统。原材料联合库存协调管理中心应采用制造资源计划系统，而在产品联合库存协调管理中心则应采用配送需求计划系统。这样在供应链系统中把两种资源管理系统很好地结合起来。

在建立快速响应系统方面。快速响应系统是由美国服装行业发展起来的一种供应链管理策略，目的在于减少供应链中从原材料到用户过程的时间和库存，最大限度地提高供应链的运作效率。快速响应系统在美国等西方国家的供应链管理中被认为是一种有效的管理策略，经历了三个发展阶段。第一阶段是商品条码化，通过对商品的标准化识别处理，加快订单的传输速度；第二阶段是内部业务处理的自动化，采用自动补充库存与 EDI 数据交换系统，提高业务自动化水平；第三阶段是采用更有效的企业间的合作，消除供应链组织之间的障碍，提高供应链的整体效率，如通过供需双方合作，确定库存水平和销售策略等。目前在欧美等西方国家和地区，快速响应系统应用已到达第三阶段，通过联合计划、预测与补货等策略，进行有效的用户需求反应。某知名协会调查分析认为，实施快速响应系统后供应链效率大有提高；通过供应商与零售商的联合协作保证 24 小时供货，缺货大大减少；库存周转速度提高 1～2 倍；通过敏捷制造技术，企业的产品中有 20%～30% 是根据用户的需求而制造的。快速响应系统需要供需双方的密切合作，因此联合库存协调管理中心的建立为快速响应系统发挥更大的作用创造了有利的条件。

在发挥第三方物流系统的作用方面。第三方物流系统是供应链集成的一种技术手段。TPL（第三方物流）也叫做物流服务提供者，它为用户提供各种服务，如产品运输、订单选择、库存管理等。第三方物流系统的产生由一些大的公共仓储公司通过提供更多的附加服务演变而来，另外一种产生形式是由一些制造企业的运输和分销部门演变而来。

（3）协作计划、预测和补货方法

从采购供应链集成的角度来看，协作计划、预测和补货方法（Collaborative Planning Forecasting and Replenishment，CPFR）模型是在供应链主体共同预测和补货的基础上，进一步推动共同计划的制订，即不仅合作企业实行共同预测和补货，同时将原来属于各企业内部事务的计划工作，如生产计划、库存计划、配送计划、销售规划等工作，也让供应链中各企业共同参与，利用互联网实现跨越供应链的成员合作，更好地预测、计划和执行货物流通。

CPFR 的形成始于沃尔玛所推动的 CFAR（专门用于合作预测和补货的一种软件）。CFAR 是利用互联网通过零售企业与生产企业的合作，共同做出商品预测，并在此基础上实行连续补货的系统。后来，在沃尔玛的不断推动之下，基于信息共享的 CFAR 系统逐渐向 CPFR 发展，CPFR 是在 CFAR 合作预测和补货的基础上，进一步推动共同计划的制订。

沃尔玛与其供应商 Warner－Lambert、管理信息系统供应商 SAP、供应链软件商 Manugistics、美国咨询公司 Benchmarking Partners 联合成立了工作小组，进行 CPFR 的研究和探索，此前参与实验的零售企业有沃尔玛、凯马特和维格曼斯，生产企业有宝洁、金佰利、惠普等 7 家企业，可以说，这是目前供应链管理在信息共享方面的最新发展。从 CPFR 实施后的绩效看，Warner－Lambert 公司零售商品满足率从 87% 提高到 98%，新增销售收入 800 万美元。在 CPFR 取得初步成功后，组成了由零售商、制造商和方案提供商等 30 多家企业参加的 CPFR 委员会，与产业共同商务标准协会（VICS）一起致力于 CPFR 的研究、标准制定、软件开发和推广应用工作。综合可知 CPFR 的特点包括以下四个方面。

①协作。从 CPFR 的基本思想看，供应链上下游企业只有确立起共同的目标，才能使双方的绩效都得到提升，取得综合性的效益。CPFR 这种新型的合作关系要求双方长期承诺公开沟通、信息分享，从而确立其协作性的经营战略。尽管这种战略的实施必须建立在信任和承诺的基础上，但这是买卖双方取得长远发展和良好绩效的唯一途径。正是因为如此，所以协作的第一步就是保密协议的签署、纠纷机制的建立、供应链计分卡的确立以及共同激励目标的形成。应当注意的是，在确立这种协作性目标时，不仅要建立起双方的效益目标，还要确立协作的盈利驱动性目标，只有这样，才能使协作性能体现在流程控制和价值创造的基础之上。

②计划。早期，沃尔玛与 Warner - Lambert 的 CFAR 的合作项目没有计划，但为推动消费品行业双赢的供应链管理奠定了基础。此后，在定义项目公共标准时，项目主管认为需要在已有的结构上增加 “P”，即合作计划以及合作财务。经过磨合与发展，为了实现共同的目标，CPFR 还整合了双方协同制订的促销计划、库存政策变化计划、产品导入和中止计划以及仓储分类计划等内容。

③预测。任何一个企业或双方都能做出预测，但是 CPFR 强调买卖双方必须做出最终的协同预测，像季节因素和趋势管理信息等无论是对服装或相关品类的供应方还是需求方都是十分重要的，基于这类信息的共同预测能有效缓解整个价值链体系的低效率、死库存，促进更好的产品销售，节约使用整个供应链的资源。与此同时，最终实现协同促销计划是提高预测精度的关键。CPFR 所推动的协同预测还有一个特点是它不仅关注供应链双方共同做出最终预测，同时也强调双方都应参与预测反馈信息的处理和预测模型的制定和修正，特别是如何处理预测数据的波动等问题。只有把数据集成、预测和处理的所有方面都考虑清楚，才有可能真正实现共同的目标，使协同预测落在实处。

④补货。销售预测通过时间序列分析和需求规划系统转化为订单预测，按照订单预测结果进行补货的过程还需要满足供应系统的约束，如订单处理周期、前置时间、订单最小量、商品单元以及零售方长期形成的购买习惯等，这些都需要供应链双方加以协商解决。根据 CPFR 指导原则，协同运输计划也被认为是补货的主要因素，此外，例外状况的出现也需要转化为存货的百分比、预测精度、安全库存水准、订单实现的比例、前置时间以及订单批准的比例，所有这些都需要在双方公认的基础上定期协同审核。再如，如果存在潜在的分歧，如基本供应量、过度承诺等，也都要双方及时沟通加以解决。

诚然，CPFR 也存在一定的优势和劣势。CPFR 的优势表现在需求、供应两个方面，劣势体现在流程和以客户为中心的理念不足等方面。下面首先介绍 CPFR 的优势，具体包括以下内容。

①在需求方面，CPFR 强化供应链节点企业间的关系。CPFR 始终从全局出发，制定统一的管理目标以及方案实施办法，以库存管理为核心，兼顾供应链上其他方面的管理，目的是实现共赢。因此，CPFR 能实现伙伴间更广泛深入的合作，提升了企业间的关系。另外，节点企业之间会经常召开 CPFR 会议来发现合作中存在的问题并进行解决，使合作关

系得到强化。

CPFR 能提高销售额。实施 CPFR 后，供需双方要能够紧密合作，来共同制订提高销售额的商业计划，这种战略上的合作优势也将最终转化为各种产品销售额的提高。

CPFR 通过分类管理，提高效率。在开始 CPFR 之前，供需双方会检查货架位置和每一个商品单元的陈列，以保证足够的产品供应周期和合适的产品陈列来满足消费者的需求。这样详细检查带来的好处就是可以通过合理的分类管理来提高货架的利用率。

CPFR 能提高产品供应水平。在实施 CPFR 之前，供需双方会共同制定产品配置方法，包括每个产品单元价值评估和附加产品机会等，以提高产品供应水平。

②在供应方面，CPFR 的优势包括提高订单预测的准确性、降低库存、提高资金回报率和提高顾客满意度等领域，具体内容如下。

CPFR 能提高订单预测的准确性。共同制订计划、进行预测和补货的企业间需要共享信息，并且，这些共享的信息是实时信息，这极大提高了企业预测的准确性。

CPFR 能降低库存。CPFR 降低了预测的不准确性，提高了供应链的运作效率。实施 CPFR 后，企业可以按照订单生产而不是传统的基于库存的生产方式，这就减少了企业为应对预测失误或伙伴企业供货不及时而设置的库存。

CPFR 能提高资金回报率。由于提高了整体的运作效率，在 CPFR 上的投资会得到良好的回报。尤其是在技术上的投资，由于技术上的投资提高了内部的集成，可以获取高质量的预测信息，企业能够通过准确、高质量的信息来优化内部流程。

CPFR 能提高顾客满意度。通过准备的预测信息、良好的店铺服务降低了缺货水平，也相应提高了顾客满意度。

CPFR 是一种较好的供应链库存管理方法，但它也存在劣势，具体内容如下。

以消费者为中心的思想未能完全实现。其原因主要是缺乏最主要的当事人——消费者的积极参与和密切配合。由于合作过程是在消费者“缺席”的情况下展开的，缺乏与消费者的互动和交流。而 POS 系统只能提供关于“过去”的统计数据，不能真实反映消费者未来需求的真实情况。所以，在 POS 系统基础上的需求预测难免存在偏差，导致供应链效率低下。

合作过程不太完善。CPFR 的工作重点是产品的生产领域和流通领域的良好对接，但归根结底，这种合作性仍集中于流通领域，需要增加更加接近实际的群体性的消费预测，并以此驱动生产过程。

CPFR 实施的步骤包括制定框架协议、协同商务方案、销售预测、鉴别异常项目、协商解决异常项目、订单预测、鉴别异常预测、协调解决异常预测、生产计划生成。

第一步，制定框架协议。框架协议的内容主要包括协同合作的范围、各方的期望值以及为保证成功所需的行动和资源、合作的目的、保密协议、资源使用的授权、意外状况判定的法则等。它是所有业务的总纲领。

第二步，协同商务方案。根据共同的发展战略，由合作方基于共享业务信息制订共同的商务发展计划。合作方首先要建立战略合作关系，确定好部门责任、目标及策略。项目管理方面则包括每份订单的最少产品数及倍率、交货提前期等。此方案是以后进行各种预测的基石，方便了供应链上各部门间的交流与合作。

第三步，销售预测。销售商或生产商根据实时销售数据、预计的事务等信息来制定销售预测报告，然后将此报告同另一方进行协商，双方也可各自提出一份报告进行协商。

第四步，鉴别异常项目。根据框架协议中规定的异常标准，对预测报告中的每一项目进行审核，最后得到异常项目表。

第五步，协商解决异常项目。通过查询共享信息、电子邮件、电话交谈记录、会议记录等来解决异常项目，并对预测报告做相应变更。这种解决方法不但使预测报告更加准确，减少了风险，而且还加强了合作伙伴间的交流。

第六步，订单预测。结合实时及历史销售数据、库存信息及其他信息来生成具体的订单预测报告。订单实际数量要随时间而变，并反映库存情况。报告的短期部分用来产生生产指令，长期部分用来规划。

第七步，鉴别异常预测。确定哪些预测结果超出了框架协议中规定的预测极限。

第八步，协商解决异常预测。解决方法类似第五步。

第九步，生产计划生成。将预测的订单转化为具体的生产指令，对库存进行补给。指令生成可由制造商完成，也可由分销商完成，这取决于它们的能力、资源等情况。

上述运作步骤在很大程度上为企业成功实行 CPFR 模型指明了方向。供应链上的企业可以根据自身情况，结合在供应链中的位置，逐步进行 CPFR 流程改造。由于 CPFR 实施步骤分为九步，且步骤之间联系紧密，互相影响，企业在实施过程中会遇到很多的困难。因而，是否可以改进 CPFR 的业务流程，简化运作模式的复杂性，成为正在尝试 CPFR 实践的企业最关心的问题。

为发挥 CPFR 的优势，减少劣势，其实施过程需要相应的保障机制。从要素来看，CPFR 的保障机制包括合作意识、信任体系、信息预测和预测信息的集成。

①合作意识。供应链合作的目的是提高各节点企业的盈利能力，增强各自的竞争力。面向 CPFR 的合作的价值观要素如下。以共赢的态度看待合作伙伴和价值链相互作用，为价值链成功运行提供持续保证。无论在哪个层次，合作伙伴坚持其给出的承诺和应履行的责任将是决定 CPFR 实施过程成功的关键。每个合作伙伴对价值链成功运作的保证、权限和能力有差别，在实施 CPFR 时，合作伙伴应该能够调整其业务活动以适应这些差别。承诺转向的机会会抑制合作伙伴协调需求和供应计划的能力。抵制转向机会的一个关键是要明确其短期效益和长期效益之间的差别，这也是对 CPFR 必要的信心和承诺的检验。公司价值系统的另一个重要组成部分是对行业标准的支持。每个公司都有一个单独开发的过程，各自为政会影响公司与合作伙伴的联合。制定行业标准既便于实施的一致性，又允许公司间有差别，这样才能被有效应用。

②信任体系。供应链合作伙伴间是否信任主要体现在能否共享完整的信息。CPFR 要

求企业间能够共享一些敏感的操作信息，这可以使得每个节点企业都能从中获益。这些信任和公平相关，程序、分配和交互公平是信任的基础。信任体系的构建以公平为框架，旨在提升共享、共生和共创的能力水平。

③信息预测。需求预测信息可以通过很多途径获取，如供应商、分销商、仓储部门或产品设计部门。如果企业内部的职能部门，如营销部门、运营部门和财务部门，独自掌握着需求预测信息和财务数据等，企业内部对预测结果就会经常出现冲突。那么，基于这些预测结果所安排的各种经营计划在企业内部就会不同步，从而使得计划决策反映出不同的期望水平，进而导致与外部企业进行合作时，无法获得理想的效果。因此CPFR要求企业内部不同部门间相互协作，共同对市场需求做出预测。

④预测信息的集成。供应链企业间需要共享很多信息，如果不能正常使用，这些信息将成为实施 CPFR 的障碍。例如，条形码扫描技术使得零售商能够根据 POS 系统的数据进行预测，而供应商则会通过仓库的进出货情况来预测订单。POS 系统的数据非常具体，反映的是每个货架日常的实际需求水平。而出货数据则代表的是一个仓库所面临的所有商店的数据，其时间间隔相对较长，一般在一周左右。供应商和零售商所反映出来的需求预测水平出现很大差异，导致出现需求预测数据的波动或不统一。而 CPFR 中的例外管理又要求必须对此做出报告，这样做的结果是供应链上的各节点企业都会经常收到类似的例外报告，因此会带来许多问题。为了解决上述问题，就需要把来自各方的预测信息进行集成。

总之，CPFR 是近来出现的供应链管理的新模式，也是未来中国零售业工业化运营的关键价值提案。为了使 CPFR 模型得到广泛应用，需认真研究和推广 CPFR 的管理思想、管理方法和信息技术。

例 9－3：协同模型分析。

已知在一次采购中，供应商提供的产品功能分为 a_1、a_2 两个部分，分别表示基本功能和个性功能，它们与供应商的成本都是呈二次方关系。采购方对这两部分功能给予激励，其激励系数分别为 β_1、β_2 。因此采购方和供应商各自的利润函数表示如下。

$$\pi_p = a_1 + u[a_2H + (1 - a_2)L] - (a + \beta_1 a_1 + \beta_2 a_2) \quad (9-1)$$

$$\pi_c = (a + \beta_1 a_1 + \beta_2 a_2) - \frac{1}{2}b_1 a_1^2 - \frac{1}{2}b_2 a_2^2 \quad (9-2)$$

其中，H，L 表示采购方获得的最大功能和最小功能；b_1、b_2 分别表示获得相应功能时的效用；a 为供应商接受采购合约的固定收益效用；u 为采购方获得相关功能后的效用系数。

采购方如何在合同中设计激励系数？供应商如何设定提供的功能水平，使得自身的利润最大？

解：假设供应商主导市场，因此在本问题中是供应商先决策，即：

$$\frac{\partial \pi_c}{\partial a_1} = \beta_1 - b_1 a_1 = 0 \Rightarrow a_1 = \frac{\beta_1}{b_1} \quad (9-3)$$

本模型的管理蕴意对于基本功能来说，供应商提供的产品功能和质量水平与质量的成本和激励水平相关。对于供应商在供应链中的上游决策问题，它不能识别应是提高基本功能还是个性功能。

同理可以得到：

$$\frac{\partial \pi_c}{\partial a_2} = \beta_2 - b_2 a_2 = 0 \Rightarrow a_2 = \frac{\beta_2}{b_2} \tag{9-4}$$

代入式（9-3）、式（9-4）到采购方利润函数式（9-1）得：

$$\pi_p = \frac{\beta_1}{b_1} + u\left[\frac{\beta_2}{b_2}H + \left(1 - \frac{\beta_2}{b_2}\right)L\right] - \left(a + \beta_1\frac{\beta_1}{b_1} + \beta_2\frac{\beta_2}{b_2}\right)$$

$$\frac{\partial \pi_p}{\partial \beta_1} = \frac{1}{b_1} - \frac{\beta_1}{b_1} = 0 \Rightarrow \beta_1 = 1$$

$$\frac{\partial \pi_p}{\partial \beta_2} = u\left(\frac{H}{b_2} - \frac{L}{b_2}\right) - 2\frac{\beta_2}{b_2} = 0 \Rightarrow \beta_2 = \frac{u(H-L)}{2}$$

管理蕴意对于采购方而言，其激励系数的设计要根据功能的实际需求，即基本功能需求不需要设计激励，当个性功能需求对采购方比较重要的时候，激励考虑个性功能需求的风险分布，即不确定性程度越大，需要更多的激励。例如智能手机采购中需高价支付，是因为智能手机的个性功能需求不确定性大。

（4）供应链控制塔

网络新时代里，以区块链、物联网、大数据、云计算、人工智能等为代表的新一轮颠覆性技术快速迭代，加速推动企业供应链采购与库存管理朝网络化、信息化、数字化、智能化方向转型升级，整合模式、先动优势和共享逻辑成为重要焦点。在此背景下，有关供应链控制塔的诉求与实践应运而生。

一般意义上的控制塔指机场的控制塔台，是为了监控飞机、地面车辆与周边环境，指挥飞机起飞和落地的重要设施。通过延伸，衍生出“物流控制塔”的概念，即由一系列的供应链管理流程和工具组成，通过互联网技术，规划物流仓储网络、监控订单履行状态、实时追踪货物，为企业提供端到端的、可视化的供应链服务设施和管理体系。物流控制塔更多的是关注整个物流的配送状态。把这个概念再延展，去更加关注订单的整个生命周期、整个仓库的库存状态、整个物流订单的状态，由此构成整个供应链控制塔理论和实践基础。

特定场景下，供应链控制塔能提供追求平衡、提高需求能见度和隔离高成本的系统化解决方案。供应链控制塔的典型实践表明，供应链控制塔能够提供与供应链端到端整体相关的可见性与实时性信息和决策。供应链控制塔是一个共享服务中心，拥有所需技术、组织、流程，能够捕捉和使用供应链数据，指导整个端到端供应链的活动，使之成为协同的、一致的、敏捷的、由需求驱动的供应链。简单地说，供应链控制塔是一个由系统支持的数据中心，其功能是供应链各环节信息采集、实时分享及集成管理，以实现需求驱动供应链端到端控制。这是一种由需求驱动、以数据处理和信息服务为支撑，依托前沿科技，通过整合和连接实现供应链协同、决策与风险防控的集成控制平台。

总的来看，供应链控制塔是在恰当的时间把需要的信息呈现给相关人员，是企业各业务部门信息的汇集平台，能够实现实时事件与例外管理、全流程透明可视化，为管理者提供决策支持，通过预测性分析、AI（人工智能）算法等不断优化供应链采购与库存管理业务。可见性、分析、执行这三种功能是供应链控制塔的基本功能，透明化、可视化和智慧化是供应链控制塔的主要特点。

供应链控制塔的功能与特点为其形态设计提供了思路。一般的形态以塔状结构为主，包括塔基、塔身、塔顶。塔基由数据采集层、存储层、处理层、传递层和应用层五部分组成，主要逻辑是将现实世界映射到数据空间，在数据层面分析现实世界问题，对现实世界问题进行解释、分析。塔身是数据—信息—知识—智慧的传导体、中介台和操练场，负责供应链中台的行为学习和信息传递。塔顶是应用层，负责采购需求预测、计划传达、订单分配与跟踪、合同执行、联合管理库存和服务推送等任务。供应链控制塔内的运行机制主要包括协同机制、转化机制、信任机制、扩散机制和反馈机制。

其中，供应链控制塔的转化机制重在数据洞见。首先，供应链数据采集是通过信息传感设备深度感知并采集供应链内外利益相关者之间的业务信息，实现供应链业务集成化与数据化；其次，数据存储层依托 Hadoop（海杜普）、数据仓库等核心技术，运用云计算等平台实现数据信息化；最后，借助多维视图、仪表盘等分析工具实现供应链端到端数据与信息可视化，通过数据挖掘、数据分析及数据可视化等手段，发现隐藏在数据与信息中的共性知识和规律，为企业提供及时、准确、科学的情报支持。数据、信息和知识的转化运用实现供应链智慧化管理，极大节省供应链管理成本，提升供应链整体效益。

供应链控制塔的运营数字化。通过供应链控制塔平台与客户企业实现系统对接，创新数字化运营模式。供应链控制塔平台基于物联网技术实时采集不同客户的业务数据，通过客户需求识别构建客户画像，然后以客户画像细分平台客户，将客户需求信息分类输入平台系统，实现供应链模块化管理。供应链控制塔平台分类集成不同客户采购需求信息，实现企业采购线上化、集中化；通过提供线上招投标、在线代运营等服务，分别实现客户仓储、物流配送、销售等业务在线管理。客户根据自身需求，借助供应链控制塔平台实现采购、库存、销售、支付结算、物流配送等日常业务的模块化、数字化运营，进而通过数据监控中心实时了解业务流程和状态变动信息，实现管理可视化，有效降低成本。

供应链控制塔流程透明化。供应链控制塔为客户提供一个数据共享平台，通过制定平台交易规则，以具有约束力的线上公平协议保障各方权益。基于云架构技术、区块链账户安全技术和数据多点备份技术，平台与客户签订数据保密协议，最大限度保障客户数据安全。以此为契机，各个客户的业务信息与需求信息整合聚集到平台，且对所有平台客户开放，进一步提高客户信息透明度。客户依据自身业务需求在平台发布招投标信息，同时可以检索、浏览其他客户相关信息；平台能通过自主识别、智能匹配向客户推送其他客户发布的同类或相似信息，为客户节省信息搜寻时间和搜索成本，显著增强客户间信息传递的时效性与有效性。

供应链控制塔平台应用灵活化与决策智慧化。供应链控制塔平台为客户决策提供数据支持，借助业务流程全程监控为客户提供即时预警信息。例如，根据仓库内各类视频监控判断当前隐患危害程度，并发出预警；根据对行情、路况、天气、行程、产品与服务等信息的综合判断，对异常情况进行预警。同时，供应链控制塔平台基于对客户产品或服务整个流程的了解及数据积累，结合算法模型为客户在自动补货、线路规划、资源调配、销售预测等方面提供支持。在共生供应链控制塔赋能下，客户实现决策灵活化，依据对供应链控制塔平台反馈信息的判断，通过设计 KPI（关键绩效指数），如订单及时交付率、订单履行周期、异常处理响应时间等指标，做到灵活决策并适时调整战略，降低外部不确定性风险影响。

更智慧的供应链控制塔应该利用诸如 AI 和机器学习之类的先进技术，帮助客户打破数据孤岛，减少或消除手动流程，并获取实时信息。更智慧的供应链控制塔将支持跨团队和合作伙伴之间的协作，并保留组织知识，以便改进和加快决策。最终，这有助于更好地防止业务中断，提高业务连续性，管控异常情况，积极响应计划外事件。

复习思考题

1. 简答定量采购的优点有哪些。
2. 推导定期采购的最优化公式。
3. 比较定量采购和定期采购的优点和缺点。
4. 理解报童模型，推导其最优化公式。
5. 简述 VMI、JMI 和 CPFR 三种模式的优点和缺点。
6. 整理相关信息，分析采购与库存管理的发展趋势。
7. 理解供应链控制塔的体系和发展趋势。

综合材料分析

材料：基于电子支付平台的采购与库存管理。

某电子支付平台，积极响应国家供给侧结构性改革的要求，通过专业的洞察力与领先的技术手段，提升企业用户系统体验，改变传统商业交互模式，致力于为中国企业量身打造更智能、更好用的采购支付管理软件，提供库存管理的解决方案，助力企业采购战略转型，降本增效，链接生产、采购与支付。

从采购寻源到采购合同，全流程线上操作、寻源过程透明可控、杜绝合同到期损失、让节约看得见、战略寻源管理、合同全生命周期管理是该平台的重要特点。具体来说，选择这一平台，因为它有更专业的管理手段，在借鉴国际先进管理理念的同时，结合国内采购业务的真实痛点，打造出更符合国内使用习惯的高专业度本土化管理工具。这一平台拥有更为先进的技术架构，基于先进的分布式、松耦合、微服务技术架构，毫秒级响应速度，同时支持多种部署模式，部署速度快，具有满足不同企业需求的功能。在具体的采购费控系统过程中，有更极致的用户体验。全功能模块化，从页面到功能，从流程到权限完全自定义配置，满足不同企业不同角色的个性化需求。在自动化与智能化方面，这一平台具有更智能化的企业服务，运用当前最前沿的人工智能技术，为企业提供智能寻源、智能预警、智能识别等智能化服务。同时，这一平台还可以实现更开放的对接支持，拥有基于支出宝标准 API（应用程序接口）能力，支持企业内部集成的 ERP、OA（办公自动化）、财务、SRM（供应商关系管理）等跨平台系统服务灵活对接，极速上线采购，以更高的投入产出比、成熟的 SaaS（软件即服务）化服务，告别高额的部署成本和运维成本。系统自动升级，同样的价格却总能带来不断提升的采购支付体验。

结合上述材料，分析信息在采购与库存管理中的价值，结合信息技术与服务能力的提升，讨论采购供应链库存管理的发展趋势。

10 采购管理相关法规

如何了解、掌握和应用法规来提高企业采购能力，一直是企业采购管理的重大课题。根据现有的法律法规体系，结合采购管理过程，重点介绍采购管理决策中需要了解和掌握的法律制度理论，实践中的责任与义务的范围与要点。当前，采购管理法律法规涉及经济法、行政法、自然资源法，直接与企业采购相关的有《政府采购法》《招标投标法》，除此之外还涉及《中华人民共和国民法典》《中华人民共和国安全生产法》《中华人民共和国电子签名法》《中华人民共和国海关法》《中华人民共和国反垄断法》和《中华人民共和国反不正当竞争法》等。

10.1 采购相关法律概述

10.1.1 采购相关法律关系

法以民为本，民以法为天。法多指由统治者或统治集团，为了实现统治并管理国家的目的，经过一定立法程序，所颁布的一切规范的总称。法律是法典和律法的统称，分别规定公民在社会生活中可进行的事务和不可进行的事务。法律可以划分为宪法、法律、行政法规、地方性法规和自治条例和单行条例。

采购管理是一类经济活动，经济法是采购管理直接横向关联的法律。经济法是国家从整体经济发展的角度，对具有社会公共性的经济活动进行干预、管理和调控的法律规范的总称。经济法概念在我国出现得较晚。经济法的法律渊源包括宪法、法律、行政法规、地方性法规等。经济法的主要特点如下所述。

经济法是国家干预经济的法。经济法的产生是国家干预经济的必然结果，它把调整的重点始终放在引导各类经济主体依法进行经济活动，保证经济关系的正确确立和有序进行上，以形成本国经济可持续发展的经济环境和经济秩序。

经济法是社会责任本位法。经济法与民法、行政法相比，在调整社会整体与社会个体的关系上，有其独特的主导思想。经济法以社会利益为基点，无论是国家机关，还是社会组织或个人，都必须对社会负责，在此基础上处理和协调相互之间的关系。

经济法是商品经济发展的法。只有当商品经济成为社会的主导，经济法才会伴随着生产力的发展而产生和发展，因而经济法是商品经济高度发展的产物。

经济法是以经济为目的的法。经济法始终调整经济关系，调整的目的就是使社会的整体经济能持续、稳定发展，提高社会生产力水平，而且在这个调整过程中甚至会有意使局部利益或个体利益有所损失。

经济法是综合调整的法。经济法所调整的经济关系是纵向经济关系，但对横向经济关系会产生明显的影响；采取的手段既有惩罚性的，也有补偿性的，既有鼓励类的，也有禁止、限制类的，体现了明显的综合调整的特征。

经济法的体系是由多层次的、门类齐全的经济法部门组成的有机联系的统一整体。其中竞争法是由《中华人民共和国反不正当竞争法》《中华人民共和国拍卖法》《中华人民共和国招标投标法》组成的。消费者法由《中华人民共和国消费者权益保护法》和《中华人民共和国产品质量法》构成。此外，还有《中华人民共和国商业银行法》《中华人民共和国证券法》《中华人民共和国预算法》和《中华人民共和国环境保护法》等。

经济法是一个重要的法的部门，它所具有的重大作用主要表现在四个方面：坚持以公有制为主体、多种所有制经济共同发展；引导、推进和保障社会主义市场经济体制的建立和完善；扩大对外经济技术交流和合作；保证国民经济持续、快速、健康发展。

10.1.2 采购管理法律关系

法律关系是指法律规范在调整人们的行为过程中所形成的具有法律上权利义务形式的社会关系。采购管理法律关系是指根据法律的规定，在组织参与采购管理过程中所形成的采购职权和采购职责，以及采购权利和采购义务关系。

采购职权是指采购部门运行中行使领导和组织采购活动开展与建设职能时所享有的采购管理权利和经济权利。

采购职责是按照采购章程与管理办法规定必须为和不为一定行为的责任。一般的采购管理部门都有明确的采购职责。

采购权利是指采购法律主体依法依规可以为或不为、要求他人为或不为一定行为的权利。在企业采购中，采购法律主体享有一定的采购需求管理、计划编制、供应商选择、谈判、成本控制和采购合同执行等权利。

采购义务是指采购管理法律关系中一方为满足另一方的要求必须为一定行为或不为一定行为的拘束与限制。

从采购内容法律关系来看，可将采购管理法律关系分为计划关系、成本与收益关系、信贷法律与融资策略关系等。

采购管理法律关系是一种经济管理和社会交易关系。经济管理关系重点在连续生产关系，社会交易关系重点在采购的物质交换关系。在特定的采购管理法律体系下，采购过程的执行与承诺带有经济规则性，采购管理法律关系带有强制性，具有特定经济内容的经济职权和经济责任。

采购管理法律关系的产生、变更和终止要根据采购主体、采购过程和采购关系来界定。个人采购中的法律关系产生与《中华人民共和国民法典》密切相关，根据购买的对象遵循相应领域的法律关系产生、变更与终止条件。企业的采购管理法律关系是以采购合同为核心，加之相关协议，再根据购买的对象遵循相应领域的法律关系产生、变更与终止条件。政府采购是以《政府采购法》《招标投标法》与其他公共服务购买规定来界定主要的采购法律关系产生、变更与终止条件。

采购管理法律责任是指采购法律主体在采购管理过程中违反了相关法律规定而承担的法律后果。这一责任可以分为采购部门的责任和采购经办人的责任两类，这在企业中体现为采购的绩效评价与考核。采购管理法律责任不是民事、行政和刑事责任的简单相加，应该有独立的责任体系。当然，采购管理法律责任也有双重性，一是本采购领域的法律责任，二是相关法律领域的责任，通常由其经济性决定，在特定的司法保障和救济下，表现形式有赔偿性责任和惩罚性责任。

10.2 《民法典》与采购管理

10.2.1 《民法典》概述

《中华人民共和国民法典》（以下简称《民法典》）被称为社会生活的百科全书，是新中国第一部以法典命名的法律，在法律体系中居于基础性地位，也是市场经济的基本法。

《民法典》共七编，各编依次为总则、物权、合同、人格权、婚姻家庭、继承、侵权责任，除此之外还有两条附则。通篇贯穿以人民为中心的发展思想，着眼满足人民对美好生活的需要，对公民的人身权、财产权、人格权等作出明确翔实的规定，并规定侵权责任，明确权利受到削弱、减损、侵害时的请求权和救济权等，体现了对人民权利的充分保障，被誉为“新时代人民权利的宣言书”。

第十三届全国人民代表大会第三次会议表决通过了《民法典》，自 2021 年 1 月 1 日起施行。

从整个司法体系看，《民法典》是基础性法律，是司法领域的基本法。现代社会民事关系纷繁复杂，不仅需要调整《民法典》，还需要对大量的民商事单行法进行调整。我国《民法典》的颁布标志着民事立法方面已走出探索阶段，正准备形成具有可操作性、系统性的法律规范。作为一个分水岭，《民法典》突出人格保护的内容，形成了独具中国特色、中国风格和中国气派的法律制度。《民法典》在采购管理中的应用充分体现了人在采购中的核心地位，多元化的采购过程成为人的全面发展的必要环境。

《民法典》规定了关于公—序—良—俗的框架，构造了由行为导向、适用限定、效力控制构成的基本原则体系，并结合生活经验和司法经验进行了规则化作业，奠定了原则裁判的基础，搭建了解释论的框架，确立了适用的双层结构，有效回应了公—序—良—俗的不确定性困境。然而，基本原则体系逻辑的模糊、公—序—良—俗原则与规则的衔接不畅、公—序—良—俗的抽象表述，决定了《民法典》回应困境的局限。在现代经济社会结构下，当民法本身因其自身统一价值体系的消解而丧失自足性的时候，有关公—序—良—俗的实践界定，就必然要从作为现代社会根本筹划和国家统一秩序的宪法中寻求。法律适用者游离于宪法外的空泛解释与主观定义，只会加剧不确定困境。公—序—良—俗框架的适用，应首先基于宪法对其进行的解释，方可有效发挥其作为民法基本原则的功能，实现民法体系与宪法秩序的衔接和互动。

10.2.2 《民法典》部分内容解读

合同是民事主体之间设立、变更、终止民事法律关系的协议。合同具有有偿、双向义务、一诺即成和非要式的法律特征。合同的法律性质是合同是一种民事法律行为；合同是两方或多方当事人意思表示一致的民事法律行为；合同是以设立、变更、终止民事权利义务关系为目的的民事法律行为。因此，买卖合同的法律效力从卖方和买方分别规定。

卖方的义务是将货物交付给买方，并将货物的所有权转移给买方，这是卖方的基本义务。货物的交付可分为现实交付和拟制交付，现实交付是指将货物交给买方实际占有；拟制交付是指将货物的所有权证书交给买方以代替货物的交付，例如提单的交付。卖方交付货物时，承担的具体义务有卖方应当按照约定的时间交付货物；卖方应当按照约定的地点交付货物；卖方应当按照约定的或法律规定的质量标准交付货物；卖方应当按照约定的数量交付货物；卖方应按照约定的方式交付货物。

买方的义务具体包括支付价款的义务，受领货物的义务，拒收时的保管义务。买方应当按照合同约定的时间、地点向卖方支付价款，这是买方的主要义务。买方对卖方不按合同约定条件交付的货物有权拒收，但在卖方没有临时保管的情况下，买方有暂时保管货物的义务，并立即通知卖方收回或者补交货物。

合同的签订过程一般包括要约与承诺。要约作为一种缔约的意思表示，一方当事人以缔结合同为目的，向对方当事人提出合同条件，希望对方当事人接受。提出要约的一方称要约人。在要约里，要约人除表示欲签订合同的愿望外，还必须明确提出足以决定合同内容的基本条款。要约可以向特定的人提出，亦可向不特定的人提出。要约人可以规定要约承诺期限，即要约的有效期限。在要约的有效期限内，要约人受其要约的约束，即有与接受要约者订立合同的义务；出卖特定物的要约人，不得再向第三人提出同样的要约或订立同样的合同。要约没有规定承诺期限的，可按通常合理的时间确定。对于超过承诺期限或已被撤销的要约，要约人则不受其拘束。

承诺为当事人一方对他方提出的要约表示完全同意。同意要约的一方称要约受领人，或受要约人。受要约人对要约表示承诺，其合同即告成立，受要约人就要承担履行合同的义务。对要约内容的扩张、限制或变更的承诺，一般可视为新的要约，对方承诺新要约后，合同即成立。

合同订立的形式包括口头形式、书面形式、公证形式。

①合同的口头形式是指当事人以口头的（包括电话等）意思表示方式订立合同。但发生纠纷时，难以举证和分清责任。不少国家对于责任重大的或一定金额以上的合同，限制使用口头形式。

②合同的书面形式是指当事人以文字的意思表示方式（包括书信、电报、契券等）订立合同，或者把口头的协议作成书契、备忘录等。书面形式有利于分清是非责任、督促当事人履行合同。中国法律要求法人之间的合同除即时清结者外，应以书面形式签订。其他国家也有适用书面合同的规定。

③合同的公证形式是指当事人约定或者按照法律规定，以国家公证机关对合同内容加以审查公证的方式订立合同。

10.3 《政府采购法》与《招标投标法》概述

10.3.1 《政府采购法》概述

政府采购是指各级国家机关、事业单位和团体组织，使用财政性资金采购依法制定的集中采购目录以内的或者采购限额标准以上的货物、工程和服务的行为。

政府采购不仅指具体的采购过程，还是采购政策、采购程序及采购管理的总称。需要强调的是，过去行政、事业单位购买货物或服务，都是由财政部门供应经费，再由各个单位分散购买，至于买多少、买什么品种、买的货物的质量等都由单位自己掌握，而现在是由财政部门实行采购过程的全方位的监督与管理。

（1）《政府采购法》的立法意义

《政府采购法》的立法意义在于体现了社会主义市场经济的客观需要。社会主义市场经济是法制经济，规范政府采购市场；政府采购市场发挥财政的宏观调控作用，对于社会主义市场经济的发展起重要作用。

同时，《政府采购法》也是依法行政的客观要求。政府的采购行为与其作为社会管理者的行为有着原则性的区别。在政府采购活动中，政府是市场参与者，与其他市场主体处于平等的地位。但同时，我们也应当看到，在政府采购活动中，政府所扮演的角色与其他的市场主体仍有一定的区别，政府不是简单地为满足自己的需求而采购，作为市场上最大的买主，其采购行为对宏观经济的运行有着重大影响，是现代社会政府调控经济的重要手段。正因如此，我们又不能简单地将政府的采购行为与一般市场主体的采购行为等同起来，也就是说，不能将政府的采购行为看成是单纯的商业行为。制定《政府采购法》既要遵循市场的客观规律，使政府的采购行为市场化，防止政府官员滥用职权，保障政府通过采购行为调控经济，实现社会经济持续、稳定发展的目标。

《政府采购法》旨在节约资源，提高财政性资金的使用效益。在传统的财政支出管理体制下，财政性资金的使用效益不高，浪费比较严重。政府采购主要由各部门分散运行，未能有效发挥批量采购的价格效应和示范效应；由于对采购标准缺乏控制，一些部门超前消费，互相攀比；采购的决策秩序不够规范和科学，一些项目明显决策失误，造成浪费。建立健全政府采购法制，就是要改革旧的财政支出管理制度，使政府采购方式制度化、科学化，提高财政性资金的使用效益。

《政府采购法》促进了公平交易，是维护竞争秩序的保证。在市场经济条件下，市场对资源的优化配置起着基础性的作用。要使市场的作用得到充分发挥，实现公平竞争是其必要条件。政府作为市场上的最大买主，其采购行为是否规范，是否符合市场经济的客观规律，对能否实现公平竞争有着举足轻重的影响。故在制定《政府采购法》的过程中，始终坚持公开、公平、公正的原则，将竞争性方式作为政府采购的基本方式，切实保障供应商的合法权益，促进市场的健康发展。

《政府采购法》是从源头上遏制腐败，防止政府寻租行为的制度保障。政府采购制度通过公开、透明的竞争机制，消除采购活动中的腐败现象，促使政府官员依法行政、维护政府的形象。

(2)《政府采购法》部分内容解读

《政府采购法》包括总则、政府采购当事人、政府采购方式、政府采购程序、政府采购合同、质疑与投诉、监督检查、法律责任和附则九大部分。这九个部分对采购中的主体关系、方式选择、流程管控、合同管理等方面进行了规定。

政府采购程序围绕采购方式展开，对采购组织、供应商、价格、结果公示等方面进行规定。第五章政府采购合同中第四十四条规定政府采购合同应当采用书面形式。第六章质疑与投诉中第五十三条规定采购人应当在收到供应商的书面质疑后七个工作日内作出答复，并以书面形式通知质疑供应商和其他有关供应商，但答复的内容不得涉及商业秘密。

同时，《中华人民共和国政府采购法实施条例》（简称《政府采购法实施条例》）是《政府采购法》执行的操作性指南。例如对集中采购目录的细化。集中采购目录包括集中采购机构采购项目和部门集中采购项目。技术、服务等标准统一，采购人普遍使用的项目，列为集中采购机构采购项目；采购人本部门、本系统基于业务需要有特殊要求，可以统一采购的项目，列为部门集中采购项目。

在政府采购的管理体系方面，《政府采购法》第七章监督检查中指出了相应的内容。政府采购监督检查的主要内容是：有关政府采购的法律、行政法规和规章的执行情况；采购范围、采购方式和采购程序的执行情况；政府采购人员的职业素质和专业技能。

10.3.2 《招标投标法》概述

为了规范招标投标活动，保护国家利益、社会公共利益和招标投标活动当事人的合法权益，提高经济效益，保证项目质量，制定了《招标投标法》。《招标投标法》是社会主义市场经济法律体系中非常重要的一部法律，是整个招标投标领域的基本法，一切有关招标投标的法规、规章和规范性文件都必须与《招标投标法》相一致。

国家作为市场的监管者颁布法律以规范市场是理所当然的，这也是《招标投标法》的根本目的及基本性质。但《招标投标法》还有其特殊性质，如若不然，有些条文是很难从法理上理解的。比如，《招标投标法》第十六条规定招标人采用公开招标方式的，应当发布招标公告。依法必须进行招标的项目的招标公告，应当通过国家指定的报刊、信息网络或者其他媒介发布。招标公告应当载明招标人的名称和地址，招标项目的性质、数量、实施地点和时间以及获取招标文件的办法等事项。

事实上，《招标投标法》有其自身适用的范围。第三条规定在中华人民共和国境内进行下列工程建设项目包括项目的勘察、设计、施工、监理以及与工程建设有关的重要设备、材料等的采购，必须进行招标：大型基础设施、公用事业等关系社会公共利益、公众安全的项目；全部或者部分使用国有资金投资或者国家融资的项目；使用国际组织或者外国政府贷款、援助资金的项目。所列项目的具体范围和规模标准，由国务院发展计划部门会同国务院有关部门制订，报国务院批准。法律或者国务院对必须进行招标的其他项目的范围有规定的，依照其规定。

基础设施、公用事业等关系社会公共利益、公众安全的项目是针对项目性质作出的规定。通常来说，基础设施为国民经济生产过程提供基本条件，可分为生产性基础设施和社会性基础设施。前者直接用于国民经济生产过程，后者间接用于国民经济生产过程。基础设施通常包括交通运输设施、邮电通信设施、水利设施、城市设施、环境与资源保护设施等。此外，公用事业是指为适应生产和生活需要而提供的具有公共用途的服务，如供水、供电、供热、供气、科技、教育、文化、体育、卫生、社会福利等。从世界各国的情况看，基础设施和公用事业项目投资金额大、建设周期长，基本上以国家投资为主，特别是公用事业项目，国家投资更是占了绝对比重。从项目性质上说，基础设施和公用事业项目大多关系社会公共利益和公众安全，为了保证项目质量，保护公民的生命财产安全，各国政府普遍要求制定相关的法律。

全部或者部分使用国有资金投资或者国家融资的项目是针对资金来源作出的规定。国有资金，是指国家财政性资金（包括预算内资金和预算外资金），国家机关、国有企事业单位的自有资金。其中，全部或部分使用国有资金投资的项目，是指一切使用国有资金（不论其在总投资中所占比例大小）进行的建设项目。那些以国家信用为担保筹集，由政府统一筹措、安排、使用、偿还的资金也应视为国有资金。

使用国际组织或者外国政府贷款、援助资金的项目是世界银行等国际金融组织和外国政府所普遍要求的。我国在与这些国际组织或外国政府签订的双边协议中，也对这一要求给予了认可。另外，这些贷款大多属于国家的主权债务，由政府统借统还，在性质上应视同为国有资金投资。从我国的情况看，使用国际组织或外国政府贷款援助资金进行的项目主要有世界银行、亚洲开发银行等国际组织中贷款、援助资金的项目。

随着招标投标制度的逐步建立和推行，我国实行招标投标的领域不断拓宽，强制招标的范围还将根据实际需要进行调整。因此，除《招标投标法》规定的项目外，法律和国务院规定的其他必须招标的项目也应纳入强制招标的范围。

10.4 其他法律

10.4.1 《电子签名法》

采购过程中需要多处审批，签名是采购管理中不可或缺的一部分。《中华人民共和国电子签名法》（以下简称《电子签名法》）被称为中国首部真正意义上的信息化法律，该法首次赋予电子签名与文本签名同等的法律效力，并明确电子认证服务市场准入制度，保障电子交易安全。随着这部法律的出台和实施，电子签名将获得与传统手写签名和盖章同等的法律效力，意味着在网上通行有了“身份证”。这部法律将对我国电子商务、电子政务的发展起到极其重要的促进作用。

《电子签名法》共五章，三十六条，分为总则、数据电文、电子签名与认证、法律责任、附则。总则对《电子签名法》的立法目的和电子签名、数据电文的概念给予了明确定义，此外，给予了消费者选择使用或不使用电子签名的权利。数据电文一章主要规定了数据电文的书面形式效力、原件形式要求、文件保存要求、证据效力等。电子签名与认证一章明确了可靠的电子签名的条件、第三方认证机构的设立条件等内容。法律责任一章主要包括终止使用、过错使用、违法使用、盗用等行为及其造成的损失的民事、刑事责任的认定与处罚等内容。附则主要包括本法用语的含义、指导与规制范围和施行期限等内容。

10.4.2 《反不正当竞争法》与《反垄断法》

(1)《反不正当竞争法》概述

《中华人民共和国反不正当竞争法》（以下简称《反不正当竞争法》）是为了促进社会主义市场经济健康发展，鼓励和保护公平竞争，制止不正当竞争行为，保护经营者和消费者的合法权益而制定的。

《反不正当竞争法》包括总则、不正当竞争行为、对涉嫌不正当竞争行为的调查、法律责任和附则五个部分。总则中指出本法所称的不正当竞争行为，是指经营者在生产经营活动中，违反本法规定，扰乱市场竞争秩序，损害其他经营者或者消费者的合法权益的行为。本法所称的经营者是指从事商品生产、经营或者提供服务（以下所称商品包括服务）的自然人、法人和非法人组织。

不正当竞争行为一般包括经营者实施引人误认为是他人商品或者与他人存在特定联系

的混淆行为。经营者不得采用财物或者其他手段贿赂相关单位或者个人，以谋取交易机会或者竞争优势；经营者不得对其商品的性能、功能、质量、销售状况、用户评价、曾获荣誉等做虚假或者引人误解的商业宣传，欺骗、误导消费者。

监督检查部门调查涉嫌不正当竞争行为的措施有：进入涉嫌不正当竞争行为的经营场所进行检查；询问被调查的经营者、利害关系人及其他有关单位、个人，要求其说明有关情况或者提供与被调查行为有关的其他资料；查询、复制与涉嫌不正当竞争行为有关的协议、账簿、单据、文件、记录、业务函电和其他资料；查封、扣押与涉嫌不正当竞争行为有关的财物；查询涉嫌不正当竞争行为的经营者的银行账户。同时，监督检查部门调查涉嫌不正当竞争行为，被调查的经营者、利害关系人及其他有关单位、个人应当如实提供有关资料或者情况。监督检查部门及其工作人员对调查过程中知悉的商业秘密负有保密义务。对涉嫌不正当竞争行为，任何单位和个人有权向监督检查部门举报，监督检查部门接到举报后应当依法及时处理。

（2）《反垄断法》概述

《中华人民共和国反垄断法》（以下简称《反垄断法》）是为了预防和制止垄断行为，保护市场公平竞争，鼓励创新，提高经济运行效率，维护消费者利益和社会公共利益，促进社会主义市场经济健康发展而制定的。中华人民共和国境内经济活动中的垄断行为，适用本法；中华人民共和国境外的垄断行为，对境内市场竞争产生排除、限制影响的，适用本法。

《反垄断法》是保障市场公平竞争秩序的法律文件，该法包括总则，垄断协议，滥用市场支配地位，经营者集中，滥用行政权力排除、限制竞争，对涉嫌垄断行为的调查，法律责任和附则八个部分。感兴趣的学习者可直接学习法律文件，本部分主要介绍相关内容及相关案例。

《反垄断法》所称的垄断协议，是指排除、限制竞争的协议、决定或者其他协同行为。禁止具有竞争关系的经营者达成下列垄断协议：固定或者变更商品价格；限制商品的生产数量或者销售数量；分割销售市场或者原材料采购市场；限制购买新技术、新设备或者限制开发新技术、新产品；联合抵制交易；国务院反垄断执法机构认定的其他垄断协议。例如，某省水泥协会组织和推动该省主要的6家水泥生产与销售经营者，在该省区域内推涨散装水泥价格，在无备案与听证的情况下，达成并实施统一散装水泥涨价时间、调价幅度的行业协议。这就是典型的垄断协议实例。

市场支配地位是指经营者在相关市场内具有能够控制商品价格、数量或者其他交易条件，或者能够阻碍、影响其他经营者进入相关市场的市场地位。禁止具有市场支配地位的经营者滥用市场支配地位的行为有：以不公平的高价销售商品或者以不公平的低价购买商品；没有正当理由，以低于成本的价格销售商品；没有正当理由，拒绝与交易相对人进行交易；没有正当理由，限定交易相对人只能与其进行交易或者只能与其指定的经营者进行交易；没有正当理由搭售商品，或者在交易时附加其他不合理的交易条件；没有正当理由，对条件相同的交易相对人在交易价格等交易条件上实行差别待遇；国务院反垄断执法机构认定的其他滥用市场支配地位的行为。例如，针对网络平台垄断问题，国家市场监督管理总局行政处罚决定书指出，根据《反垄断法》，对实施滥用市场支配地位行为的经营者，应当处罚上一年度销售额百分之一以上百分之十以下的罚款。监管部门综合考虑阿里巴巴集团违法行为的性质、程度和持续时间等因素，认为关于"没有正当理由，限定交易相对人只能与其进行交易"的规定，构成滥用市场支配地位行为，对其处以2019年销售额4%的罚款。此举在有力维护法律权威的基础上，保障了广大消费者的合法权益，在一定程度上引导了网络平台经济的有效发展。

经营者集中是指：经营者合并；经营者通过取得股权或者资产的方式取得对其他经营者的控制权；经营者通过合同等方式取得对其他经营者的控制权或者能够对其他经营者施加决定性影响。

《中国反垄断执法年度报告（2021）》披露半导体行业典型案例之一为思科系统公司收购阿卡夏通信公司股权案。国家市场监管总局决定附加限制性条件批准本项集中。本案涉及的集中具有排除、限制竞争效果主要体现在两个方面。首先，阿卡夏在全球和中国境内相干数字信号处理器市场上的份额分别为45%～50%和40%～45%，均排名第一，且相干数字信号处理器市场进入壁垒高。其次，集中后的实体能提高相干数字信号处理器价格，能够增加利润。国家市场监管总局附加限制性条件具体包括：交易双方和集中后实体将继续履行现有客户合同，包括各项商业条款以及现有销售做法和程序；应按照公平、合理、无歧视的原则，继续向中国客户供应相干数字信号处理器；不得在销售相干数字信号处理器时对中国客户强制搭售商品，或附加其他不合理的交易条件；应对其相关管理人员和员工进行培训，采取必要措施，确保承诺方案落实。这些限制性条件自公告之日起5年内有效，期限届满后经评估解除。

复习思考题

1. 简述《民法典》在采购管理中的应用。
2. 在经济法理论与思想下，阐述采购管理可能涉及的相关法律法规。
3. 《政府采购法》的立法意义有哪些？
4. 简述强制招标的范围。
5. 什么是电子签名？
6. 简述《反不正当竞争法》和《反垄断法》的关系与区别。
7. 探析采购管理法律的理论基础与知识体系。

综合材料分析

材料：有关平台押金与定价的法律。

《中华人民共和国电子商务法》自通过以来，便成为政府调整企业和个人以数据电文为交易手段，通过信息互联网所产生的，因交易形式所引起的各种商事交易关系，以及与这种商事交易关系密切相关的社会关系的法律规范。其中把对押金退还设置不合理条件和押金不及时退还的情况认定为了违法，并规定了相应的处罚要求。

这一法律对共享单车、网络直播售货等信息采购行为中的押金与交付款进行科学界定与规划。但是相关事件表明，仍然存在处罚力度过小、监管责任不明确、清偿顺序模糊等问题。从互联网租赁属性出发，尝试从实务层面和立法角度解决这些问题，进一步保护消费者权益，避免宣誓性权利的出现。

为此，完全有必要“上线”监管平台。相关职能部门要将监管端口前移，防患于未然，针对不断出现的新问题，及时完善相关法律制度，对共享单车的押金数额、利息、使用、押金返还请求权乃至破产清算等各个层面加以约束，设立规范使用、风险控制的界限，细化共享单车考核体系，维护正常有序的社会主义市场经济，坚决扭转共享单车押金失控无序的混乱状态。

当大量“共享平台”通过补贴、奖励的方式获得大量用户群体后，一涨了之似乎成了必然。那么，消费者会不会买账呢？那些融资资金即将或已消耗殆尽的共享企业，除了涨价、提租以外，是否还有别的续命模式？广告费用能扭转这个局面吗？如何合法地利用用户数据进行商业化活动呢？这些问题都呼吁新的法律法规出台。

另外，大数据杀熟也成为一个广为关注的焦点。《国务院反垄断委员会关于平台经济领域的反垄断指南》为保护市场公平竞争，依法科学高效监管孕育而生。如何根据相关法律法规细化“大数据杀熟”是一个亟待解决的问题。“大数据杀熟”是指具有信息优势的经营者对消费者的一种差别定价行为。经营者依据大数据手段收集消费者信息，并对消费者的价格耐受度、消费偏好、消费习惯、家庭构成等信息进行收集与定性分析，利用忠诚客户的路径依赖以及消费者与经营者之间的信息不对称，就同一商品或服务向老用户索取高于新用户的价格。但这种价格差异并不由成本差异造成，而是经营者滥用市场支配地位，利用信息优势和技术优势进行数据分析之后的差别定价行为。若是新用户首次交易，比老用户价格便宜，是否构成“差别待遇”？针对新用户在合理期限内开展的优惠活动，属于可能存在的正当理由吗？平台企业需注意把握针对新用户在“合理期限”内开展优惠活动的“合理期限”尺度，避免被视为利用大数据或算法实施差别待遇。从市场竞争与社会福利的关系来看，适当的差异化对待是差异化竞争的必要手段，有利于社会福利的改善。因此，这些法律的执法过程仍然存在较大的灵活空间。

结合上述材料，分析法律法规作用于采购过程的机制，讨论如何借助技术、文化、制度和行为来提高采购管理领域的执法水平。

参考文献

[1] 梁雯，叶春森．采购管理［M］．合肥：合肥工业大学出版社，2013.

[2] 张浩．采购管理与库存控制［M］．2版．北京：北京大学出版社，2018.

[3] 徐杰，卞文良．采购与供应管理［M］．北京：机械工业出版社，2019.

[4] 伍蓓，王姗姗．采购与供应管理［M］．杭州：浙江大学出版社，2010.

[5] 山红梅，李秀平，等．采购管理学［M］．北京：电子工业出版社，2016.

[6] 杨芳，刘志华．采购学［M］．北京：经济管理出版社，2019.

[7] 徐杰，鞠颂东．采购管理［M］．2版．北京：机械工业出版社，2009.

[8] 刘尔烈，刘戈．项目采购与合同管理［M］．天津：天津大学出版社，2010.

[9] 宋玉卿，沈小静，杨丽．采购管理［M］．2版．北京：中国财富出版社，2018.

[10] 美国供应链管理专业协会，温迪·泰特．供应链与采购管理：供应商管理、成本控制与绩效评估［M］．黄薇，译．北京：人民邮电出版社，2020.

[11] 陈川生．《国有企业采购管理规范》释义［M］．北京：中国财富出版社，2020.

[12] 刘华，宋鹏云．物流采购管理［M］．3版．北京：清华大学出版社，2021.

[13] 沈小静，刘若阳，姜旭．新中国70年采购管理发展历程、阶段特征及未来展望［J］．管理世界，2019，35（10）：39－49.

[14] 饶品贵，王得力，李晓溪．高铁开通与供应商分布决策［J］．中国工业经济，2019（10）：137－154.

[15] 叶春森，梁雯．政府购买公共服务的供应链管理机制研究［J］．中国政府采购，2014（3）：45－47.

[16] 陈迎欣，郜旭彤，文艳艳．网络直播购物模式中的买卖双方互信研究［J］．中国管理科学，2021，29（2）：228－236.

[17] 许志伟，薛鹤翔，车大为．中国存货投资的周期性研究——基于采购经理人指数的动态视角［J］．经济研究，2012，47（8）：81－92.

[18] 宫迅伟，等．采购2025：数字化时代的采购管理［M］．北京：机械工业出版社，2019.

[19] 陈剑，肖勇波，朱斌．大数据视角下的采购风险评估——基于某服务采购企业的案例分析［J］．系统工程理论与实践，2021，41（3）：596－612.

[20] 肖旦，周永务，范丽繁，等．改良技术共享下改良品联合采购联盟的竞合博弈研究

[J]．中国管理科学，2019，27（2）：129－137.

[21] 谢小凤，杨扬，张凤英，等．多重关联关系下供应链上关联信用风险的传染效应[J]．中国管理科学，2021，29（9）：77－89.

[22] 陈敬贤，梁樑．外包环境下考虑产品质量的OEM采购战略决策[J]．管理科学学报，2018，21（9）：38－49.

[23] 姚大成．具有非线性采购成本库存控制问题的研究现状与挑战[J]．运筹学学报，2021，25（3）：105－118.

[24] 周继祥，王勇，邱晗光．部分信息下生鲜农产品采购外包问题研究[J]．中国管理科学，2020，28（7）：122－131.

[25] 蔡鸿亮．采购数字化转型价值与方法的研究[J]．供应链管理，2020，1（4）：117－128.

[26] 黄河，陈剑．拍卖采购合同及议价谈判机制设计[J]．管理科学学报，2010，13（3）：1－7.

[27] 柳荣．采购与供应商管理常用制度与表格范例[M]．北京：人民邮电出版社，2020.